AS HUMANIDADES, OS ESTUDOS CULTURAIS,
O ENSINO DA LITERATURA E A POLÍTICA
DA LÍNGUA PORTUGUESA

VÍTOR AGUIAR E SILVA

AS HUMANIDADES, OS ESTUDOS CULTURAIS, O ENSINO DA LITERATURA E A POLÍTICA DA LÍNGUA PORTUGUESA

AS HUMANIDADES, OS ESTUDOS CULTURAIS, O ENSINO DA LITERATURA
E A POLÍTICA DA LÍNGUA PORTUGUESA

AUTOR
VÍTOR AGUIAR E SILVA

EDITOR
EDIÇÕES ALMEDINA. SA
Av. Fernão Magalhães, n.º 584, 5.º Andar
3000-174 Coimbra
Tel.: 239 851 904
Fax: 239 851 901
www.almedina.net
editora@almedina.net

PRÉ-IMPRESSÃO | IMPRESSÃO | ACABAMENTO
G.C. – GRÁFICA DE COIMBRA, LDA.
Palheira – Assafarge
3001-453 Coimbra
producao@graficadecoimbra.pt

Abril, 2010

DEPÓSITO LEGAL
309585/10

Os dados e as opiniões inseridos na presente publicação
são da exclusiva responsabilidade do(s) seu(s) autor(es).

Toda a reprodução desta obra, por fotocópia ou outro qualquer
processo, sem prévia autorização escrita do Editor, é ilícita
e passível de procedimento judicial contra o infractor.

Biblioteca Nacional de Portugal – Catalogação na Publicação

SILVA, Vítor Manuel de Aguiar e, 1939-

As humanidades, os estudos culturais, o ensino
da literatura e a política da língua portuguesa
ISBN   978-972-40-4195-7

  CDU   82.0
        821.134.3A/Z.09
        811.134.3'272
        37

*Ao Dr. Fernando Paulo Baptista,
fraterno Amigo e Professor modelar*

*Para os meus Netos:
Maria Manuel, João, Eduardo e Nuno*

Nota Preambular

Os ensaios coligidos neste volume, escritos em tempos diversos – o mais antigo remonta a 1970 e o mais recente data de 2010 –, representam de certo modo marcos autobiográficos da minha vida universitária, revelando a dinâmica da construção e da evolução das minhas ideias sobre o campo dos estudos literários e dando testemunho de projectos educativos e culturais em que convictamente empenhei a minha inteligência, os meus conhecimentos e a minha consciência cívica.

Torna-se claro que, há três ou quatro décadas, advogava sem hesitar a existência da "ciência da literatura" (embora sem pagar 'portagem' à ortodoxia estruturalista). Progressivamente, fui-me distanciando dessa ilusão, sem nunca deixar porém de defender a racionalidade, o rigor teórico, metodológico e analítico dos estudos literários e sobretudo rejeitando o cepticismo patológico e a ideologização política que tão danosamente têm prejudicado aquele campo do conhecimento.

A defesa das Humanidades não é primordialmente a celebração memorial do passado e do seu património cultural, linguístico, literário e artístico. Alimentadas e iluminadas por essa memória e pelo estudo desse património, as Humanidades devem ser, na escola e na vida, arcos da abóbada do futuro. Um futuro em que o homem não seja *pós-humano* ...

Braga, 31 de Março de 2010

VÍTOR AGUIAR E SILVA

1.
Pequena Apologia das Humanidades: Contra os cépticos e contra os dogmáticos

Ao longo de quase quatro décadas – um tempo dilatado em que se sucederam múltiplas e profundas mudanças sociais, culturais e políticas; em que floresceram e declinaram teorias, modelos e orientações no domínio das ciências humanas e sociais; em que as Universidades e outras instituições escolares se modificaram substancialmente, sob o signo de políticas nem sempre inteligentes e de reformas controversas; em que professores e alunos foram actores e, não raro, vítimas de um mundo em transformação imprevisível –, fui escrevendo e publicando alguns ensaios sobre o "estado da arte" a que consagrei boa parte da minha vida, sobre o que costumo denominar a cartografia do conhecimento ou dos saberes a que me dediquei como professor universitário e sobre o diálogo desses saberes com o ensino praticado nas escolas básicas e secundárias. Esses ensaios, agora coligidos neste livro, são também uma reflexão e uma interrogação sobre a minha vida de professor e de investigador e sobre a minha responsabilidade, directa e indirecta, em relação a uma área crucial do nosso sistema de ensino – a disciplina de Português. Noutro plano, distinto mas não dissociável dos planos anteriormente referidos, situam-se os ensaios consagrados à Língua Portuguesa, a mais esplendorosa, perdurável e irradiante criação de Portugal, e às chamadas "políticas da língua".

Alguns ensaios deste livro – talvez os que mais estimo intelectual e afectivamente – constituem uma reflexão preocupada, tingida de melancolia, mas não derrotista, sobre as Humanidades: sobre o seu espaço institucional na Universidade moderna e contemporânea, sobre a sua representação nos currículos dos ensinos básico e secundário, sobre o progressivo declínio da sua relevância social e cultural e sobre o seu futuro.

Falo de Humanidades e não de ciências do espírito, de ciências humanas e sociais ou de ciências da cultura – um conceito, este último, que, caucionado por pensadores como Rickert, Max Weber e Cassirer, nunca alcançou grande fortuna, embora a distinção entre *Kulturwissenschaften* e *Naturwissenschaften* seja porventura a mais pertinente e a mais satisfatória sob todos os pontos de vista –,[1] porque o conceito de Humanidades tem uma densidade memorial e histórica que é uma herança irrenunciável, porque goza de significativa fortuna e de prestígio institucional nos meios académicos de muitos países, em particular nos Estados Unidos da América, e porque, sem denegar a procura e a construção de um conhecimento caracterizado pela racionalidade científica, não denota o projecto

---

[1] Cf. Guy Oakes, *Weber and Rickert. Concept formation in the cultural sciences*, Cambridge, Mass. – London, The MIT Press, 1988; Ernst Cassirer, *Logique des sciences de la culture*, Paris, Les Éditions du Cerf, 1991. André Martinet, um linguista que lucidamente reflectiu sobre questões epistemológicas, mostrou-se inclinado a pôr em causa a adequação do termo "ciências do homem" ou "ciências humanas" e a substituí-lo pelo termo "ciências das culturas", em que o plural "culturas" tem um significado relevante (cf. André Martinet, "Sciences comparatives ou sciences des cultures", *Oeuvres. Tome I. Science et linguistique. Langues et double articulation*, Fernelmont, E.M.E., 2008, pp. 101-107). François Rastier tem defendido a designação de ciências da cultura como forma de superar a distinção entre ciências humanas e ciências sociais, que seria fruto de um confronto entre as teses de um humanismo conservador e as teses de um marxismo dogmático (cf. François Rastier, *Arts et sciences du texte*, Paris, P. U.F., 2001, p. 278; François Rastier e Simon Bouquet (dir.), *Une introduction aux sciences de la culture*, Paris, P. U.F., 2002, p. 3).

voluntarista de se subordinar, algumas vezes apenas nominalistamente, a um modelo de cientificidade.

As Humanidades – em que incluo as disciplinas que adiante menciono no ensaio "As Humanidades e a cultura pós-moderna" e às quais, na senda de Jacques Derrida, agregaria também uma parte considerável das disciplinas do Direito – são originariamente *technai*, isto é, artes, conjuntos organizados e coerentes de saberes, de princípios e de normas, que têm uma finalidade dominantemente praxiológica, quer em domínios disciplinares bem delimitados e caracterizados – a gramática, a retórica, a poética –, quer num âmbito transdisciplinar de ordem antropológica e ética como é a educação e a formação do homem. Nos últimos dois séculos, porém, desde o Romantismo, as Humanidades perderam gradualmente a sua natureza *técnica* e estreitamente normativa, adquiriram novo rigor metodológico, objectividade analítica, poderosa capacidade heurística, descritiva e explicativa, densidade argumentativa e cognitiva. Na moderna "Universidade sem condição" de que falou Derrida, com admirável empenhamento intelectual e cívico – uma Universidade que só tem sentido se não lhe for denegada a liberdade *incondicional* de questionar e de afirmar, se puder *fazer profissão* da *verdade*, se estabelecer um compromisso sem limites com a *verdade* que devem servir o pensamento, o saber e a investigação –,[2] as Humanidades têm por direito próprio um lugar central, como devem ter em todo o ensino que se proponha educar e formar homens e mulheres livres, ética e civicamente responsáveis (este princípio, porém, de tal modo se trivializou em estereótipo que passou a ser a gazua do ensino pseudo-humanístico). A *ciência nova* que Giambattista Vico anunciou, fundamentou e formulou (*Principi di scienza nuova*, 1744), cujo objecto de conhecimento são as instituições e as obras criadas pelos homens no decurso dos séculos – as línguas, os mitos, a poesia, as

---

[2] Refiro-me à obra de Jacques Derrida intitulada *L'Université sans condition* (Paris, Éditions Galilée, 2001).

leis, etc. –, tem nas Humanidades o seu núcleo de construção de conhecimento, os seus instrumentos disciplinares de investigação e de reflexão. Não se trata de erigir as Humanidades num requisitório contra os malefícios da sociedade técnica e industrial, como advogaram e praticaram muitos autores antimodernos dos séculos XIX e XX, nem de as converter num terapêutico "suplemento de alma" susceptível de amenizar a monotonia, a aridez e a desolação do mundo tecnoburocrático. O discurso das Humanidades, na instituição universitária, nas escolas e na sociedade em geral, deve ser o discurso que procura, afirma e propõe, em diálogo com o discurso de outros saberes, a *verdade* sobre o homem na sua humanidade complexa, polimórfica e contraditória, na sua grandeza e na sua miséria, na sua lucidez e na sua cegueira, na sua bondade e na sua terrificante maldade. O discurso das Humanidades tem de ser sempre, porém, a defesa intransigente, contra os dogmáticos, os tiranos e os espoliadores, da liberdade e da dignidade do homem, no plano das ideias e dos valores e no plano das práticas concretas. É por isso que as Humanidades podem sobreviver escolasticamente, mas não realizam a sua *profissão*, numa Universidade tutelada e, quantas vezes, expropriada pelo Estado e pelos grandes grupos económico-financeiros, sob a máscara da abertura à sociedade, da interacção com a comunidade envolvente, do pacto para o desenvolvimento económico-social e outros circunlóquios similares, que traduzem, em última instância, a pseudo-legitimação da acção predadora e extorsiva exercida por um capital sem ética sobre a inteligência e o conhecimento concentrados nas Universidades.

George Steiner, numa desencantada reflexão sobre o ocaso das Humanidades,[3] sublinha com espanto que, nas últimas décadas, em diversos países do Ocidente, têm sido despendidas quantias colossais de dinheiro na construção ou na remodelação de grandiosas biblio-

---

[3] George Steiner, "¿El ocaso de las humanidades?", *Revista de Occidente*, 223 (1999), pp. 132-158.

tecas nacionais e de magnificentes museus, com projectos arquitectónicos de altíssima qualidade e com equipamentos tecnologicamente avançados e de elevado custo. A estes investimentos milionários no arquivo e na conservação do património bibliográfico, documental e artístico, contrapõe-se a objectiva secundarização a que são votadas quotidianamente as Humanidades no ensino, na investigação e na sua irradiação social. Há algo de premonição fúnebre neste afã celebratório de *museificar* sumptuosamente os textos, os livros, os documentos e as formas de uma civilização que progressivamente tem menosprezado o *Logos* e o homem como *zōon phōnanta*, como ser dotado de privilégio único que é a fala, a linguagem verbal, raiz e fonte de toda a cultura.

Na cartografia do conhecimento e dos saberes humanísticos que fui traçando, ocupa um espaço especial a filologia, essa "velha deusa", para retomar a sugestiva denominação utilizada pelo Professor Rubio Tovar numa excelente e corajosa obra,[4] que nasceu e floresceu no período helenístico, que brilhou como um sol renascente nos tempos do Humanismo, que reencarnou com novo fulgor e novo fascínio no âmbito do Romantismo alemão, que foi a disciplina imperial das Humanidades nas Universidades europeias, ao longo do século XIX e ainda nas primeiras décadas do século XX, e que tombou num ocaso tão abismal desde cerca de meados do século passado, que as mesmas Universidades que a cultivaram com dedicação e respeito,

---

[4] Joaquín Rubio Tovar, *La vieja diosa. De la Filología a la postmodernidad*, Alcalá de Henares, Centro de Estudios Cervantinos, 2004. Digo "obra corajosa", porque é necessária coragem intelectual para dissentir de uma *doxa* moderna e pós-moderna que converteu os estudos literários numa complexa, presunçosa e estéril logotecnocracia ou logorreia que é a contradição das *litterae humaniora*.

conferindo graus académicos sob o seu signo, nas reformas e contra-reformas a que têm sido *sujeitas* – e de que raramente têm sido sujeito –, apagaram progressivamente as marcas da sua presença institucional e curricular, como se de uma herança incómoda e anacrónica se tratasse.

As razões do declínio e da crise da filologia estão expostas no ensaio "Sobre o regresso à filologia", não havendo necessidade de retomar aqui esta matéria, senão para realçar que, ao distanciar-se conflituosamente da modernidade linguística e estético-literária, quer em relação aos *corpora* textuais objectos da sua análise, quer em relação a orientações teórico-metodológicas dos estudos linguísticos e literários, a filologia "envelheceu" irremediavelmente, tornando-se um conhecimento especializado de antiquários. A sua dependência gnosiológica do positivismo não lhe pôde garantir a cientificidade de que se reclamava e a sua relação solidária com as doutrinas do nacionalismo romântico e pós-romântico converteu-se numa hipoteca envenenada. Todavia, para além das desfigurações e limitações em que incorreu por culpa própria e para além dos requisitórios, muitas vezes justificados, que sofreu, a filologia não pode continuar ausente ou excluída das Humanidades, porque sem ela fica vulnerável e até sem sentido a construção das Humanidades (penso sobretudo nas Humanidades chamadas modernas, porque as chamadas Humanidades clássicas usufruem de um riquíssimo património de estudos filológicos).

Com efeito, as Humanidades têm a sua razão de ser na preservação, na leitura, na interpretação e no estudo histórico-literário dos textos – textos poéticos, textos religiosos, textos jurídicos, textos históricos, etc.

A cultura das comunidades humanas consubstancia-se e transmite-se em textos e através de textos, não sendo pensáveis o homem e a história à margem da tradição textual. Ora a filologia é o saber que preserva a existência dos textos na sua autenticidade, sempre ameaçada por múltiplos factores: o tempo, no transcurso dos séculos, obscurece, desfigura e oblitera a letra e o significado literal dos textos;

os copistas e os impressores-editores alteram os textos, com intenção ou sem ela, introduzindo acrescentos, originando lacunas, alterando o original, disseminando erros; os censores podem impor modificações textuais mais ou menos extensas e importantes, de modo a afeiçoar os textos a ortodoxias de vária ordem; etc., etc. A filologia, recorrendo a diversos métodos e saberes, representados em particular pela *crítica textual* ou *ecdótica*,[5] examina e verifica a autenticidade da autoria e preserva ou restitui a autenticidade da letra em relação aos leitores, aos intérpretes, aos críticos e aos historiadores.

As relações da filologia com a hermenêutica são complexas e controversas. Existe um fundamentalismo filológico – há quem o denomine "ideologia filológica" – que recusa qualquer diálogo do texto

---

[5] O termo *crítica textual* (*Textkritik*) designa a disciplina que, nas palavras de António Houaiss, "tem por finalidade a restituição de um texto à sua forma linguística original, dele retirando todas as alterações que possa ter sofrido no decurso da sua transmissão [reprodução de um texto em testemunhos ao longo do tempo] do autor ao leitor". A ecdótica, segundo Houaiss, é uma disciplina mais abrangente do que a crítica textual, "pois trata de todos os aspectos de uma edição, mesmo daqueles não linguísticos, tais como a disposição da mancha [...], dos títulos, o uso diferenciado de caracteres gráficos, o conjunto das ilustrações" (cf. António Houaiss, "Apresentação", Leodegário A. de Azevedo Filho, *Base teórica de crítica textual*, Rio de Janeiro, H. P. Comunicação, ²2004, p. 9). Germán Orduna, grande filólogo argentino, entende que é conveniente reservar o termo *ecdótica* para toda a metodologia criada para a *recensio* – fase da crítica textual em que se procede ao inventário de todos os dados existentes acerca de um determinado texto, a fim de se efectuar a análise da sua tradição ou transmissão (directa ou indirecta) – e manter o termo *crítica textual* para designar a totalidade das fases e operações que "levam do manuscrito ou impresso primitivo à edição crítica dos nossos dias" (cf. Germán Orduna, *Fundamentos de crítica textual*, Madrid/ArcoLibros, 2005, p. 54). Gianfranco Contini, mestre insigne da filologia italiana contemporânea, a cuja lição me acolho, utiliza como equivalentes os termos *ecdótica* e *crítica textual* (cf.*Breviario di ecdotica*, Torino, Einaudi, 1990, pp. 6, 135 e 149). O termo ecdótica foi proposto por Dom Henri Quentin, *Essais de critique textuelle (Ecdotique)*, Paris, Picard, 1926.

com o próprio filólogo, com o leitor e com o intérprete, seja em que estádio for. A ortodoxia do método filológico, tal como formulada por Karl Lachmann (1793-1851), prescrevia que "recensere[...]sine interpretatione et possumus et debemus",[6] de modo a respeitar estritamente o que considera ser o fundamento objectivo da tradição textual e a evitar qualquer intervenção, vista como subjectiva e arbitrária, do *iudicium* do filólogo no estabelecimento do texto. Foi justamente contra este fundamentalismo filológico, que conduzia à fixação mecânica das lições textuais, que reagiram filólogos como Paul Maas, Giorgio Pasquali, Michele Barbi, Hermann Fränkel, D'Arco Silvio Avalle, etc., rejeitando o princípio lachmanniano da *recensio sine interpretatione*.[7]

Se existe uma "ideologia filológica" que confina asfixiadoramente o sentido do texto a um originário sentido literal, gramatical e histórico-contextual, existe também um "fundamentalismo hermenêutico" e uma "ideologia hermenêutica" que ignoram e obliteram o *sensus grammaticus* e o *sensus historicus* do texto e que, de alegoria em alegoria, de sentido translato em sentido translato, se incendeiam e se esgotam em ensaios por vezes brilhantes, mas inconsistentes e fátuos.[8] A legítima liberdade hermenêutica, que existe porque o sentido do texto *também* é construído pelos leitores e intérpretes, na sua diversidade sincrónica e diacrónica, e porque o texto, nas suas latências,

---

[6] *Apud* Sebastiano Timpanaro, *La genesi del metodo del Lachmann*, Padova, Liviana Editrice, 1981, p. 47.

[7] Hermann Fränkel formula uma firme apologia da *interpretatio* no âmbito da crítica textual, sob pena de a filologia se excluir das Humanidades: "Dobbiamo e vogliamo fondarci sul nostro personale giudizio se abbiamo deciso di occuparci di *humaniora*; e dobbiamo e vogliamo farlo nel corso di ogni singola operazione filologica: per esempio nel corso dell'interpretazione del testo, la quale è indissolubilmente legata alla critica del testo" (Hermann Fränkel, *Testo critico e critica del testo*, Firenze, Felice Le Monnier, 1969, p. 41).

[8] Os termos e os conceitos de "ideologia filológica" e de "ideologia hermenêutica" foram formulados por Romano Luperini, *Il dialogo e il conflitto. Per un'ermeneutica materialistica*, Roma-Bari, Editori Laterza, 1999, pp. 23-29.

indeterminações e plurivalências semântico-pragmáticas, gera respostas novas a perguntas novas, tem como limite, embora móvel e poroso, o arbítrio, ou seja, é uma liberdade *vinculada* em função da materialidade do texto: a sua construção verbal, as suas articulações sintácticas, a sua semântica histórica, as suas convenções genológicas, as suas conexões intertextuais, etc. A hermenêutica material funda-se nas determinações que o texto propõe e impõe à interpretação, mas exclui o fixismo hermenêutico tanto do historicismo contextualista como do estruturalismo formular e estrito.

É um labor difícil, complexo e delicado, insusceptível de ser regulado em cada estádio e em cada momento por normas de natureza científica, articular e compaginar os cânones hermenêuticos atinentes ao objecto e atinentes ao sujeito do processo interpretativo, que Emilio Betti, jurista com uma excepcional cultura humanística, formulou e caracterizou de modo magistral.[9] O cânone da *autonomia* hermenêutica ou da *imanência* do critério hermenêutico e o cânone da *totalidade* e da *coerência* da consideração hermenêutica, que constituem os cânones atinentes ao objecto, postulam respectivamente o reconhecimento e o respeito da alteridade e da forma peculiar do texto, a correlação entre a totalidade do texto e os seus elementos constitutivos e vice-versa – trata-se da dinâmica do círculo hermenêutico ou círculo da compreensão – e a articulação de cada texto, de cada obra de arte e de pensamento, com uma totalidade que os compreende e ilumina («não existe obra de arte que possa considerar-se como uma *ilha* separada de tudo o resto», sublinha Betti). Os cânones hermenêuticos atinentes ao sujeito, o cânone da *actualidade do entender* e o cânone da *adequação do entender*, preceituam respectivamente que o sentido do texto, da obra de arte e da obra de pensamento, não deflui de uma «nua objectividade», mas que se constrói no diálogo do texto com a sensibilidade, a inteligência e a

---

[9] Veja-se Emilio Betti, *Teoria generale della interpretazione*. Edizione corretta e ampliata a cura di Giuliano Crifò. Milano, Giuffrè Editore, 1990, vol.I, pp. 304 ss.

cultura do intérprete, com a «totalidade orgânica do mundo de representações e de conceitos» que possui, devendo o intérprete esforçar-se, numa atitude ao mesmo tempo ética e reflexiva, por alcançar uma profunda consonância e harmonia com o objecto, sem elidir ou sacrificar, porém, a sua individualidade e a sua personalidade histórica.

Nesta difícil e por vezes litigiosa articulação entre filologia e hermenêutica, desempenha uma função crucial o *comentário*, um género discursivo secundário, no sentido de que só tem existência em função de um texto primário considerado como literária e culturalmente relevante, valorado como um texto canónico, clássico e por isso dotado de uma *auctoritas* especial. É elucidativa desta condição do comentário a correlação formulada por Antoine Furetière no seu *Dictionnaire Universel* (1690), no artigo «Texte»: «Texte: terme relatif opposé à commentaire». A própria inscrição topográfica do comentário no fólio do volume manuscrito ou no fólio ou na página do livro impresso – anotação marginal, glosa interlinear, escólio infrapaginal, conjunto de notas coligidas no fim do texto – torna manifesta a sua função de discurso servidor do texto comentado, que ocupa o espaço central do fólio ou da página ou da totalidade destes. O comentário, mesmo quando se alonga e tem tendência para se autonomizar, acompanha sempre o desenvolvimento linear ou sintagmático do texto.

Como discurso metatextual ou metacomunicativo, o comentário cumpre, em relação ao leitor, uma insubstituível função filológica, exegética e didáctica: explica as palavras e as expressões difíceis, obscuras, arcaicas ou neológicas; dilucida formas e construções gramaticais que podem originar obstáculos à compreensão; esclarece o sentido das referências e alusões mitológicas, religiosas, históricas, geográficas, etc., que o texto contém; identifica e analisa as relações intertextuais, sobretudo aquelas que são relevantes para a interpretação do texto; examina as conexões do texto com discursos não literários; assinala os recursos retóricos e estilísticos utilizados na urdidura do texto e informa sobre a sua função e o seu significado.

O comentário consiste muitas vezes em paráfrases, um termo e um conceito que usufruíram de grande fortuna no ensino desde o Humanismo renascentista até à primeira metade do século XX, mas sobre os quais recaiu forte descrédito e até uma espécie de interdito lançados pelas diversas correntes formalistas da teoria e da crítica literárias contemporâneas (recorde-se, por exemplo, o famoso ensaio de Cleanth Brooks intitulado «The heresy of paraphrase», um dos textos emblemáticos do *new criticism* norte-americano). A paráfrase, que tem por objecto de análise um sintagma, uma frase ou uma sequência de frases, é a reformulação de um segmento da cadeia textual, de modo a explicar, a elucidar o seu significado, procurando alcançar uma equivalência semântica tão fiel quanto possível. A paráfrase é uma espécie de tradução intralinguística que diz «quase o mesmo» do segmento do texto-fonte, mas que é sempre apenas uma aproximação do sentido textual. Marcadores discursivos como «isto é», «ou seja», «quer dizer» e outros análogos revelam bem a estratégia da reformulação parafrástica: proporcionar uma equivalência que torne mais claro o sentido do texto. A paráfrase pressupõe assim tanto a capacidade de compreender e interpretar as estruturas formais, semânticas e pragmáticas do texto como a capacidade de escolher e produzir outras estruturas linguísticas, retóricas e estilísticas, que expliquem aquelas. Por todas estas razões, a paráfrase é um tipo de discurso e uma modalidade de comentário cujo valor didáctico deve ser reconhecido e cuja prática disciplinar deve ser reabilitada.[10]

O comentário, que será tão minucioso quanto necessário, sem cair na tentação de acumular ostentadoramente elementos de informação que só perifericamente ou que em nada interessam à compreensão do texto, deve proporcionar um conhecimento objectivo da letra do texto. É a este nível micrológico, porém, que a indagação filológica e o trabalho hermenêutico começam a articular-se, porque as anotações parcelares de um comentário implícita ou explicitamente

---

[10] Neste sentido, veja-se Bertrand Daunay, *Éloge de la paraphrase*, Paris, Presses Universitaires de Vincennes, 2002.

contribuem para fundamentar e desenvolver uma hipótese ou um projecto hermenêuticos relativos à totalidade do texto ou das suas partes, ou porque essas anotações parcelares reflectem ou traduzem uma hipótese ou um projecto hermenêuticos globais já configurados (está-se perante a dinâmica dialéctica do círculo hermenêutico).

Não têm faltado vozes, desde há muitos séculos, que se têm mostrado cépticas e mesmo hostis em relação ao comentário. Já Montaigne, nos *Essais* (1580), provavelmente sob a influência da poética do sublime do Pseudo-Longino, exaltava o fulgor, semelhante ao relâmpago, da «boa, grandíssima, *divina* » poesia, que está para além da razão e das regras e que enleva e extasia o leitor – o «suffisant lecteur» que sabe desvelar nos textos belezas e perfeições de que o próprio autor não tomou consciência. Ora se o *Verbum Poetæ sufficit*, tornam-se dispensáveis os pululantes comentadores ... Um historiador da literatura italiana como Francesco De Sanctis, no seu estudo *Francesca da Rimini secondo i critici e secondo l'arte* (1869), aconselhava jovens alunos do Liceu de Bari a lerem Dante sem comentários e a habituarem-se a ler os autores sem intermediários: «entre vocês e eles somente» (*tra voi e loro solamente*). Charles Péguy, na *Deuxième suite de notre patrie* (1905), não hesitou em utilizar fórmulas radicais de desqualificação do comentário, ao escrever «que não se poderia assassinar mais adequadamente um texto do que através do mais clássico comentário» e ao exprimir o voto de que se fizesse uma edição de Pascal sem uma única nota ... Hans Magnus Enzensberger publicou em 1977 um célebre ensaio, intitulado «Uma modesta proposta para defender a juventude das obras de poesia»,[11] em que denuncia a conspiração das autoridades governamentais com poder nas áreas da educação e da cultura, em conluio com as escolas e os professores de língua e literatura alemãs, para converter «um inocente poema num garrote tecnocrático» – ou, melhor, logotecnocrático ... – destinado a assestar golpes certeiros

---

[11] Utilizo a tradução italiana incluída no volume de H.M. Enzensberger, *Sulla piccola borghesia*, Milano, Il Saggiatore, 1983.

na cabeça dos pobres jovens ... Em consonância perfeita com a Susan Sontag de «Against interpretation» (1964), que exautora a interpretação como um projecto reaccionário, impertinente, cobarde e asfixiante, representativo do triunfo do intelecto sobre a arte e a sensorialidade – e daí a sua palavra de ordem segundo a qual a hermenêutica devia ser substituída por uma erótica da arte –, Enzensberger, como autor de poemas com os quais a escola martiriza os estudantes, dirige um apelo ao leitor para que lute contra o «detestável vício da interpretação» e para que combata ainda com maior virulência o «vício pior da interpretação correcta». E, para não alongar este catálogo, direi que George Steiner, ao visionar no capítulo inicial do livro *Real presences* (1989) a sua cidade ou a sua sociedade do *original* e do *originário*, acolhe e exalta jubilosamente as «presenças reais» dos criadores de arte, de música e de literatura, mas expulsa, na medida do possível, os metatextos, os comentários parasitas, o palavreado universitário, jornalístico ou jornalístico-universitário, urdido em torno das obras artísticas.

Estas e outras reacções adversas ao comentário e à interpretação têm um aspecto louvável e positivo, que é o de propor e advogar uma relação amorosa, livre e criativa, do leitor com o texto literário, tornando a leitura uma descoberta pessoal e um prazer emaravilhado e não um exercício escolasticamente laborioso.

Em contrapartida, são múltiplas e de monta as anotações interrogadoras, dubitativas e desfavoráveis, que tais posições suscitam. Sublinhe-se, antes de tudo, que os citados juízos hostis ao comentário e à interpretação são formulados por grandes escritores, grandes ensaístas, que estendem arbitrariamente – no fundo, com um egoísmo sobranceiramente aristocrático – os seus padrões de leitura ao leitor comum e, mais grave, ao leitor inexperiente, despreparado e desprovido da utensilagem linguística, histórico-cultural e estética indispensável para realizar com êxito actos de leitura. Em relação a numerosos textos, muito distantes da competência do leitor sob o ponto de vista linguístico e histórico-cultural ou particularmente complexos nas suas estruturas formais e semânticas, o comentário é o meio adequado e eficiente para evitar o bloqueamento da leitura, as interrupções e o consequente abandono do processo de compreensão. Furtar, por exemplo, aos alunos do ensino básico e secundário, em nome de uma utópica espontaneidade rousseauniana, o conhecimento dos códigos linguísticos, estético-literários e culturais que possibilitam criar e ler os textos, é negar aos jovens o direito de participarem como receptores e como potenciais emissores na esfera da comunicação cultural, é retirar-lhes a informação metalinguística e metatextual necessária à compreensão e à explicação dos textos e dos seus contextos histórico-literários, sociais, religiosos, ideológicos, etc.[12]

Subjacentes à animadversão ao comentário e à interpretação encontram-se uma antropologia de genealogia platónica e uma concepção teofânica do conhecimento como iluminação ou fulguração e, mais trivilializadoramente, um impressionismo hedonista. Com algumas confusões e incongruências graves de permeio. Com efeito, não se pode meter no mesmo saco o comentário e a interpretação, porque toda a leitura, mesmo aquela que desqualifica e recusa o comentário, tem como finalidade a compreensão e portanto a interpretação dos textos. Como é possível a George Steiner afirmar que «a filologia é a base da verdade hermenêutica»[13] e recusar a mediação dos metatextos? E não é Steiner um sagacíssimo teorizador da literatura que utiliza a teoria para combater a(s) teoria(s) com que não concorda? E será possível e será estratégia inteligente, como propõe Steiner, para refundar o humanismo, neste tempo crepuscular de desumanização, que as Humanidades devam «invocar alguma forma de fé» no «sagrado» do outro? Fora desta esfera de tipo teológico-metafísico, as Humanidades no ensino carecem, como afirma ainda Steiner, de qualquer fundamentação natural? O homem contemporâ-

---

[12] Sobre estas questões, veja-se a excelente análise de Lore Terracini no capítulo «I codici negati» do seu livro *I segni e la scuola. Didattica della letteratura come pratica sociale* (Torino, Edizioni La Rosa, 1980).

[13] Cf. George Steiner, « ¿El ocaso de las humanidades?», *Revista de Occidente*, 223 (1999), p. 138.

neo estará refém deste dilema entre a legitimação religiosa do *logos* e o ocaso, o epílogo, o posfácio, o *afterword*, das Humanidades? Penso que esta formulação dilemática é uma falsa e perigosa dramatização do problema. As Humanidades são *technai* que, na sua racionalidade, habilitam o homem a produzir, a comunicar e a interpretar os discursos e os textos em que se fundam, consubstanciam e exprimem a religião, a moral, a poesia, a política, o direito, etc., de uma civilização. Entre a legitimação teológico-metafísica das *litterae humaniores* e o apocalipse do *afterword* profetizado por Steiner, encontro o caminho aberto e percorrido por Aristóteles há cerca de vinte e quatro séculos: a elaboração das Humanidades como saberes sistematizados que ensinam o homem a falar, a discorrer, a interpretar, a argumentar, a ponderar os valores, a tomar decisões na esfera da política, a representar poética e simbolicamente as suas acções, as suas virtudes, as suas misérias e os seus sonhos. Nesta perspectiva, as Humanidades não são o privilégio de uma classe social, o luxo de um escol ou de um pretenso escol de intelectuais, a formação especializada para futuros investigadores e professores na área de Letras. As Humanidades, ao invés, constituem saberes básicos que proporcionam a todos os homens e em particular a todos os estudantes – entre as Humanidades e o ensino existe uma natural relação multissecular – as competências e os instrumentos necessários para compreender e produzir textos de diversa tipologia, para poderem partilhar, como leitores informados, o património escrito dos séculos pretéritos, para participarem responsavelmente na vida cívica da sua comunidade, em suma, para serem homens conscientes da dignidade e das limitações da sua humanidade.

Grande parte dos ensaios coligidos neste volume tem como objecto de reflexão o ensino da literatura na escola básica e secundária. O meu trabalho e a minha experiência de professor, ao longo de quatro décadas, confinaram-se à Universidade, mas guardei sempre uma memória muito grata da minha aprendizagem da Literatura Portuguesa e também da Literatura Francesa no Liceu e da sua importância na minha educação, no sentido originário desta palavra, e tive sempre uma consciência muito forte de que os meus alunos da Universidade de Coimbra e da Universidade do Minho iriam ser, na esmagadora maioria, professores de Português no ensino básico e secundário. Desde muito cedo que me interessou e preocupou profundamente a articulação do ensino universitário, no âmbito dos estudos literários, com o ensino liceal e, depois, com o ensino básico e secundário e por isso, como professor de Teoria da Literatura e de Literatura Portuguesa, prestei atenção acurada, na elaboração dos programas das disciplinas, na escolha dos autores e das obras a estudar, na orientação de teses de mestrado e de doutoramento, aos problemas e às necessidades do ensino da literatura em geral, tanto na Universidade como nas outras áreas do sistema escolar. Nunca apreciei muito a expressão «didáctica da literatura», mas fui sempre um defensor convicto da relevância da disciplina assim designada e da legitimidade da sua existência nos planos de estudos das Faculdades de Letras, em diálogo e interacção com as disciplinas e a investigação das áreas de estudos literários (embora compreenda que, por motivos de ordem vária, a disciplina possa funcionar noutra Escola, como acontece na Universidade do Minho).

As resistências à criação e à consolidação da disciplina de Didáctica da Literatura foram múltiplas e tenazes, porque muitos professores recearam que ela originasse uma «licealização» do ensino universitário da literatura e porque outros professores entenderam – e entendem – que a literatura não é ensinável segundo técnicas didácticas.[14] Falei acima de de «diálogo» e de interacção da Didáctica da

---

[14] Foi uma reacção deste tipo que se verificou em muitas Universidades italianas, nas quais a influência do pensamento estético de Benedetto Croce exerceu profunda e perdurável influência.Veja-se, sobre esta questão, Raul Mordenti, *Didattica della letteratura italiana*, Roma, Editrice Universitaria di Roma – La Goliardica, 1997.

Literatura com a investigação desenvolvida e com as disciplinas leccionadas nos departamentos, ou unidades orgânicas equivalentes, de estudos literários, o que significa que não concebo a Didáctica da Literatura como um subproduto ou um epifenómeno das disciplinas e da investigação ditas «científicas», mas que também não lhe concedo o estatuto privilegiado de disciplina culminativa, digamos assim, que julgaria, implícita ou explicitamente, o mérito e o demérito do ensino ministrado nas outras disciplinas e que prescritivamente deveria formular as orientações teórico-metodológicas e programáticas consideradas correctas e adequadas. Esse diálogo e essa interacção são complexos e difíceis, porque os interlocutores e parceiros, no exercício da sua legítima liberdade académica, podem cultivar saberes bastante diferenciados. A Didáctica da Literatura, sem prejuízo da sua lógica própria e dos seus objectivos específicos, tem de saber cooperar com esses diversos saberes, de modo a contribuir activamente para um projecto de ensino que seja um coerente diálogo interdisciplinar.

O ensino da literatura – da poesia, das *litterae humaniores* , das *belles lettres*, das letras humanas, etc., consoante as épocas históricas – tem no Ocidente uma ininterrupta tradição multissecular, com modificações e ajustamentos que, naturalmente, correspondem às mudanças das sociedades, das culturas, das orientações religiosas e políticas, das teorias poetológicas, das doutrinas pedagógicas, etc. Ao longo da segunda metade do século XIX, por exemplo, ocorreu uma modificação fundamental, com a introdução do ensino das línguas e literaturas modernas nas instituições universitárias e nas escolas secundárias, cessando assim o privilégio exclusivista atribuído às chamadas línguas e literaturas clássicas. Esta secular e riquíssima tradição do ensino da literatura, que tem conhecido períodos de esplendor e tempos de crise, não pode deixar de ter o seu fundamento em razões profundas e não pode ser ameaçada ou posta em causa de modo leviano e arbitrário. A razão primordial e substantiva desta tradição, desde a *paideia* grega até aos dias de hoje, consiste no facto de a literatura (a poesia), oral ou escrita, ser ontológica e cognitivamente indissociável da linguagem verbal, faculdade que, como assinalou Isócrates (sécs. V-IV a.C.), num passo célebre do seu *Panegírico*, é um privilégio de que a natureza dotou unicamente os homens, tornando-os diferentes, graças a essa superioridade, de todos os outros animais.[15] Esta tradição helénico-judaico-cristã atravessa todo o pensamento ocidental e alcança as suas formulações estelares no discurso de vários humanistas do Renascimento, na «ciência nova» de Vico, na filosofia da linguagem de Herder, na concepção heideggeriana da língua como a casa do ser («die Sprache ist das Haus des Seins»), na teoria literária de Northrop Frye («language as the home of human life»), nas teorias linguísticas e semióticas de autores como Hjelmslev e Lotman.

Ora a poesia (a literatura) é a única arte que cria as suas formas, a sua semântica, os seus mundos imaginários, com a matéria e as formas da linguagem verbal, instituindo com esta uma relação verdadeiramente placentária, no sentido literal e metafórico desta expressão. O poeta é, em todos os tempos, o mais criativo, o mais acurado, o mais amante e o mais sábio artífice – o *miglior fabbro del parlar materno*, para reutilizar com extensão universal o célebre verso de Dante (*Purgatorio*, XXVI, 117) – de cada língua histórica, produzindo um discurso que, nas palavras de Eugenio Coseriu, «actualiza todas las posibilidades del lenguaje mientras que otros discursos, al contrario, parcializan e desactualizan posibilidades del lenguaje».[16] Por todas estas razões, às quais há a acrescentar a natureza *alográfica* da literatura – entre os exemplares de cada edição de um texto literário não há lugar para distinguir o «original» e as «cópias» –, factor relevante sob o ponto de vista pedagógico-didáctico, os textos

---

[15] Veja-se a tradução do texto de Isócrates em *Hélade. Antologia da cultura grega*. Organização e tradução de Maria Helena da Rocha Pereira. Porto, Edições Asa, 82003, p. 331.

[16] Eugenio Coseriu, «Información y literatura», Eugenio Coseriu e Óscar Loureda Lamas, *Lenguaje y discurso*, Pamplona, EUNSA, 2006, p. 88. O estudo clássico de Coseriu sobre esta problemática consiste nas «Tesis sobre el tema 'lenguaje y poesia'», *El hombre y su lenguaje*, Madrid, Gredos, 1977, pp. 201-207.

literários têm desempenhado um papel preeminente na formação humana, na educação linguística e na educação estética dos jovens e adolescentes. O projecto da educação estética do homem e da sociedade, proposto com tanto brilhantismo e tão profunda convicção por Friedrich Schiller na obra *Sobre a Educação Estética do Ser Humano numa Série de Cartas* (1795),[17] não será nunca ameaçado por aquela preeminência da literatura – o estudo da literatura, se bem orientado, convocará fecundamente o diálogo com as outras artes –, mas está seriamente posto em causa, desde há décadas, pela sistemática erosão dos conceitos de arte, de estética e de beleza, levada a efeito por alguns representantes da filosofia analítica e, noutro plano, pela cultura de massas e pelos estudos culturais que, por vezo ideológico, identificam errónea e abusivamente a arte, a estética e a beleza, com os interesses de classe da burguesia.[18]

A crise contemporânea do ensino da literatura, em Portugal como noutros países da Europa ocidental, remonta pelo menos aos anos sessenta do século XX, quando as novas orientações formalistas, estruturalistas e semióticas, tanto nos estudos literários como nos estudos linguísticos, tornaram inevitável a falência do paradigma filológico-historicista instituído pelo positivismo, e quando as escolas, em todos os níveis do ensino, acolheram uma população discente cada vez mais numerosa, social e culturalmente heterogénea, desprovida na sua maioria de uma herança cultural significativa, desprovida, em particular, de hábitos de leitura no âmbito familiar e progressivamente atraída e depois dominada pelos meios tecnológicos de comunicação de massas.

---

[17] Veja-se a tradução portuguesa desta obra de Schiller, da autoria de Teresa Rodrigues Cadete, publicada em Lisboa, pela Imprensa Nacional – Casa da Moeda (1994). Encontra-se uma bem informada análise desta matéria no livro de Mario Gennari, *L'educazione estetica*, Milano, Bompiani, 1994.

[18] Nos últimos anos, estes problemas têm sido objecto de intenso debate e originaram extensa e relevante bibliografia. Leia-se a interessante análise de Gregory Jusdanis, «Two cheers for aesthetic autonomy», *Cultural Critique*, 61(2005), pp. 22-54.

Se a vaga formalista, estruturalista e semiótica dos anos sessenta, com os seus tecnicismos complicados e a sua terminologia algo rebarbativa, lançou a confusão entre os professores e foi em geral deficientemente assimilada e reelaborada pelos programas e pelos manuais escolares, criando-se uma espessa cortina de pseudo-saberes entre os docentes, os alunos e os textos literários, o pós-estruturalismo do último quartel do século XX, na sua proliferação vertiginosa, e os estudos culturais nas suas formulações radicalistas, com as virulentas «guerras culturais» a que uns e outros deram origem, sobretudo nos Estados Unidos da América,[19] provocaram uma babelização teórico-metodológica, conceptual e terminológica, de funestos efeitos pedagógicos e didácticos. Esta crise, que co-envolve a crise do próprio conceito de literatura, requer uma reflexão preocupada, rigorosa e lúcida, mas não deve abrir a porta a um pessimismo catastrofista ou a um paralizante desencanto elegíaco. A verdade é que, em larga medida, têm sido professores de literatura, com o seu cepticismo corrosivo e com a sua descrença na relevância cultural, social e escolar, do saber que cultivam e que profissionalmente praticam, alguns dos principais responsáveis doutrinários, digamos assim, pela atmosfera e pelo sentimento de crise em torno do ensino da literatura. Curiosamente, os escritores – os poetas, os romancistas, os contistas, os dramaturgos, etc. – não manifestam indícios ou sintomas de descrença e má consciência acerca da relevância intrínseca e do significado social, cultural, antropológico, ético, etc., das obras literárias que criam. São, quase sempre, teorizadores, críticos e professores de literatura que cultivam obsessiva e doentiamente a temática elegíaca e tanatográfica da morte da literatura e lavram os respectivos epitáfios. O problema não reside por conseguinte na literatura em si mesma, mas no ensino da literatura, nos seus métodos

---

[19] Estas «guerras culturais» são um fenómeno marcadamente norte-americano, mas a força e o influxo do «império» são tais que a cultura e as Universidades europeias, na área das Humanidades, não ficaram imunes às suas ondas de choque e aos seus efeitos.

e nas suas estratégias, nos seus objectivos e nos valores propostos, nos seus programas e nos seus instrumentos didácticos, no seu enquadramento curricular e nos seus actores, ou seja, professores e alunos.

Após meio século de crise, é inadiável fazer um balanço dos factores negativos e dos factores positivos, distinguindo o que é acessório e acidental e o que é substantivo e fundamental, reconhecendo erros praticados e formulando orientações teórico-metodológicas consistentes, didacticamente exequíveis, claras, não hipotecadas ideologicamente e não confinadas a um redutor – *ismo*. É indispensável reconhecer que, nos estudos literários como em qualquer campo disciplinar, os novos «paradigmas» não se constituem ano sim, ano não, como se as «revoluções científicas» resultassem de atitudes voluntaristas e se consubstanciassem em operações nominalistas tributárias de modas intelectuais. A insensata competição pela novidade, que é gerada pela crise, acaba por agudizar a própria crise. A situação torna-se ainda mais grave se os pretensos novos «paradigmas» constituem um *corpus* doutrinário ou ideológico dogmático – o relativismo sistemático e radical é um dos mais insidiosos dogmatismos –, em contradição insanável com os princípios da racionalidade científica.

Há pouco mais de meio século, Northrop Frye, na «Polemical introduction» à sua obra mestra, *Anatomy of criticism* (1957), defendeu que não existem e que não são possíveis uma aprendizagem directa e portanto um ensino directo da literatura em si mesma, mas tão-só um ensino e uma aprendizagem da «crítica», sendo certo que Northrop Frye entende por «literary criticism» a teoria da literatura. A situação seria similar à que acontece com a física, que é um corpo sistemático de conhecimento sobre a natureza: o professor de física ensina física e não a natureza e o aluno de física estuda física e não a natureza.[20] Jacinto do Prado Coelho, no seu ensaio «Como ensinar

---

[20] Northrop Frye, *Anatomy of criticism. Four essays*, New York, Atheneum, 1966 [1957], p. 11. Northrop Frye(1912-1991) dedicou aos problemas do ensino

literatura», depois de questionar a justeza dos termos que designam as disciplinas com as quais, no liceu e na Universidade, se estuda a literatura – «ciência da literatura», «crítica da literatura», «literatura portuguesa», «literatura francesa», etc. –, conclui: «De qualquer maneira, a designação carece de rigor: ensina-se, sim, a estudar a literatura, não a fazer literatura – como se ensinam Ciências Naturais e não a Natureza».[21] A argumentação de Prado Coelho é similar à de Northrop Frye, com uma diferença relevante: é que, segundo o teorizador canadiano, o que se ensina é um conhecimento sobre a literatura, ao passo que o saudoso mestre português conduz o raciocínio por um caminho incongruente com o argumento final de que «se ensinam Ciências Naturais e não a Natureza». Com efeito, a afirmação de que se ensina a estudar literatura e não a fazer literatura não é homologável com a asserção de que se ensinam Ciências Naturais e não a Natureza. O que é fundamental na argumentação de Northrop Frye e decisivo para a dilucidação do problema em debate é a afirmação de que não existe uma aprendizagem *directa* da literatura, nem portanto um ensino *directo*. Aprende-se e ensina-se, «transitivamente», a crítica da literatura, ou seja, «uma coerente e compreensiva teoria da literatura, logicamente e cientificamente organizada», segundo as palavras de Northrop Frye.

Não há dúvida de que o que se ensina e se aprende no ensino básico e secundário e no ensino superior são saberes elaborados sobre a literatura, isto é, saberes disciplinares, multidisciplinares e interdisciplinares, dos quais a literatura é objecto – um objecto diversamente perspectivado, descrito, analisado e interpretado, consoante as finalidades e os métodos desses saberes. Estes saberes,

---

da literatura uma constante atenção. O seu livro *On education* (Ann Arbor, The University of Michigan Press, 1988) é uma colectânea de estudos que, ao longo de trinta anos, consagrou a esta matéria, numa perspectiva eminentemente humanística.

[21] Jacinto do Prado Coelho, *Ao contrário de Penélope*, Amadora, Livraria Bertrand, 1976, pp. 51-52.

porém, proporcionam conhecimentos sobre a literatura, o que significa dizer que, pela sua intermediação, os professores ensinam efectivamente literatura e que os alunos aprendem literatura.

Afirmar que esse ensino se funda numa «ciência da literatura», equiparável à física ou à química, constitui uma afirmação controversa, que co-envolve a diferenciação e o divórcio entre as ciências da natureza e as Humanidades (ou as ciências humanas ou as ciências do espírito ou as ciências da cultura).[22] Embora o termo e o conceito de «ciência da literatura» tenham gozado de grande fortuna no âmbito de diversas orientações teóricas e metodológicas – no positivismo, no formalismo russo, na poética morfológica germânica, no marxismo, no estruturalismo, etc. – , é incontestável que a «ciência da literatura» – tal como a linguística e outras ciências da cultura – não satisfaz os dois critérios extrínsecos que caracterizam toda a ciência galileana: a matematização do real empírico e a constituição de uma relação com a técnica, «de tal modo que a técnica se defina como a aplicação prática da ciência».[23]

Os saberes, porém, nos quais se alicerça e dos quais se alimenta esse ensino – a teoria da literatura (a poética), a retórica, a filologia, a história literária, a literatura comparada, a crítica literária, a hermenêutica, a estilística, a sociologia da literatura, etc. –, são saberes com conteúdo empírico, fundamentados, sistematizados, com proposições e hipóteses susceptíveis de serem refutadas ou corroboradas, ou seja, são saberes que partilham múltiplas características da racionalidade científica e que ora são denominadas *artes*, ora são designadas *ciências*. O caso da retórica é bem elucidativo. Segundo a tradição greco-latina, em que avultam Aristóteles e Quintiliano, a retórica

---

[22] Sobre esta questão existe copiosa bibliografia, da qual me limito a assinalar o ensaio magistral de Isaiah Berlin, «El divorcio entre las ciencias y las humanidades», *El estudio adecuado de la humanidad. Antología de ensayos*, Madrid-México, Turner-Fondo de Cultura Económica, 2009, pp. 228-261.

[23] Jean-Claude Milner, *Introduction à une science du langage*, Paris, Éditions du Seuil, 1989, p. 23.

é uma *technē*, uma *ars*, isto é, um sistema de preceitos e de normas universais, aceites como válidos e orientados para a realização de uma determinada finalidade, acção ou obra. A *technē* é um corpo de conhecimentos metodicamente organizado, ensinável, que se distingue do conhecimento meramente haurido na experiência (*empeiria*) e do conhecimento puro, não orientado para a prática (*theōria*, *epistēmē*).[24] É certo que em Quintiliano, ao lado da definição da retórica como « ars bene dicendi», aparece também a definição «bene dicendi scientia» e é também certo que em autores como Sulpicius Victor e Jorge de Trebizonda a retórica aparece definida como «bene dicendi scientia in quaestione civili» e «civilis scientia».[25]

A caracterização por estes autores da retórica como «scientia» pode ser explicada pela relação da retórica com a dialéctica, mas o termo «scientia», nestes contextos, não tem relevância epistemológica, como teria no âmbito da ciência moderna. A questão é já bem diferente em autores dos séculos XX e XXI, cujo pensamento é tributário, de modo implícito ou explícito, de múltiplos debates epistemológicos, nomeadamente do debate em torno da distinção entre ciências naturais e ciências humanas ou ciências do espírito ou ciências da cultura. Há autores que, em conformidade com a tradição greco-latina, definem a retórica como «arte»: por exemplo, I.A.Richards, H.Lausberg, Helena Beristáin, Paul Ricoeur e François Rastier.[26]

---

[24] Sobre o conceito de *technē*, sobre a sua fundamentação e a sua relevância racional e pragmática, *vide*: Wladyslaw Tatarkiewicz, *A history of six ideas. An essay in aesthetics*, The Hague, Martinus Nijhoff, 1980, p. 11 ss. e p. 78 ss.; Michael Cahon, «The rhetoric of rhetoric: Six tropes of disciplinary self-constitution», R.H.Roberts e J.M.M. Good, *The recovery of rhetoric. Persuasive discourse and disciplinarity in the human sciences*, London, Bristol Classical Press, 1993, p. 70 ss.

[25] Cf. Luis Albuquerque García, *El arte de hablar en público. Seis retóricas famosas*, Madrid, Visor Libros, 1995, p. 24.

[26] Cf. *Richards on rhetoric. I.A. Richards: Selected essays (1929-1974)*. Edited by Ann E. Berthoff. New-York – Oxford, Oxford University Press, 1991, p. 92 («But subject to this caution – which is appallingly easy to forget – a training in

Outros autores, como Roland Barthes, Tomás Albaladejo e López Eire, consideram a retórica como uma arte e uma ciência (ou uma «proto-ciência», na perspectiva de Barthes).[27] Outros autores, enfim, defendem convictamente o estatuto científico da retórica: *e.g.*, Pierre Guiraud, Jean-Marie Klinkenberg e Antonio García Berrio.[28]

Seja arte, seja ciência – inclino-me para a primeira definição –, a retórica, como ficou dito acima, é uma disciplina rigorosa na sua fundamentação, na sua sistematização, nos seus termos e conceitos e nas suas operações analíticas e partilha múltiplas características da racionalidade científica. Tal como as outras disciplinas mencionadas do campo dos estudos literários, que asseguram o conhecimento sistematizado e metodicamente descritivo, analítico e explicativo dos fenómenos literários, embora proporcionem diferentes níveis de racionalidade científica: por exemplo, a teoria da literatura apresenta um nível elevado de fiabilidade cognitiva, ao passo que a crítica literária

---

Rhetoric, Grammar and Logic, *as Arts* not as sciences, a training which is at present almost entirely lacking in the curriculum, is what is most needed».); Heinrich Lausberg, *Elementos de retórica literária*, Lisboa, Fundação Calouste Gulbenkian, ²1972, p. 75; Helena Beristáin, *Diccionario de retórica y poética*, México, Editorial Porrúa, ⁸1998, s.v. *retórica*; Paul Ricoeur, *Rhétorique, poétique et herméneutique*», M. Meyer (éd.), *De la métaphysique à la rhétorique*, Bruxelles, Éditions de l'Université de Bruxelles, 1986, p. 155; François Rastier, *Arts et sciences du texte*, ed. cit., p. 8.

[27] Cf. Roland Barthes, «L'ancienne rhétorique. Aide-mémoire», *Oeuvres complètes. Tome II: 1966-1973*. Paris, Éditions du Seuil, 1994, p. 902; Tomás Albaladejo Mayordomo, *Retórica*, Madrid, Editorial Síntesis, 1989, p. 11; Antonio López Eire, *Esencia y objeto de la retórica*, México, Universidad Nacional Autónoma de México, 1996, pp. 111 e 112.

[28] Cf. Pierre Guiraud, *La stylistique*, Paris P. U.F. (col. «Que sais-je?»), 1961, p. 24; Jean-Marie Klinkenberg, *Le sens rhétorique. Essai de sémantique littéraire*, Bruxelles, Éditions les Éperonniers, 1990, pp. 46-47; Antonio García Berrio, *Teoría de la literatura*, Madrid, Cátedra, ²1994, p. 198 ss.; *id.*, «Retórica general literaria o poética general», *El centro en lo múltiple (selección de ensayos). II. El contenido de las formas (1985-2005)*, Barcelona, Anthropos, 2009, p. 200.

acolhe vectores de apreciação valorativa que escapam ao crivo da racionalidade científica, mesmo se argumentativamente sustentados.[29]

O ensino fundado nestes saberes é assim um ensino racionalmente organizado, coerente e progressivo, como o de qualquer ciência, não sendo conciliável com uma concepção espontaneísta, anarquizante ou individualisticamente impressionista da aprendizagem da literatura (sem prejuízo da relevância que na educação literária, como em toda a educação estética, cabe à subjectividade, à sensibilidade e às emoções). Um problema difícil consiste em estabelecer, sobretudo no ensino básico e no ensino secundário, com programas formulados pelos serviços centrais do Ministério da Educação, quais os caminhos mais adequados e produtivos a prosseguir. A proliferação de orientações teóricas e metodológicas que se verificou no campo dos estudos literários, no último meio século, é fonte de perplexidade e confusão para professores e alunos. Neste domínio, a didáctica da literatura, como saber que analisa e avalia a aplicação das disciplinas literárias na *praxis* do ensino, tem um papel insubstituível a desempenhar.

O modelo de ensino da literatura que proponho, tanto no ensino superior como nos outros segmentos do ensino, é um modelo textocêntrico, porque são os textos, nas suas formas e nos seus sentidos, que consubstanciam a literatura. É óbvio que a literatura é um fenómeno cultural, social, semiótico e institucional muito complexo, desde a esfera da criação ou produção até à esfera da leitura e da recepção, mas o autor, o leitor, as convenções e as normas estético-literárias e retórico-estilísticas, o mercado editorial, a crítica literária, o cânone, o ensino da literatura, etc., só existem, só funcionam e se têm sentido, porque existem textos.

---

[29] Dentre a numerosa bibliografia existente sobre a matéria, indico apenas duas obras: Lubomír Doležel, *Occidental poetics. Tradition and progress*, Lincoln-London, University of Nebraska Press, 1990 (trad. port.: *A poética ocidental. Tradição e inovação*, Lisboa, Fundação Calouste Gulbenkian, 1990); M.ª del Carmen Bobes Naves, *Crítica del conocimiento literario*, Madrid, Arco/Libros, 2008.

Propor um modelo textocêntrico significa atribuir à hermenêutica uma função nuclear no ensino da literatura. Uma *hermenêutica material*, tal como a concebeu e praticou Peter Szondi, isto é, uma hermenêutica centrada sobre a materialidade dos textos, sobre a sua linguagem e sobre as suas formas, uma e outras geradoras dos sentidos textuais; uma hermenêutica secular ou profana, sem dependências explícitas ou ocultas de princípios e pressupostos teológico-metafísicos; uma hermenêutica consciente da sua própria historicidade, consciente de que é a história que está inscrita no texto e de que não é o texto que está inscrito na história.[30] Szondi, que confere à filologia um papel determinante na constituição da hermenêutica literária, afasta a designação de hermenêutica filológica por uma razão que se me afigura fundamental: a hermenêutica literária, depois de Dilthey e em particular depois de Gadamer, não pode ignorar a sua própria historicidade e cancelar a problemática da historicidade da compreensão, ao passo que a filologia tradicional, a chamada filologia histórica, «trabalha com a convicção de que pode prescindir da sua própria posição histórica e transferir-se para qualquer época passada».[31] Foi esta ilusão historicista e contextualista da filologia tradicional que refutei no ensaio intitulado «A 'leitura' de Deus e as leituras dos homens». Ponderar e articular todos estes factores de modo que a interpretação não fique ilusoriamente refém do contexto originário do texto, nem se extravie imaginativamente à margem da materialidade do texto, é um labor difícil e complexo em

---

[30] Cf. Peter Szondi, *Introducción a la hermenéutica literaria*, Madrid, Abada Editores, 2006, *passim*, sobretudo p. 225; *id.*, «Sur la connaissance philologique», *Poésies et poétiques de la modernité*, Lille, Presses Universitaires de Lille, 1981, pp. 11-29. Veja-se Jean Bollack, «Un futur dans le passé : l'herméneutique matérielle de Peter Szondi», *La Grèce de personne*, Paris, Éditions du Seuil, 1997, pp. 117-127; José Manuel Cuesta Abad, «*Lectio stricta* . La hermenéutica material de Peter Szondi», prólogo à citada edição de *Introducción a la hermenéutica literaria*.

[31] Peter Szondi, *Introducción a la hermenéutica literaria*, p. 46.

que interagem e se combinam a ciência filológica, a *ars interpretandi* e a inteligência e a subjectividade do intérprete.

Como sublinha Szondi, «os textos apresentam-se como indivíduos, não como exemplares [como aconteceria nas ciências da natureza]. A sua interpretação deve apoiar-se no processo concreto de que eles são o resultado, e não sobre uma regra abstracta, cujo enunciado de resto pressupõe a compreensão das passagens e das obras particulares».[32] A hermenêutica literária, como qualquer hermenêutica regional, não deve prescindir dos princípios teóricos, dos cânones e das regras formuladas pela hermenêutica enquanto teoria geral, mas na *praxis* interpretativa não pode rasurar ou negligenciar os traços *idiográficos* do texto como indivíduo. A interpretação alicerça-se em múltiplos elementos de prova proporcionados pela filologia, pela retórica, pela linguística do texto, pela narratologia, pela história literária, pela literatura comparada, pela iconologia, etc., mas há um momento ou momentos no processo hermenêutico – momento(s) que não pode(m) ser logicamente previsto(s) ou determinado(s) – em que a inteligência, a subjectividade, a intuição e as emoções do intérprete desempenham uma função decisiva. A tese V e a tese VI do meu ensaio «Teses sobre o ensino do texto literário na aula de Português» formulam e realçam justamente esta característica crucial da hermenêutica do texto literário, que por um lado obriga o leitor, o professor e o aluno a conhecerem e a ponderarem com rigor as informações pertinentes sobre a materialidade do texto – informações que diminuem os riscos de leituras arbitrárias – e que por outra parte convoca e legitima a liberdade interpretativa – uma liberdade *vinculada*, repito – dos leitores.

Se o modelo textocêntrico que proponho do ensino da literatura atribui à hermenêutica uma função nuclear, em estreita e contínua articulação com a filologia, a retórica, a estilística e a história literária, ele não clausura o texto sobre si mesmo, numa intransitividade

---

[32] *Id.*, «Sur la connaissance philologique», p. 20.

esteticista que é uma perversão da estética e que seria sempre uma denegação das Humanidades. A indagação hermenêutica, em que formas e sentidos textuais são indissociáveis, inscreve no texto «o grande teatro do mundo» e projecta o texto no «grande teatro do mundo», pois que todos os problemas da vida, do homem, da sociedade e da cultura estão representados, sob diferentes modelizações e em graus diversos de refracção, na literatura, desde a literatura realista até à literatura fantástica. Mesmo um dos mais "ortodoxos" e influentes representantes do *new criticism*, Cleanth Brooks, não hesitou em reconhecer que a literatura tem multiformes «usos», mas que estes se fundamentam necessariamente no nosso conhecimento do que uma determinada obra «significa».[33]

Um devastador malefício de algumas práticas de leitura formalistas-estruturalistas consistiu exactamente em esterilizar o estudo dos textos literários através de análises esquemáticas e estereotipadamente formais, com a utilização de terminologias complicadas, rasurando e cancelando os significados e os valores antropológicos, éticos, sociais e políticos que são constitutivos dos textos literários e que os leitores actualizam diversa e variavelmente ao longo da história da recepção desses textos, em função da sua própria historicidade de leitores e intérpretes.[34]

São esses significados e esses valores, plasmados em formas e em arquitecturas estético-verbais que tanto podem ser construídas numa escrita de sublimidade simbólica, como em Dante, ou num discurso

---

[33] Cleanth Brooks, «My credo – The formalist critics», in William J. Spurlin and Michael Fischer (eds), *The new criticism and contemporary literary theory. Connections and continuities*, New York – London, Garland Publishing, 1995, p. 53.

[34] Numa entrevista datada do ano anterior ao seu falecimento, Cleanth Brooks (1906-1994) afirmou: «I think it is very interesting to ask how readings change over time and to try to account for the change. For example, the interpretation of a text, say, in the 1930s, may be dramatically different in the 1960s because of the influence of the social context in which the work is received» (cf. William J. Spurlin, «Afterword: An interview with Cleanth Brooks», *op. cit.*, p. 373).

preciso e enxuto modelado segundo a prosa do Código Civil, como em Stendhal, que religam a literatura à vida, ao mundo e à história e que justificam e legitimam em boa parte o seu ensino. Roland Barthes, ao responder à pergunta «pode-se ensinar a literatura?», afirmou sem hesitação: «il ne faut enseigner que cela».[35] À primeira vista, parece tratar-se de uma hipérbole e de um paradoxo, mas Barthes explica as razões desta resposta surpreendente: a literatura é, desde o século XVI ao século XX – esta cronologia afigura-se-me muito restritiva –, um *corpus* de textos que constitui uma *mathēsis*, isto é, um «campo completo do saber», representando, dando expressão, debatendo e problematizando «os saberes do mundo num dado momento». A literatura não transporta para os seus textos os saberes científicos *stricto sensu*, mas a *mundividência* – uma palavra que urge reabilitar e, por que não?, repristinar, depurando-a das suas escórias tanto idealistas como marxistas – elaborada, expressa e comunicada nesses textos está sempre em articulação, ora consonante ora dissonante, ora especular ora conflitual, com os grandes movimentos científicos do seu tempo. Não há domínio semântico que seja alheio ou defeso à literatura, embora as próprias convenções e normas literárias, sob a pressão do contexto religioso, político e social, possam interditar ou restringir a representação de alguns desses domínios ou de parcelas suas.

As relações da literatura com a ética, desde os poemas homéricos até aos nossos dias, são tão profundas e relevantes que o seu teor e o seu alcance marcaram indelevelmente a poética ocidental, que tem sido, sob este ponto de vista, uma intérmina sequência de notas de rodapé ao pensamento de Platão e ao pensamento de Aristóteles sobre esta matéria, o primeiro, exautorando a poesia – mas reconhecendo, por isso mesmo, a sua poderosa e sedutora capacidade de influência – e o segundo, reabilitando-a e exalçando os seus benéficos efeitos éticos e portanto políticos *lato sensu*.

---

[35] Cf. Roland Barthes, «Littérature/Enseignement», *Œuvres Complètes. Tome IV. 1972-1976*, Paris, Éditions du Seuil, 2002, p. 881.

Esta é uma área particularmente controversa e litigiosa, na qual têm interferido ao longo dos tempos o poder religioso e o poder político, sob múltiplas formas de proibição, de dirigismo, de infiltração doutrinária e ideológica e pela prática de diversas modalidades de censura explícita ou indirecta, incluindo os favores e os benefícios mecenáticos. Os poderes teocráticos, os Estados absolutistas, totalitários e policiais, prevalecendo-se da sua força e da sua lógica de dominação, servidos pelo braço obediente da lei, esforçaram-se sempre por intimidar e silenciar as vozes suspeitas, incómodas, críticas e discordantes dos escritores, e por controlar o imaginário, energia subjectiva e comunitária alimentada por mitos, lendas, hagiografias, poemas e narrativas, figurações iconográficas, etc.[36]

O problema das relações entre a literatura e a ética é intrínseco à representação literária do homem, da sociedade e da vida, quer a literatura seja criada sob a ameaça daqueles poderes despóticos, quer seja produzida nas sociedades secularizadas e democráticas do Ocidente contemporâneo (nas quais, em muitos casos, os mecanismos de controlo e de censura se tornaram mais subtis e complexos ...). Consagrar atenção, nos planos da teoria, da hermenêutica e da crítica literárias, aos problemas e aos valores da ética não equivale a secundarizar, menosprezar ou elidir as formas e as estruturas que os escritores constroem como literatura e que os leitores lêem como literatura. Os poemas, as narrativas e os dramas representam nos seus mundos imaginários sentimentos, paixões, ideais e valores como o amor, a justiça, a liberdade, o ódio, a violência, a ambição, etc., não sendo possível eliminar dessa representação os elementos éticos que lhe são consubstanciais e sem os quais, por exemplo, a *Antígona* de Sófocles, o *Rei Lear* de Shakespeare e *A Terra Devastada* de T.S. Eliot careceriam de sentido.

---

[36] Veja-se a notável obra de Luiz Costa Lima, *Trilogia do controle. O controle do imaginário. Sociedade e discurso ficcional. O fingidor e o censor*, Rio de Janeiro, Topbooks, ³2007.

A perspectivação ética da literatura, que adquiriu nos últimos anos nova relevância na teoria e na crítica literárias,[37] pode originar alguns graves equívocos.

Um desses equívocos, tão pernicioso para a literatura como para o ensino, consiste em apresentar, valorar e ensinar os textos literários a uma luz moralista, convertendo-os em cartilhas de humanitarismo e de edificação social e cívica. Desde há muito tempo que o poder político, consciente da perda de influência das religiões e das igrejas na crescentemente secularizada sociedade moderna, tem procurado, através dos programas de ensino da língua e da literatura maternas difundir um magistério persuasivo e aliciador que contribua para a educação social e cívica dos jovens e para a coesão de sociedades com múltiplos factores de perturbação. Esta «missão social» assinalada pelos programas ao ensino da literatura pode transformar-se, em regimes políticos autoritários, ditatoriais e totalitários, numa doutrinação ideológica que tem nas antologias e nos manuais de história literária eficazes instrumentos de propagação. Este didactismo moralista tende a ocultar e, em certos casos, a proibir os textos literários considerados inconvenientes e politicamente

---

[37] Dentre as obras que, nos últimos anos, conferiram renovada importância ao enfocamento ético da literatura, saliento: Wayne C. Booth, *The company we keep: An ethic of fiction*, Berkeley, University of California Press, 1988; Tobin Siebers, *The ethics of criticism*, Ithaca-London, Cornell University Press, 1988; Martha C. Nussbaum, *Poetic justice. The literary imagination and public life*, Boston, Beacon Press, 1995; Adam Zachary Newton, *Narrative ethics*, Cambridge, Mass., Harvard University Press, 1995; Todd F. Davis e Kenneth Womack (eds.), *Mapping the ethical turn. A reader in ethics, culture, and literary theory*, Charlottesville-London, University Press of Virginia, 2001. Não é por acaso que as obras citadas são de autores norte-americanos, já que a literatura norte-americana tem subjacente uma vigorosa tradição ética de matriz religiosa ou de matriz cívica, que tem impregnado fortemente a teoria e a crítica literárias, mesmo quando estas atribuem elevada relevância à análise formalista e retórica (um elucidativo exemplo é representado pela chamada escola neo-aristotélica de Chicago, de que Wayne C. Booth (1921-2005) foi talvez a figura mais proeminente).

incorrectos e a promover como textos qualificados aqueles que correspondem aos preceitos programáticos oficiais de ordem moral, cívica e social.

Outro equívoco, particularmente complexo e perturbante, tem a ver com o facto de muitos textos literários – dos mais belos, densos e influentes textos literários, sublinhe-se – serem textos refractários ou, mais grave ainda, adversos a princípios éticos, de matriz religiosa ou de matriz laica, hoje consagrados como pilares universais da civilização. Richard A. Posner, professor de Direito na Universidade de Chicago e qualificado juiz num importante tribunal norte-americano, depois de enumerar as «atrocidades morais», as violências, os crimes, as perversões sexuais, as patologias de comportamento, as apologias do fascismo e do comunismo, etc.,que figuram em tantas obras "clássicas", desde a *Ilíada* até ao período contemporâneo, passando pelo escritor canónico por excelência, segundo o juízo de Harold Bloom, que é Shakespeare, não hesitou em lavrar esta sentença: «The world of literature is a moral anarchy».[38]

Richard A. Posner, na sua visão judicialista deste problema, tem razão nas críticas morais que endereça a muitas obras literárias, mas o seu juízo enferma da ausência de uma adequada perspectiva histórica que relativizaria, por exemplo, a violência de alguns episódios da *Ilíada* ou o anti-semitismo de alguns textos de Shakespeare. Julgar eticamente obras literárias criadas ao longo de três milénios, com fundamento em valores e critérios predominantemente válidos, sob o ponto de vista ético e jurídico, na comunidade internacional do fim do século XX, releva de um anacronismo míope.[39] Em termos de

---

[38] Richard A. Posner, «Against ethical criticism», *Philosophy and literature*, 21, 1 (1997), p. 5.Este ensaio foi republicado, com ligeiras alterações, na obra de Richard A. Posner, *Law and literature. Revised and enlarged edition*. Cambridge, Mass., -London, Harvard University Press, 1998, sob o título «A literary education for lawyers?» (pp. 305-332).

[39] Dizer que estes valores e critérios são hoje universalmente aceites como válidos constituiria uma hipérbole benevolentemente voluntarista...

explicação e compreensão das questões que Posner denomina hiperbolicamente «uma anarquia moral», o conhecimento dos factores histórico-contextuais é indispensável ao leitor, ao aluno e ao professor, mas os juízos éticos formulados durante e ao longo da leitura pelos leitores contemporâneos não podem ser legitimados pelo conhecimento dos factores histórico-contextuais. Compreender histórico-contextualmente não significa aceitar ou justificar os valores éticos que são objecto dessa compreensão.

Conhecer a pluralidade e a relatividade, mas também a permanência e a universalidade dos valores éticos e, em última instância, da própria condição humana é uma fascinante aventura cognitiva, uma fundamental aprendizagem da vida e uma riquíssima experiência pedagógica. A literatura, desde os poemas homéricos até aos dias de hoje, proporciona a representação incomparavelmente valiosa dessa mutabilidade e dessa constância, com os seus conflitos e dilemas, com as suas emoções e paixões, com as suas grandezas e misérias. Em rigor, não é o mundo da literatura, como afirma Posner, que é uma anarquia moral, mas sim o homem, com a sua irracionalidade, as suas pulsões de vingança e destruição, a sua intolerância e o seu ódio. A «história maldita da literatura» é, na verdade, a história da literatura que representa o mal, a hediondez e a monstruosidade dos homens e dos grupos sociais. Algumas vezes com obscura simpatia por esses valores negativos, mas quase sempre para os revelar, para os expor e para os condenar.[40] É inegável que, com poucas excepções, a literatura tem sido, ao longo dos tempos, uma voz de defesa dos humilhados e dos ofendidos, dos perseguidos e dos injustiçados. O desvelamento do mal, iluminando o seu horror e a sua violência sinistra, confronta o homem com os seus demónios e abismos e

---

[40] Estou a pensar numa obra como *Aussenseiter* (1975) de Hans Mayer, que utilizo na tradução espanhola intitulada *Historia maldita de la literatura* (Madrid, Taurus, 1977). Na verdade, é uma história das obras literárias que representam os «malditos», os segregados e condenados da moderna sociedade burguesa: a mulher, o homossexual e o judeu.

abre o horizonte do superamento catártico das paixões cegas e destrutivas.[41]

Um tema complexo e melindroso de toda esta problemática consiste no equacionamento das relações entre estética e ideologia na interpretação dos textos literários. Wayne C. Booth, por exemplo, confessou que tinha deixado de admirar do mesmo modo Rabelais desde que a crítica feminista sublinhara a misoginia do criador de Pantagruel.[42] Como compaginar a grandeza de um poeta como Pablo Neruda com os seus elogios ao estalinismo? Como conciliar o génio poético de Ezra Pound com a sua adesão ao fascismo? Uma solução possível, formulada pelo esteticismo do século XIX e do século XX, é defender que a esfera da estética é autónoma em relação à esfera da ideologia e à esfera da ética. Outra solução, subsumível na anterior, adequada a casos como os de Neruda e Pound (aos quais se poderiam acrescentar outros nomes célebres), seria elidir ou rasurar os autores, como propôs Oscar Wilde no prefácio de *O Retrato de Dorian Gray*: «Revelar a arte e ocultar o artista é o objectivo da arte».

Estas soluções esteticistas são pseudo-soluções que empobrecem e mutilam as obras literárias, pois que o mundo ficcional plasmado nestas obras não é pensável à margem da ética, da justiça, da religião e da política, mesmo se estes domínios de valores se inscrevem naquele mundo como ausência ou como negatividade. Os grandes escritores – ou, talvez melhor e mais simplesmente, os escritores – não sacrificam a qualidade da sua escrita, o seu trabalho na língua e com a língua, a construção estrutural dos seus textos, a retórica da comunicação literária das suas obras, às pressões directas e explícitas das suas ideologias. Só o escritor medíocre cede a esta tentação. A metáfora, a alegoria, o símbolo, o oxímoro e similares recursos e

---

[41] Sobre a catarse como clarificação e esclarecimento, veja-se Martha C. Nussbaum, *The fragility of goodness. Luck and ethics in greek tragedy and philosophy*, Cambridge, Cambridge University Press, 1986, pp. 378 ss.

[42] Cf. Wayne C. Booth, *op. cit.*, p. 383.

procedimentos retórico-estilísticos, quer no plano microestrutural, quer no plano macroestrutural, são outras tantas linhas de fuga e de fingimento *poiético* que subtraem o texto literário ao império da cartilha ideológica. O leitor – no âmbito do ensino, o professor e o aluno – tem de se libertar do juízo preconceituoso de que uma obra literária está originária e irremediavelmente infectada por uma ideologia defendida pelo autor da qual ele, leitor, discorda. O leitor que só aceita no mundo ficcional dos textos literários a imagem especular da sua visão do mundo é um mau leitor,[43] incapaz de compreender a legítima diversidade das crenças, dos valores e dos comportamentos dos outros e inapto para enriquecer, alargar e matizar o seu conhecimento do mundo e da vida graças aos modelos alternativos construídos e propostos pelos textos literários. Tal como é um mau escritor aquele que hipoteca, repito, a qualidade da sua escrita, em sentido amplo, às imposições de um compromisso ideológico.

No mais antigo texto recolhido na presente obra, intitulado «Os programas de literatura portuguesa no ensino secundário» – uma «relíquia» escrita em 1970 e publicada em 1971 –, defendi convictamente a necessidade de o programa de Português do então ensino liceal conceder uma condigna representação à literatura do século XX, à literatura contemporânea, mencionando expressamente autores como Fernando Pessoa, José Régio, Aquilino Ribeiro e Miguel Torga.

---

[43] É provável, como reconhece George Steiner, rememorando reflexões de T.S.Eliot sobre esta matéria, que o leitor obtenha mais prazer quando compartilha as convicções do poeta, mas também há que admitir, contrapõe Steiner, que o leitor desfruta um prazer particular «em responder a uma poesia cujo conteúdo ideológico sistemático ou implícito não aceitamos» (George Steiner, *Sobre la dificultad y otros ensayos*, México, Fondo de Cultura Económica, 2001, pp. 261-262)

Nas minhas aulas de Teoria da Literatura, na Faculdade de Letras de Coimbra, desde o início da década de sessenta, lia e comentava com frequência textos de Herberto Helder, Eugénio de Andrade, José Rodrigues Miguéis, Vergílio Ferreira, João Cabral de Melo Neto, Guimarães Rosa ...

Esta reivindicação do ensino nos liceus da literatura contemporânea, naquele tempo e no contexto da Faculdade de Letras da Universidade de Coimbra, era de certo modo uma audácia, embora cuidadosamente protegida por um adequado discurso teórico-crítico. Volvidos poucos anos, a situação alterou-se radicalmente, tanto no ensino secundário como no ensino universitário, numa vertigem contemporaneísta que tornou a minha audácia de 1970 uma prudentíssima e arqueológica proposta ... Na confusão desta vertigem, corrompeu-se o significado de «autor clássico», perdeu qualquer relevância o conceito de «cânone literário», dissolveram-se as coordenadas e perspectivas histórico-literárias ...Se os manuais de história da literatura são de facto gigantescos cemitérios onde jazem desoladamente incontáveis autores, os programas e as antologias respectivas dos tempos da vertigem contemporaneísta são pequenas fossas comuns nas quais se amontoam «génios» de duração pateticamente efémera.

Defendi sempre e continuo a defender a relevância do ensino da literatura contemporânea na Universidade e na Escola em geral, por motivos de ordem linguística, estética, cultural e social. A Escola não deve estar alheada da literatura criada no tempo presente, da sua escrita, das suas orientações estéticas, das suas representações do mundo e do homem. Não deve ser necessário o viático da morte para que um escritor possa ser estudado por professores e alunos. A contemporaneidade não constitui, porém, um valor absoluto e um critério decisivo de escolha relativamente aos autores e aos textos literários. A inclusão de escritores e de textos literários contemporâneos nos programas escolares deve depender de duas fundamentais condições prévias: em primeiro lugar, a avaliação tão rigorosa, isenta e objectiva quanto possível, da sua relevância linguística, estético-literária e histórico-cultural, ponderando a contingência e o melindre de tais juízos valorativos; em segundo lugar, a afirmação e a prática do princípio de que não serão excluídos dos programas, em benefício da contemporaneidade, autores e obras literárias de outros períodos históricos, a começar pela época medieval.

Esta segunda condição prévia suscita questões de importância central. Desde há décadas, o Ocidente sofre uma crise de generalizada e crescente amnésia, defluente da civilização electrónica que tudo impregna e modela e que, paradoxalmente, só funciona com memórias imprescindíveis para a realização das operações cibernéticas, mas refractárias ou alheias à densidade memorial e simbólica do tempo histórico, tanto individual como colectivo. A Escola não se subtrai a esta generalizada amnésia civilizacional, mas ela mesma tem criado e alimentado os seus próprios instrumentos de erosão, rasura e destruição da memória como faculdade cognitiva, como preservação e organização de experiências de vida, como *thesaurus* intergeracional de conhecimentos, de valores e de crenças, como vector antropológico e axiológico das comunidades humanas. As artes da memória, a começar pela inocente tabuada, foram erradicadas como obsoletas, danosas e dispensáveis disciplinas e operações mentais. George Steiner, que de modo tão profundo e tão belo tem reflectido nos últimos anos sobre «as lições dos mestres» e sobre a relação entre mestre e aluno, não hesitou em formular este juízo impiedoso e preocupante: «A nossa escolaridade, hoje, é amnésia planificada».[44]

Ora a leitura dos textos literários do passado, desde os poemas homéricos até ao século XX, é um diálogo fascinante e inexaurível do leitor contemporâneo com as gerações que o precederam ao longo de

---

[44] George Steiner/Cécile Ladjali, *Elogio de la transmisión. Maestro y alumno*, Madrid, Ediciones Siruela, 2005, p. 79. Noutro livro recente, George Steiner escreveu: «Por todas estas razões, a eliminação da memória na escolarização actual é uma desastrosa estupidez. A consciência está a atirar borda fora o seu lastro vital» (*Lecciones de los maestros*, Madrid, Ediciones Siruela, 2004, p. 38).

trinta séculos, descobrindo e interpretando nesses textos diferenças, alteridades, permanências e continuidades, em relação ao homem e à vida. Dir-se-á que este diálogo se pode instaurar e desenvolver com outras classes de textos do passado histórico, mas responderei que há diferenças fundamentais: os textos literários, como todas as obras de arte, eximem-se à categoria histórica de *progresso*, diferentemente dos textos que se inscrevem em campos de conhecimento disciplinar, e por isso não são «desactualizados» por textos posteriores; estão relacionados com o seu originário contexto histórico, social e cultural, mas transcendem, no seu significado, no seu valor e no prazer estético que motivam nos seus leitores, essa relação contextual, como Karl Marx reconheceu, na *Introdução à crítica da economia política*, relativamente à arte e à épica gregas, e assim desvelam horizontes sempre novos de significação; não restringem a sua semântica a uma área particular da natureza e da acção humanas ou a um domínio parcelar do mundo e da vida, visto que a sua capacidade de representação e de modelização dos *realia* é omnímoda.

Sob esta perspectiva, a leitura dos textos literários, se não for confinada à literatura contemporânea, como não deve ser em nenhum contexto e em nenhuma situação de ensino, é uma ressurreição dos mortos e uma dádiva dos mortos, que assim ajudam e guiam os vivos na aprendizagem da vida e da morte. Esta poética da leitura foi magistralmente exposta e exaltada por Quevedo, ele próprio um apaixonado leitor, no célebre soneto «Desde la Torre»:

> Retirado en la paz de estos desiertos,
> Con pocos pero doctos libros juntos,
> Vivo en conversación con los difuntos
> Y escucho con mis hojos a los muertos.
>
> Si no siempre entendidos, siempre abiertos,
> O enmmiendan o fecundan mis asuntos;
> Y en músicos callados contrapuntos
> Al sueño de la vida hablan despiertos.

Las Grandes Almas que la Muerte ausenta,
De injurias de los años vengadora,
Libra, oh gran Don Josef, docta la Imprenta.

En fuga irrevocable huye la hora;
Pero aquélla el mejor Cálculo cuenta,
Que en la lección y estudios nos mejora.[45]

Este convívio e este diálogo com os mortos, este conhecimento, através da leitura, do passado pressupõem a indispensável informação histórico-linguística e histórico-literária, mas não para encerrar redutoramente os textos literários nos seus contextos originários. O texto literário enraíza-se sempre num contexto, mas a sua ontologia e o seu significado transcendem sempre essa matriz, como proponho no ensaio «Texto e contexto na história literária». A concepção não-historicista e antipositivista do texto literário não é antinómica em relação às ideias de tradição literária e de memória literária – ideias sem as quais as Humanidades perderiam o seu *rationale*. Pelo contrário, a rasura da historicidade da literatura e a

---

[45] Francisco Quevedo, *Poesía varia*. Edición de James O. Crosby. Madrid, Ediciones Cátedra, 1981 , pp. 178-179. Veja-se, sobre este soneto de Quevedo e sobre a poética da leitura que ele evoca, o magnífico ensaio de Darío Villanueva intitulado *La poética de la lectura en Quevedo* (Madrid, Ediciones Siruela, 2007). O extraordinário quarto verso do soneto – *y escucho con mis ojos a los muertos* –, de tão profundo alcance metapoético e hermenêutico, proporcionou o título à valiosa obra de Fernando Romo Feito «*Escucho con mis ojos a los muertos*».*La odisea de la interpretación literaria* (Madrid, Consejo Superior de Investigaciones Científicas, 2008) e à lição inaugural no Collège de France proferida por Roger Chartier (*Écouter les morts avec les yeux*, Paris, Collège de France/Fayard, 2008). Sobre o diálogo com os mortos que a literatura proporciona, veja-se Danièle Sallenave, *Le Don des morts. Sur la littérature*, Paris, Gallimard, 1991.

amnésia linguística, cultural e estético-literária denegam e impossibilitam a lição das Humanidades.⁴⁶

Num ensaio muito lúcido e ponderado sobre o espaço institucional, o estatuto e a função da literatura no Ensino Secundário, José Augusto Cardoso Bernardes refere-se a uma expiação que «actualmente» – o ensaio foi publicado em 2005, mas o advérbio mantém toda a «actualidade» – se vive neste domínio, afirmando que esta expiação «é o resultado directo de uma série de *excessos* que descredibilizaram a presença do texto artístico nas aulas do Secundário» e que «a responsabilidade maior pelo processo de menorização que atinge actualmente o ensino da Literatura cabe aos próprios agentes do seu ensino».⁴⁷

Estas severas reflexões críticas são parcelarmente pertinentes e justas e aplicam-se quer aos professores do Ensino Secundário, quer, e talvez sobretudo, aos professores universitários da área dos Estudos Literários e da área de Didáctica da Literatura, tendo em conta a sua responsabilidade na formação dos docentes do Ensino Secundário. A proliferação anarquizante de métodos e de modelos teórico-críticos, o relativismo e o cepticismo que têm erodido internamente

---

⁴⁶ Sobre a dimensão histórica das humanidades e a amnésia cultural contemporânea, veja-se o capítulo 5 da obra de William Paulson, *Literary culture in a world transformed. A future for the humanities*, Ithaca-London, Cornell University Press, 2001.

⁴⁷ Cf. José Augusto Cardoso Bernardes, «A literatura no Ensino Secundário: Excessos, expiações e caminhos novos», Maria de Lourdes Dionísio e Rui Vieira de Castro (eds.), *O Português nas Escolas. Ensaios sobre a língua e a literatura no Ensino Secundário*, Coimbra, Almedina, 2005, p. 111. Merece leitura atenta o livro de Cardoso Bernardes intitulado *A literatura no Ensino Secundário. Outros caminhos* (Porto, Areal Editores, 2005) e no qual figura, com algumas diferenças, aquele ensaio.

os estudos literários, o *topos* obsidiante do «declínio» e da «morte» da literatura, a má consciência acerca da relevância social e escolar do ensino da literatura, mas também um dogmático aristocratismo que se compraz em bizantinas análises formalistas ou que eruditamente se refugia num historicismo míope, têm contribuído sem dúvida para descredibilizar aquele ensino.

O fenómeno apresenta, porém, uma amplitude e uma fundura que o configuram como um complexo efeito civilizacional que não se circunscreve a um país ou a um sistema educativo. A crise do ensino da literatura tem sido diagnosticada e estudada nos sistemas educativos da França, da Itália, da Espanha, do Reino Unido, etc., e a sua análise etiológica identifica causas comuns ou similares. Como escrevi atrás, a democratização da escolaridade obrigatória, após o final da II guerra mundial, proporcionou a entrada no sistema educativo de milhões de crianças cultural e linguisticamente deserdadas, provindas de classes e grupos sociais secularmente privados dos benefícios da literacia. Não obstante os vultuosos investimentos financeiros consagrados à educação, as escolas públicas tiveram e têm tido muita dificuldade em acolher adequadamente esta nova e gigantesca população discente, quer pela escassez e impreparação dos professores, quer pela desadequação dos programas, quer pela insuficiente qualidade dos apoios pedagógicos e dos instrumentos didácticos. O *deficit* linguístico com que milhões e milhões de crianças entram na escola – as teorias linguísticas que procuram legitimar esse *deficit* têm um perverso efeito pedagógico e social – prejudica todo o seu percurso escolar em todas as disciplinas, mas torna-se particularmente gravoso na área da língua materna e da respectiva literatura. Não é possível recuperar aqui de um ano para o outro as perdas acumuladas ao longo de gerações. Sob a pressão do poder político, que exige estatísticas favoráveis, e por aliciamento de doutrinas pedagógicas permissivas, têm sido postas em prática falsas soluções utilitaristas e laxistas que mantêm aquele *deficit* originário, com graves consequências escolares, culturais, sociais e cívicas para os alunos. Merece ser conhecido e objecto de reflexão o testemunho que

Philippe Meirieux, então presidente do Instituto Nacional de Investigação Pedagógica (França), deixou consignado numa entrevista concedida à revista *Le Figaro Magazine* (23 de Outubro de 1999): «Je suis assez d'accord pour reconnaître que le niveau a baissé dans de nombreux domaines, comme l'ortographe ou l'histoire. Personellement, je milite pour la revalorisation absolue de l'écrit, qui est en désuétude. [...] Dan mon dernier livre, *Des enfants et des hommes* (ESF éditeur) je plaide pour l'étude systématique de la littérature classique. C'est la culture fondamentale de l'humanité. Je n'ai pas toujours pensé comme ça, je le reconnais. Les pédagogues dont je fais partie, ont commis des erreurs. Il y a quinze ans, par exemple, je pensais que les élèves défavorisés devaient apprendre à lire dans des modes d'emploi d'appareils électroménagers plutôt que dans les textes littéraires. Parce que j'estimais que c'était plus proche d'eux. Je me suis trompé. Pour deux raisons: d'abord, parce que les élèves avaient l'impression que c'était les mépriser; ensuite, parce que je les privais d'une culture essentielle».[48]

Com efeito, os *excessos* a que se refere Cardoso Bernardes não têm sido apenas cometidos pelos professores de Português e de Literatura Portuguesa. Os pedagogos e os didactas detêm igualmente neste processo responsabilidades de não pequena monta, como reconheceu Philippe Meirieux.

Na origem directa da crise do ensino da literatura e, mais alargadamente, da crise das Humanidades, está a crise do conhecimento da língua materna, que depois condiciona a prática da leitura e a compreensão dos textos literários, históricos, filosóficos, etc. Todas as Humanidades se fundam no conhecimento e na prática da língua e sobretudo na leitura e na interpretação de textos, em particular de

---

[48] *Apud* Michel Jarrety (dir.), *Propositions pour les enseignements littéraires*, Paris, Presses Universitaires de France, 2000, pp. 3-4. Esta obra recolhe depoimentos e testemunhos muito importantes que, estando embora naturalmente centrados sobre a Escola francesa, são extrapoláveis para outros países e outros sistemas educativos.

textos literários. A grande reforma que é urgente efectuar no sistema educativo é melhorar, fortalecer e enriquecer o conhecimento da língua portuguesa – sem tecnicismos logocráticos e abstrusos –, incentivar a leitura, a prática da expressão oral e escrita e ensinar a interpretar textos de diversos tipos, prestando especial atenção aos textos literários de diferentes épocas e géneros. Para o êxito desta reforma, torna-se indispensável a cooperação interdisciplinar dos Estudos Linguísticos, dos Estudos Literários e da Didáctica da Língua e da Literatura. Não se trata de ensinar Linguística, Teoria da Literatura, História Literária ou Didáctica, mas sim de ensinar a língua, com recurso ponderado e pertinente aos conhecimentos proporcionados por estas e outras disciplinas. Ensinar a língua é formar a inteligência, a sensibilidade, o imaginário, o pensamento, a capacidade de julgar, argumentar, deliberar, assumir responsabilidades culturais e cívicas. É por isso que os responsáveis políticos e os professores de Português têm de ouvir bem as palavras derradeiras desta «Pequena Apologia»: a regeneração das Humanidades não é apenas um projecto escolarmente confinado, mas não será levada a efeito sem a Escola e fora da Escola.

Braga, 28 de Fevereiro de 2010

2.
Reflexões tempestivas sobre a crise das Humanidades

Nos tempos que correm, tornou-se um tópico de certo pessimismo académico a lamentação sobre a crise das Humanidades, a erosão das Humanidades, o eclipse das artes liberais, etc. Raramente se encontra, porém, nestas lamentações um conceito claro e consistente de *Humanidades,* como se todos soubessem do que se está a falar e do que se trata. Ora a palavra e o conceito de «Humanidades» têm uma história plurissecular e apresentam usos contextuais diversos, tornando-se indispensável, por conseguinte, em termos de análise, de argumentação e de prospectiva, apurar o sentido do termo e do conceito.

Nas línguas europeias modernas, o substantivo plural «Humanidades», com o significado de «línguas e literaturas grega e latina», encontra-se documentado em francês desde o século XVII e em inglês desde o século XVIII. Este substantivo é o herdeiro directo do sintagma *studia humanitatis,* o qual, já em uso no século XIV, ganhou crescente fortuna na Itália, desde a primeira metade do século seguinte, para designar um conjunto de disciplinas, de artes e de saberes, que compreende a gramática, a retórica, a poesia, a história e a filosofia moral. Os *studia humanitatis* abrangiam portanto duas disciplinas do *trivium,* a gramática e a retórica, excluindo a terceira disciplina, a lógica, e agregavam-lhe a história, a filosofia moral e, sobretudo, a poesia[1].

---

[1] Sobre o conceito de *studia humanitatis,* veja-se: P. O. Kristeller, *La tradizione classica nel pensiero del Rinascimento,* Firenze, 1975, cap. I e cap V; *id.,*

Os *studia humanitatis,* ou *litterae humaniores,* são os saberes e as disciplinas que exprimem, fortalecem e defendem a *dignitas hominis,* pois que o homem se distingue da *feritas* animal graças à razão, sendo a palavra o instrumento essencial da razão. Sem as ferramentas proporcionadas pelos *studia humanitatis,* não é possível o estudo e o domínio de outras disciplinas e de outras ciências, desde a teologia ao direito e da filosofia natural à medicina. Para além, todavia, da sua função pedagógica, da sua relevância instrumental e das suas utilizações práticas – nas chancelarias régias, nas cortes senhoriais, nos governos das cidades –, os *studia humanitatis* possuem um significado antropológico e cultural intrínseco, porque é neles e por eles que se constrói e se exalta a *humanitas* – a *humanitas* que é indissociável da «preeminência da palavra», segundo a famosa expressão do filósofo Ernesto Grassi.

Os *humanistas* são os professores e os estudantes que se dedicam aos *studia humanitatis.* O substantivo «humanista», formado por analogia com vocábulos que designavam os cultores de outras disciplinas – legista, jurista, canonista, etc. –, foi já usado nos anos finais do século XV[2]. Uma das primeiras ocorrências documentadas da palavra «humanista» na língua italiana encontra-se na célebre sátira de Ariosto endereçada a Pietro Bembo e escrita entre 1524-1525, na qual se lança sobre a generalidade dos humanistas a suspeita de praticarem o «vício» da sodomia[3].

Concetti rinascimentali dell'uomo e altri saggi, Firenze, 1978, *passim;* Francisco Rico, *El sueño del Humanismo. De Erasmo a Petrarca,* Barcelona, 2002, *passim,* mas em particular o excurso intitulado «*Laudes litterarum:* Humanismo y dignidad del hombre»; Gioacchino Paparelli, *Feritas, humanitas, divinitas. L'essenza umanistica del Rinascimento,* Napoli, 1973, *passim.*

[2] Veja-se a informação proporcionada por Mercedes Comellas Aguirrezábal, *El humanista (En torno al «Discurso de las letras humanas» de Baltasar de Céspedes),* Sevilla, 1995, cap. I.

[3] Escreve Ariosto: «Senza qual vizio son pochi umanisti / che fe'a Dio forza, non che persuase, / di far Gomorra e i suoi vicini tristi» (Ludovico Ariosto, *Opere,* Milano, [4]1968, p. 1156).

O substantivo «Humanismo», pelo contrário, é um vocábulo relativamente recente, que parece ter sido utilizado pela primeira vez, em 1808, pelo pedagogo alemão Friedrich Immanuel Niethammer para designar a orientação educacional e escolar que atribuía um lugar central na escola aos autores gregos e latinos, contra a opinião dos que defendiam um ensino mais prático e mais científico. Na sua acepção originária, por conseguinte, este vocábulo tipicamente germânico e oitocentista mantém uma relação semântica óbvia com os *studia humanitatis* e com a actividade pedagógica desenvolvida pelos humanistas e por isso mesmo, apesar das derivas semânticas a que a palavra tem sido sujeita, parece-nos ter razão Francisco Rico, ao defender que «é pelo menos lícito chamar *humanismo* a uma tradição histórica perfeitamente identificável, a uma linha de continuidade de homens de letras que transmitem de uns a outros certos saberes e se sentem herdeiros de um mesmo legado. [...] É a linha que de Petrarca leva a Coluccio Salutati, a Crisoloras, a Leonardo Bruni, a Alberti, a Valla e a centenas de homens obscuros»[4].

As derivas semânticas atrás referidas têm-se ficado a dever à apropriação da palavra «humanismo» por diversas correntes e orientações filosóficas e ideológicas, já que o conceito de *humanitas* convida a múltiplas e desencontradas concepções antropológicas, éticas, políticas, etc. Logo em 1814, data da publicação dos livros XI-XV de *Dichtung und Wahreit*, Goethe, ao rememorar a época da sua juventude em que se iniciou nos labores da advocacia, observa que, nesse tempo, «tanto entre os advogados, por serem os mais jovens, como entre os juízes, os mais velhos, se difundia o humanismo, e todo o mundo rivalizava em demonstrar também nos assuntos legais a sua grande humanidade»[5]. Goethe utiliza a palavra com o sentido de *humanitarismo*, decerto sob a influência das doutrinas jurídico-filosóficas de Cesare Beccaria, e não na acepção de doutrina ou orientação pedagógicas. E desde Goethe, quantos caminhos e quantas vere-

---

[4] Cf. Francisco Rico, *op. cit.*, p. 11.
[5] Cf. Johann Wolfgang Goethe, *Poesía y verdad*, Barcelona, 1999, p. 585.

das não tem percorrido a palavra «humanismo», até ao *Existentialisme est un humanisme* de Sartre e à *Brief über den «Humanismus»* de Heidegger! Sem esquecer o *anti-humanismo* de Althusser e o *pós-humanismo* de Sloterdijk...

Até ao século XVIII, nas Universidades e nas escolas em geral do Ocidente as *Humanidades* consistiram exclusivamente no ensino das línguas e das literaturas grega e latina, abarcando, como ficou dito, a gramática, a retórica, a poética, a história e a filosofia moral. O latim converteu-se em toda a Europa, tanto católica como protestante, na língua por excelência da escola e da educação. A Companhia de Jesus, com a sua poderosa rede de colégios e Universidades, contribuiu decisivamente para instituir e fazer perdurar este estatuto de hegemonia da língua latina. Relembremos que a *Ratio Studiorum* impunha que os professores falassem sempre em latim e que, nas aulas, os alunos nunca fossem autorizados a utilizar a língua materna. Dentro da mesma orientação, nas *praelectiones* deviam ser apenas explicados os autores gregos e latinos e nunca os autores modernos.

Se, em muitos casos – os testemunhos abundam em diversos tempos e lugares –, este ensino se circunscreveu a áridos exercícios gramaticais e retóricos e a mecânicas recitações de excertos textuais, noutros casos ele era iluminado por um nobilíssimo ideal antropológico, estético, cultural e pedagógico. Relembremos, por exemplo, o discurso que Hegel pronunciou, como reitor do *Gymnasium* de Nürnberg, em 29 de Setembro de 1809, sobre «os estudos clássicos». Se se concordar, afirma Hegel, que a excelência deve ser o fundamento e o ponto de partida, «então a fundamentação do estudo mais elevado deve ser e permanecer a literatura grega, em primeiro lugar, a latina, depois. A perfeição e a glória destas obras-primas devem ser o banho espiritual, o baptismo secular que primeiro e indelevelmente afina e impregna a alma, no respeito do gosto e do conhecimento *(Geschmack und Wissenschaft)*»[6].

---

[6] Cf. G. W. F. Hegel, «On classical studies», *apud* David Simpson (ed.), *German aesthetic and literary criticism. Kant, Fichte, Schelling, Schopenhauer, Hegel*, Cambridge, 1984, p. 201.

O lugar privilegiado dos *studia humanitatis* na instrução e na educação das crianças e dos jovens estava justificado pelo princípio da superioridade intrínseca, universal e perene, dos autores gregos e latinos e pelo princípio daí decorrente da necessidade da *imitatio* desses autores. Pode-se afirmar que, com total coerência sistémica, as Humanidades greco-latinas desempenharam durante séculos a função pedagógica, social e cultural que lhes atribuiu o pensamento hegemónico dos *Antigos*.

Pensamos, com efeito, que só no quadro da *Querela dos Antigos e dos Modernos* é compreensível o fenómeno da constituição – gradual, difícil, controversa, conflitiva – das chamadas *Humanidades modernas*. Os colégios e as Universidades do Ocidente só acolheram o ensino das línguas e das literaturas modernas, de modo limitado e com muitas restrições, na segunda metade do século XVIII e sobretudo, de modo mais consistente e vigoroso, ao longo da segunda metade do século XIX. Racine e Pascal, Milton e Donne, Góngora e Quevedo, Camões e Vieira, etc, não estudaram nas escolas o francês, o inglês, o castelhano e o português, porque esse ensino não existia (e a verdade, por embaraçoso que seja reconhecê-lo, é que não lhes fez falta para o domínio magistral das respectivas línguas...). A escola europeia revelou-se muito mais conservadora, e até refractária à modernidade, do que a literatura, que foi afinal de contas o espaço discursivo e institucional por excelência do cultivo e do florescimento das línguas modernas. O que teria sido a evolução da língua italiana se Dante e Petrarca tivessem escrito *La Divina Commedia* e o *Canzoniere* em latim? O que teria sido da língua portuguesa se Camões tivesse escrito *Os Lusíadas* em latim? A própria filosofia, decerto por ser um discurso mais técnico do que a literatura, mostrou-se muito resistente, e até hostil, à adopção das línguas modernas. Quase no final do *Discurso do Método*, Descartes entendeu que era necessário fazer a defesa da sua utilização do francês, «língua do meu país», e não do latim, a língua dos seus preceptores jesuítas do Colégio Henrique IV: «é porque espero que aqueles que apenas se servem da sua razão natural inteiramente pura julgarão melhor as minhas opiniões que os que não acreditam senão nos livros antigos. E quanto aos que aliam o bom senso ao estudo, os únicos que desejo para meus juízes, não serão tão fanáticos pelo latim que recusem ouvir as minhas razões só porque as explico em língua vulgar». A razão dos Modernos desafiava assim a autoridade dos Antigos e nesse desafio desempenhava uma função central o uso da língua vulgar.

A institucionalização do ensino da língua e da literatura inglesas nas Universidades da Escócia, desde meados do século XVIII, é o fruto de uma visão *moderna* da sociedade, da economia, da política e da cultura, em oposição ao classicismo conservador e até antiquarista de Universidades como Oxford e Cambridge. Adam Smith, que introduziu o estudo formal do Inglês, da retórica e da literatura inglesas, desde 1748, na Universidade de Edinburgh, tinha a consciência de que só as modernas Humanidades podiam definir e alicerçar uma nova educação liberal numa sociedade em que a classe média, que prosperava com o comércio e a indústria, ganhava um peso político e económico cada vez mais importante. Tanto Adam Smith e Hugh Blair, que começou a leccionar na Universidade de Edinburgh em 1759, como outros professores menos ilustres que ensinaram as Humanidades modernas nas Universidades de Edinburgh, de Glasgow e de St. Andrews, sabiam que a nova sociedade burguesa, linguística e culturalmente muito heterogénea, necessitava de uma educação que proporcionasse uma utilização correcta e eficaz da língua, apurasse o gosto, polisse as maneiras, desenvolvesse o juízo crítico, fortalecesse as virtudes cívicas, elevasse os sentimentos e acendrasse os comportamentos morais. No programa iluminista e liberal de Adam Smith, o ensino da economia política e da filosofia moral acompanhava o ensino da literatura inglesa, da retórica e da composição, num esforço concertado de desenvolvimento da capacidade cívica, da iniciativa mercantil, da sensibilidade moral e da aptidão estética. Tal como Diderot compreendeu que a *tragédia clássica*, com a sua complexidade retórico-formal, os seus temas de genealogia helénica e latina, a sua densa memória intertextual, não era já adequada, sob o ponto de vista comunicativo, cultural e estético, ao novo público da segunda metade do século XVIII, devendo ser substituída pelo *drama burguês,* assim Adam Smith e os iluministas escoceses compreenderam que era indispensável e urgente substituir o ensino das Humanidades clássicas pelo ensino de novas Humanidades que fossem linguística, cultural e moralmente úteis no contexto da modernização económica, social e política, que estava a modificar profundamente os países mais avançados da Europa.

Não é surpreendente ou estranhável que tenham sido as Universidades escocesas as primeiras a defender e a levar à prática estas posições *modernas* de inovação pedagógica, curricular e cultural[7]. Como instituições de ensino de uma região periférica e subalterna, as Universidades escocesas desempenharam a função de agentes institucionais de um processo de transculturação no qual a língua e a cultura de um centro metropolitano e hegemónico foram objecto de uma apropriação inovadora que modificou as relações da periferia com o centro e alterou a própria dinâmica dos capitais simbólicos transaccionados. Recorrendo a uma metáfora famosa de Vilfredo Pareto, diríamos que as Universidades escocesas se comportaram como «especuladores intelectuais» e que as Universidades de Oxford e Cambridge se comportaram como «capitalistas intelectuais», instaladas na ordem de uma tradição que se proclamava como imutável[8].

Ao longo da segunda metade do século XVIII, ocorrera um processo de inovação curricular, pedagógica, cultural e social semelhante ao das Universidades escocesas em instituições escolares não universitárias da Inglaterra conhecidas pela designação de «academias dissidentes», nas quais leccionaram professores que, por motivos de natureza religiosa, estavam proibidos de ensinar em Oxford e Cam-

---

[7] Sobre estas questões, veja-se: Franklin E. Court, *Institutionalizing english literature. The culture and politics of literary study, 1750-1900,* Stanford, 1992, cap. 1; Thomas P. Miller, *The formation of college English. Rhetoric and belles lettres in the british cultural provinces,* Pittsburgh, 1997, *passim.*

[8] Sobre esta metáfora de Pareto, cf. Peter Burke, *Historia social del conocimiento,* Barcelona, 2002, p. 52.

brigde. As «academias dissidentes», dentre as quais a mais famosa terá sido a *Warrington Academy*, na qual ensinou gramática, retórica e belas-letras Joseph Priestley (1733-1804), o mais famoso professor de Inglês do seu tempo, puseram em prática uma educação liberal, reformista e utilitária, afastando-se do modelo classicista das Universidades tradicionais. Por isso mesmo, Priestley, em carta a William Pitt, comparava estas Universidades classicistas a *águas estagnadas* e *represadas* e as academias dissidentes, em contrapartida, a *rios* que, no seu curso natural, irrigavam e fertilizavam a terra[9].

O movimento iluminista das academias dissidentes, no qual desempenharam papel importante muitos calvinistas que acreditavam firmemente nos benefícios da literacia generalizada, teve o seu coroamento na fundação da *London University*, que em Outubro de 1828 acolheu os seus primeiros estudantes. Os reformistas herdeiros de Adam Smith e os utilitaristas, discípulos de Jeremy Bentham, criavam assim uma Universidade para a emergente classe média que, à semelhança das Universidades escocesas e das Universidades alemãs, se abrisse à modernidade cultural e científica. A *London University* foi a primeira Universidade da Inglaterra a possuir uma cátedra reconhecida de literatura inglesa, cujo titular inaugural foi Thomas Dale (1797-1870).

A institucionalização das Humanidades modernas nas Universidades e nos Colégios da Grã-Bretanha e dos Estados Unidos da América enfrentou numerosos adversários e múltiplos obstáculos. Os defensores da tradição clássica na cultura, na literatura e no ensino, conscientes do prestígio intrínseco, da autoridade e do poder simbólico dessa tradição, desqualificavam sistematicamente as propostas, as iniciativas e as reivindicações dos *modernos*. Por exemplo, Matthew Arnold, na sua primeira conferência, em 1857, como «professor of poetry» da Universidade de Oxford, intitulada «On the modern element in literature», fez uma exaltada apologia do lugar central das Humanidades clássicas em toda a educação, contrapondo

---

[9] *Apud* Thomas P. Miller, *op. cit.*, p. 86.

exactamente o valor *moderno* da Grécia de Péricles aos desequilíbrios, aos excessos e às fantasias indignas da época isabelina (anote-se esta estratégia retórica de fazer beneficiar do prestígio semântico da palavra «moderno» as Humanidades clássicas). A classe média inglesa, que era o verdadeiro motor social das Humanidades modernas, representava para Matthew Arnold a súmula de quanto havia de bárbaro, de filisteu e de insuportavelmente popular na Inglaterra do seu tempo: «with a defective type of religion, a narrow range of intellect and knowledge, a stunted sense of beauty, a low standard of manners»[10]. Aos contravalores desta classe média utilitarista, provinciana e desprovida de distinção – classe média que tinha sido e era a convicta defensora das Humanidades modernas –, contrapunha Arnold a correcção do gosto e do juízo, o equilíbrio espiritual, a busca da perfeição e uma crítica essencialmente *desinteressada*, isto é, uma crítica ocupada, segundo a famosa fórmula arnoldiana, com o melhor que tenha sido conhecido e pensado no mundo, independentemente da sua aplicação prática, da política ou de algo similar.

Se as críticas de Matthew Arnold às Humanidades modernas se inscreviam no plano da *aristocracia clássica,* no sentido etimológico – obviamente tautológico – desta expressão, outras críticas eram mais vulgares, mais preconcebidas e mais estigmatizantes. Afirmava-se, por exemplo, que os textos da literatura inglesa não ofereciam dificuldades de explicação e interpretação e que, por isso mesmo, não podiam constituir em rigor uma disciplina na qual os alunos, que se limitavam a regurgitar os preconceitos e as opiniões dos prelectores, pudessem ser examinados. A literatura inglesa era considerada uma matéria frívola, uma espécie de adereço social, de que se ocupavam diletantes e divulgadores, duas classes de espíritos abomináveis para o mundo académico, e, pior do que tudo, um curso adequado a um público feminino, de tal modo que, segundo o testemunho de Irving Babbitt, em diversas Universidades americanas os cursos de literatura inglesa eram conhecidos como «sissy courses», isto é, cursos

---

[10] Cf. Matthew Arnold, *Complete prose works,* Ann Arbor, 1974, t. 10, p. 10.

efeminados, cursos *maricas*[11]. Progressivamente, porém, as novas Humanidades foram construindo a sua respeitabilidade académica, quer adoptando alguns modelos e exemplos do ensino das próprias Humanidades clássicas, quer assimilando as lições da filologia alemã, que foi talvez o mais relevante factor de consistência e dignidade científicas das Humanidades modernas, quer perfilhando os novos caminhos abertos pela história literária[12]. No último quartel do século XIX, o triunfo das Humanidades modernas generalizou-se nos Colégios e nas Universidades do Reino Unido e dos Estados Unidos da América, de tal modo que até Oxford e Cambrigde, bastiões institucionais por excelência do ensino das humanidades clássicas, receberam os novos estudos. A contratação de Arthur Napier, em 1885, como titular da primeira cátedra Merton de Língua e Literatura Inglesas da Universidade de Oxford constituiu um acontecimento memorável na história da institucionalização e da legitimação das Humanidades modernas.

O processo de afirmação cultural, social e académica das Humanidades modernas no sistema educativo francês é muito semelhante ao que ocorreu nos Colégios e nas Universidades da Inglaterra e da América do Norte, embora com as diferenças específicas que decorreram do *clássico-centrismo* hegemónico na cultura académico-literária da França e da forte ideologização e politicização que marcou aquele processo ao longo da III República[13]. Também na França a

---

[11] Cf. Irving Babbitt, *Literature and the American College,* Boston, 1908, pp. 118-119. Acrescenta Babbitt que um homem que tomasse a literatura demasiado a sério se tornaria suspeito de efeminamento...

[12] Sobre estas matérias, veja-se a informação proporcionada em Gerald Graff, *Professing literature. An institutional history,* Chicago-London, 1987, caps. 4 e 5.

[13] Sobre a institucionalização das Humanidades modernas nos liceus franceses, em articulação com mudanças ocorridas no ensino superior, vejam-se duas obras importantes: Martine Jey, *La littérature au lycée: Invention d'une discipline (1880-1925),* Metz, 1998; Violaine Houdart-Merot, *La culture littéraire au lycée depuis 1880,* Paris-Rennes, 1998.

escola se revelou uma instituição extremamente conservadora em relação a outras instituições culturais: só em 1880, meio século após o triunfo do Romantismo, cerca de duas décadas após a publicação de *Les Fleurs du Mal* de Baudelaire e de *Madame Bovary* de Flaubert, dois marcos estelares da modernidade literária, em pleno apogeu do Naturalismo, quando os pintores impressionistas e os poetas simbolistas abriam já os novos horizontes da estética finissecular, é que o edifício sólido e imponente das Humanidades clássicas começou a ruir.

É certo que, ao longo da segunda metade do século XVIII, pensadores como Diderot e Condorcet defenderam a necessidade de estabelecer orientações modernas na Escola, aproximando o ensino das necessidades sociais, económicas e culturais dos cidadãos. A criação das Escolas Centrais, em 1795, correspondeu ao ideal iluminista de aproximar o ensino da experiência e da prática da vida, mas a sua existência foi efémera. A extinção das Escolas Centrais, em 1802, inseriu-se na política educativa do Império napoleónico, que reforçou o papel das Humanidades clássicas e configurou duradouramente a Universidade francesa (observe-se que a Universidade imperial abarcava as Faculdades, a Escola Normal, fundada em 1808, os liceus e as escolas primárias).

Em 1880, dez anos após a derrota da França na guerra contra a Prússia – derrota explicada por muitos como uma consequência da inferioridade do sistema educativo francês perante o moderno sistema educativo alemão –, iniciou-se a transformação profunda do ensino das Humanidades nas escolas francesas. Por decreto de 19 de Junho de 1880, o discurso latino foi suprimido nas provas do *baccalauréat*, tendo sido substituído pela composição francesa. Pouco tempo depois, no dia 4 de Agosto de 1880, foi pronunciado pela última vez o discurso em latim na distribuição dos prémios do Concurso geral. Era o fim de uma plurissecular e venerável tradição escolar, expressão de uma cultura e de um capital simbólico a que a *modernidade* social, a *modernidade* cultural e a *modernidade* literária se opunham desde há mais de dois séculos. Nesse dia 4 de Agosto de 1880, Jules Ferry, Presidente da III República francesa e um dos grandes artífices da reforma educativa do novo regime republicano, pronunciou palavras que, pelo seu significado simbólico, pela sua dignidade institucional e pela sua emoção, merecem ser relembradas: «Vous venez de recevoir, dans un savant langage, les derniers adieux du discours latin. Laissez-moi saluer à mon tour cette royauté universitaire qui disparait. Pour la dernière fois, la période ciéronienne a retenti sous les voûtes de la vieille Sorbonne. Le discours latin a dit son dernier mot. Le discours latin a vécu. Il avait longtemps régné sans partage sur le monde scolaire. Des générations de maîtres et d'élèves s'étaient formées à son image. Si le sacrifice est juste, s'il était nécessaire, il a sa solemnité, j'oserais presque dire sa mélancolie»[14]. Jules Ferry tem consciência de que a modernização da escola, da sociedade e da cultura francesas exigia a mudança que acabava de se realizar, mas exprime também um sentimento de profundo respeito, tingido de alguma melancolia, perante a grandeza de uma tradição pedagógica que modelara a juventude francesa ao longo de séculos.

Os argumentos brandidos pelos advogados das Humanidades modernas e das Humanidades clássicas são muito semelhantes aos que foram utilizados nos sistemas educativos inglês e norte-americano.

---

[14] *Apud* Martine Jey, *op. cit.*, p. 95. Alphonse Darlu, professor de filosofia no liceu de Bordéus em 1880 e mais tarde no liceu Condorcet, hoje conhecido sobretudo por ter sido professor de Marcel Proust e por ter deixado uma memória grata na obra do romancista, sublinhou muito bem a relevância da supressão do discurso latino: «Enfin, le discours latin est comme la clé de voûte de l'ancien édifice universitaire. [...] C'est sur le discours latin que doivent se séparer les partisans de l'ancien système d'enseignement et les partisans des réformes. Le discours latin suppprimé, il faudra renouveler de fond en comble les programmes des classes de grammaire, car les programmes actuels n'auront plus raison d'être... Il faudra trouver de nouveaux procédés pour enseigner l'art d'écrire et de penser, car on ne pense et on n'écrit guère de la sixième à la rhétorique qu'en latin. En un mot, toutes les reformes urgentes sont contenues en germe dans la suppression du discourse latin» *(apud* Martine Jey, *op. cit.*, p. 96). Era necessário reinventar a arte de escrever em francês... A verdade, porém, é que os grandes escritores franceses do Romantismo e do Realismo não aprenderam na escola a arte da composição francesa!

Os defensores das Humanidades modernas realçaram a necessidade de o ensino secundário, alicerçado fundamentalmente no ensino do francês – da língua e da literatura francesas –, das línguas estrangeiras modernas e das ciências, preparar os estudantes para o desempenho competente de uma ulterior carreira profissional, para o exercício dos direitos e deveres da cidadania e para a defesa dos ideais republicanos e democráticos. A cultura e a escola dos modernos são uma cultura e uma escola comprometidas com a sociedade coetânea, são uma cultura e uma escola que se propõem fornecer aos jovens os fundamentos do espírito científico e os conhecimentos *úteis* para a compreensão de um mundo em mudança acelerada («un monde qui toujours change», segundo as palavras de Gustave Lanson), para um trabalho profissional tecnicamente exigente e para a participação cívica na vida do Estado. Quando Lanson condena a retórica e «as más humanidades» – leia-se «as humanidades clássicas» –, fá-lo em nome do espírito científico moderno, de uma concepção histórica e antidogmática dos valores da cultura, em particular da literatura, e da necessidade de substituir uma cultura escolar ornamentalista, de tipo oratório e psitacista, por uma cultura que habilitasse os alunos a falar e a escrever correctamente, a pensar com rigor, a abordar metódica e criticamente os grandes problemas da vida contemporânea e que os preparasse para o exercício responsável de uma profissão, no contexto das exigências sociais da democracia[15].

Estamos perante um projecto educativo de inequívoca matriz iluminista, que rejeitava tanto a herança retórico-formalista do ensino

---

[15] Cf Gustave Lanson, «Contre la rhétorique et les mauvaises humanités», *Essais de méthode, de critique et d'histoire littéraire*. Rassemblés et présentés par Henri Peyre. Paris, 1965, p. 57-60. Merece ser transcrito o início desta espécie de manifesto de Lanson: «Notre enseignement classique – quand l'initiative individuelle des maîtres ne le corrige pas, ou que l'indifférence personnelle des élèves ne le neutralise pas – est plus mauvais que bon, pour tous ceux qui ne sont pas destinés à être vaudevillistes, romanciers, poètes, critiques ou journalistes, ou simplement hommes du monde «sans profession»: et c'est le grand nombre tout de même qui est dans ce cas».

humanístico e jesuítico como a cultura aliteratada e diletante de boa parte da burguesia urbana do século XIX. Os defensores das Humanidades modernas tinham consciência de que a população escolar sofrera profundas mudanças sociológicas e culturais – afluíam ao ensino secundário os filhos dos agricultores, dos pequenos comerciantes e dos trabalhadores fabris, ou seja, crianças de condição humilde desprovidas de educação linguística e literária – e de que era necessário por conseguinte adequar a esta população escolar massificada o ensino dirigido anteriormente a um escol de extracção aristocrático-burguesa. O ensino da língua e da literatura francesas constituía para os defensores das Humanidades modernas o instrumento privilegiado para incrementar a homogeneização, em termos de educação nacional, de formação cívica e de preparação moral, desta nova população escolar[16].

Por seu lado, os advogados das Humanidades clássicas criticavam «o utilitarismo democrático» que arruinava a cultura geral, que ignorava o passado e o futuro para tudo reduzir às necessidades e conveniências da hora presente, e proclamavam que o abandono do latim marcava o começo da decadência do espírito francês, pois que a França, ao separar-se da cultura latina, rompia com as suas origens e as suas tradições. Paradoxalmente, foram os defensores do ensino clássico, que magnificavam a superioridade intrínseca, a distinção e a exemplaridade atemporal do ensino fundado na língua, na literatura e na cultura latinas, que se assumiram como representan-

---

[16] Os projectos educativos e os programas disciplinares elaborados nos diversos países europeus sobre o ensino das literaturas nacionais tornam evidentes os objectivos sociais, cívicos e morais deste mesmo ensino, transformado frequentemente num substituto secularizado do magistério, em falência progressiva, das instituições religiosas. A crítica literária foi uma instituição que, muitas vezes em estreita cooperação com o ensino da literatura, igualmente assumiu responsabilidades de educação social, cívica e moral, em relação ao público leitor (veja-se, para o caso da crítica literária inglesa, a obra de Chris Baldick, *The social mission of english criticism 1848-1932*, Oxford, 1983).

tes do *génie français,* condenando violentamente, em nome do espírito nacional da França neolatina, a adopção de um modelo de ensino anglo-germânico!...

O conflito entre as Humanidades clássicas e as Humanidades modernas desenrolou-se nos sistemas educativos dos diversos países europeus de modo similar ao processo verificado no Reino Unido e na França, embora com assincronias, com ritmos diferentes na confrontação e com distintas consequências práticas. Este conflito entre *antigos* e *modernos* na área do ensino, tanto do ensino secundário como do ensino superior, foi talvez o último episódio histórico – em geral negligenciado – da multissecular «Querela dos Antigos e dos Modernos», que percorreu, sob modulações e metamorfoses diversas, toda a cultura europeia ao longo dos séculos XVII e XVIII, mas com manifestações relevantes já na segunda metade do século XVI e ainda durante o século XIX.

Este conflito, apaixonado e virulento, porque a Escola e, em especial, a Universidade se tornaram desde o século XIX as mais influentes instâncias institucionais de produção, transmissão e legitimação do capital simbólico das sociedades, foi um dos primeiros factores da chamada crise das Humanidades. Reféns dos seus interesses particulares, dos seus gostos literários e dos seus preconceitos ideológicos e doutrinários, tanto os *antigos* como os *modernos* não entenderam que o seu combate era fratricida, que não deviam pugnar por vencer e excluir os outros, nem sequer por impor o primado ou a supremacia de uns em prejuízos dos outros. Os *antigos,* na sua resistência, quando não aversão, ao espírito, aos projectos e às manifestações da modernidade, exilaram-se do tempo histórico e encerraram-se numa cidadela, condenada ao fracasso como todas as cidadelas. Os *modernos,* na radicalidade das suas posições, na soberba e na arrogância de fundarem *ex nouo o* conhecimento, a verdade e a beleza e na cegueira de rejeitarem como reaccionariamente elitista o património das Humanidades clássicas, ignoraram a dinâmica histórica da cultura, das criações linguísticas, literárias e artísticas e laceraram gravemente a túnica inconsútil das Humanidades. Com realismo e clarividência, um dos defensores do ensino literário moderno apelava exactamente ao entendimento e à cooperação entre *antigos* e *modernos,* porque estavam em jogo fundamentais valores comuns: «il s'agit ici de quelque chose plus important que de savoir si l'on étudiera les lettres anciennes ou les lettres modernes, il s'agit de savoir si l'on étudie les lettres absolument»[17].

Estavam em jogo, na verdade, valores comuns: o reconhecimento da preeminência da palavra na vida, na cultura e na história dos homens e das comunidades sociais; a relevância dos saberes, como a gramática e a retórica, que ensinavam a utilizar correcta e eficazmente os recursos da linguagem verbal e de cada língua histórica; o valor primordial dos textos literários, realizações modelares das capacidades expressivas, representativas e estéticas das línguas; a centralidade das *litterae humanae,* isto é, da poesia, da história e da filosofia, em qualquer projecto antropológico; a unidade profunda da cultura europeia, enraizada nas matrizes inexauríveis de Atenas e de Roma. Por isso mesmo, a erosão das Humanidades clássicas provocada pelas humanidades modernas e a desqualificação das Humanidades modernas levada a cabo pelas Humanidades clássicas foram funestas estratégias de luta pelo poder que acabaram por servir os interesses de outras disciplinas concorrentes.

Com efeito, o desenvolvimento exponencial, ao longo do século XX, do ensino universitário conduziu à formação de novos campos disciplinares que, pela sua lógica intrínseca e extrínseca, procuraram conquistar os seus espaços próprios nos planos de estudos dos sistemas educativos, em especial no ensino secundário. Foi o caso, nomeadamente, da sociologia, da antropologia, da economia, da psicologia, das ciências da educação, das ciências da comunicação e das novas tecnologias da informação. Estes novos campos disciplinares, beneficiando da auréola da modernidade, da cientificidade e da apli-

---

[17] Esta lúcida e profética advertência ficou a dever-se a Georges Gromaire, membro da «Société des Amis de l'Enseignement Moderne» *(apud* Martine Jey, *op. cit.,* p. 195).

cabilidade prática, foram conquistando as suas posições nos *curricula* do ensino básico e secundário, em prejuízo, quase sempre, das Humanidades clássicas, mas também das Humanidades modernas, da história e da filosofia. Como qualquer plano de estudos tem necessariamente constrangimentos e limitações de tempos lectivos e como os decisores políticos, em geral, têm pânico de não serem considerados *modernos,* o peso relativo do ensino humanístico no ensino secundário e no ensino superior diminuiu em quase todos os países da Europa desde meados do século XX, apesar da resistência tenaz de muitos professores e das associações de estudos clássicos ou congéneres[18].

Como existe uma natural correlação entre a população escolar do ensino secundário e a população escolar do ensino superior, a diminuição do número de disciplinas e de alunos nas áreas de Humanidades clássicas, mas também nas áreas de Humanidades modernas, do ensino secundário originou um abaixamento, por vezes drástico, do número de candidatos a essas mesmas áreas no ensino universitário. Se a disciplina de Grego desaparece praticamente do ensino secundário e se a disciplina de Latim aí fica reduzida a uma disciplina «tolerada», como captar alunos para os cursos de licenciatura em Estudos Clássicos ou em Filologia Clássica nas Universidades? E se os orçamentos do ensino superior forem calculados com base no número de alunos de cada departamento ou de cada unidade orgânica similar, numa perspectiva pragmático-contabilística que condena a Universidade à lógica mercantilista, como evitar que os cursos de licenciatura com diminuta população escolar sejam considerados pelos gestores universitários como incómodos e até intoleráveis factores de prejuízo financeiro a que urge pôr termo?

O conflito entre as Humanidades clássicas e as Humanidades modernas, desde a segunda metade do século XVIII até ao início do

---

[18] Encontra-se um testemunho muito lúcido e esclarecedor sobre as vicissitudes deste processo no sistema educativo espanhol na obra de Francisco Rodríguez Adrados, *Humanidades y enseñanza. Una larga lucha,* Madrid, 2002.

século XX, é indissociável, como ficou exposto, de uma progressiva e imparável alteração quantitativa e qualitativa da população escolar. Ora é bem sabido que, em todo o Ocidente, ocorreu uma célere massificação dos sistemas educativos, ao longo da segunda metade do século XX, como consequência das políticas adoptadas no sentido de escolarizar toda a população, de modo a prepará-la científica, técnica e profissionalmente, para o desempenho de funções em economias cada vez mais complexas e competitivas.

A massificação do ensino fez afluir às escolas milhões e milhões de alunos carecentes do capital simbólico fundamental – a língua –, sobretudo em países como os Estados Unidos da América nos quais as minorias étnicas e culturais, secularmente desprezadas e humilhadas pelo poder hegemónico, tiveram acesso enfim ao sistema educativo. Milhões e milhões de jovens oriundos de meios familiares e sociais sem hábitos de leitura e de escrita, desprovidos de qualquer memória textual, que tinham crescido já como «filhos da televisão», modelados na sua sensibilidade e na sua visão do mundo por uma civilização tecnológica da imagem e do som, confrontaram-se com uma escola despreparada para os acolher. Entre este novo público escolar e o ensino humanístico era inevitável o desencontro e o conflito, até porque as capacidades e as competências pressupostas e exigidas pelo ensino humanístico são de formação, aquisição e maturação lentas, demoradas e cognitivamente complexas.

Como as disciplinas humanísticas, neste contexto, constituíram inescapavelmente um factor de grave insucesso escolar, muitos políticos, preocupados sobretudo com as aparências das coisas e a maquilhagem das realidades adversas, entenderam conveniente reduzir na medida do possível tal factor de perturbação, retirando do *curriculum* essas disciplinas ou aligeirando o seu peso. Esta política de facilitismo e permissividade, que tem contado com a cumplicidade de um certo pedagogismo míope e laxista, contribui sem dúvida para a melhoria cosmética das estatísticas nacionais e internacionais, mas condena uma multidão inumerável de jovens à iliteracia e, por conseguinte, a uma irresgatável menoridade social e cívica. Hoje, como no tempo de Isócrates, aprender a falar e a escrever bem é ao mesmo tempo aprender a pensar e a argumentar bem e mesmo a viver bem. Em sociedades multi-étnicas e multiculturais, as Humanidades têm na escola um papel emancipatório acrescido e insubstituível. Denegar o capital simbólico das Humanidades aos deserdados e aos «condenados da terra» representa uma estratégia político-educativa que, sob o véu do progressismo, é objectivamente reaccionária e neocolonialista. O que a Escola do nosso tempo não pode é repetir o erro dos *Antigos*, fechando-se numa concepção essencialista, dogmática e exclusiva de humanismo, de Humanidades, de cultura e de cânone literário.

Noutro plano, num plano dominantemente epistemológico, as Humanidades, tanto as clássicas como as modernas, têm sofrido ao longo do século XX uma prolongada e perturbadora crise de identidade e legitimidade disciplinares. A transformação das Humanidades em ciências humanas, iniciada com o Romantismo, constituiu um processo enriquecedor do conhecimento humano, do ensino universitário e do ensino em geral e que se tornou inevitável no contexto da criação ou da refundação da Universidade moderna, na qual a investigação científica ocupa um lugar cimeiro. As ciências humanas, porém, têm navegado perigosamente entre Cila e Caríbdis, atraídas, por um lado, pelo fascínio do modelo teórico-metodológico das ciências naturais e até do modelo das ciências lógico-matemáticas e corroídas, por outra parte, por um relativismo, um cepticismo e uma pulsão niilista que as põem continuamente em causa na cartografia do conhecimento e na ocupação de territórios institucionais.

Quando as ciências humanas cedem à tentação da cientificidade «dura», como sucedeu com o neopositivismo e com o estruturalismo, as Humanidades esterilizam-se na sua função formativa e enriquecedora da memória, do espírito e da sensibilidade dos jovens, perdem a dimensão *poiética* que lhes é conatural e não realizam os seus objectivos antropológicos, culturais, éticos e cívicos, sem os quais deixam de ser *artes liberais*. Quando as ciências humanas não incentivam, não desenvolvem e não enriquecem as práticas da leitura, da escrita, da interpretação e da compreensão dos textos e do mundo, o ensino humanístico entra necessariamente em crise. Os enquadramentos teóricos, os métodos científicos, os instrumentos descritivos, analíticos e expositivos, os conteúdos e as terminologias das ciências humanas podem e devem ser inovadores, desde que não sejam esquecidas, maltratadas ou mesmo sacrificadas as finalidades antropológicas, educativas, culturais e formativas das Humanidades.

Por outro lado, o relativismo, o cepticismo e a pulsão niilista têm assolado patologicamente as ciências humanas desde a década de setenta do século XX, após o declínio abrupto dos ambiciosos projectos estruturalistas da década precedente. Não se tratou de mudanças de paradigmas científicos, nem se tratou da rejeição de qualquer essencialismo anticientífico ou da salutar adopção de um relativismo epistemológico de tipo popperiano. Tratou-se, isso sim, da descrença na validade do conhecimento construído, da descrença acerca da fundamentação, da consistência e da relevância social dos discursos das ciências humanas, que se converteram amiúde em prélios retóricos, no sentido forte da expressão, ao serviço da vontade de poder e da conflitualidade política. O espectro de Nietzsche, acompanhado de um séquito de fúlgidas metáforas e alegorias, percorre devastadoramente esses discursos, que são muitas vezes um patético e desesperado «adeus à razão» e que funcionam como detonadores terríveis, quantas vezes inteligentíssimos, da explosão – ou da implosão – das disciplinas humanísticas[19]. Este relativismo radical e esta

---

[19] Sobre Nietzsche e a crise das humanidades, cf. Peter Levine, *Nietzsche and the modern crisis of the humanities*, New York, 1995. Nalguns dos ensaios coligidos na obra de Alvin Kernan (ed.), *What's happened to the humanities?* (Princeton, 1997), é posto em relevo o papel corrosivo do relativismo epistemológico de raiz nietzschiana na crise contemporânea das Humanidades, embora com um enfocamento excessivo na desconstrução. A referência à «explosão» das disciplinas humanísticas deriva do título da obra tão bem documentada, tão inteligente e tão ácida, de Bernard Bergonzi intitulada *Exploding English. Criticism, theory, culture* (Oxford, 1990).

pulsão niilista decorrem de um fenómeno mais amplo e profundo que está no cerne da pós-modernidade: a perda da memória do passado, a aceitação hedonística da caducidade, da fragmentação e da descontinuidade de tudo, a despreocupação relativamente ao futuro, o abandono à imersão no fluxo caótico do presente[20]. Esta mundividência pós-moderna colide com o significado profundo do humanismo tal como o caracterizámos no início destas reflexões, apoiando-nos na palavra autorizada de Francisco Rico. O humanismo não é pensável sem a memória dos textos, sem a presença memorial dos textos maiores de uma tradição cultural na construção do presente e na projecção do futuro. Presença memorial não significa aceitação passiva, *re-citação*, imitação exangue ou servil: significa fonte que alimenta, rio que fecunda, força criadora que se renova e se transforma, voz que solicita e interpela outras vozes consonantes e dissonantes, *logos* pregnante, que convida para diálogo intérmino as gerações sucessivas. O tempo da pós-modernidade é um tempo inóspito para o humanismo e para as Humanidades, porque é um tempo amnésico e um tempo sem janelas para o futuro.

Um relevante factor na crise das Humanidades, ao qual faremos aqui apenas breve referência, mas que requer ponderada atenção e cuidadosa análise, consiste na ideia de que a aprendizagem de uma língua, seja ela a língua materna ou não, se pode realizar – e até se *deve* realizar! – à margem da literatura criada nessa língua, limitando-se ao léxico e às estruturas fonológicas, morfológicas, sintácticas e semânticas ou semântico-pragmáticas dessa mesma língua. Estamos perante uma concepção basicamente instrumental do que seja uma língua e do que seja a sua aprendizagem – uma concepção redutoramente funcionalista que provoca a ruptura entre a gramática, a retórica e a poética e que origina o divórcio entre os estudos linguísticos e os estudos literários, em todos os níveis do ensino. Dilacera-se assim a grande tradição das Humanidades clássicas, mas

---

[20] Cf. Remo Ceserani, *Raccontare il postmoderno*, Torino, 2001, pp. 142-143.

também a grande tradição das Humanidades modernas fundada na filologia, no idealismo linguístico, na estilística, no estruturalismo eslavo e francês e na linguística do texto. A ruptura entre língua e literatura e entre estudos linguísticos e literários constitui um desastre cultural, filosófico, científico e pedagógico que, a breve prazo, poderá servir os interesses corporativos desta ou daquela área disciplinar, mas que, em última instância, empobrece todas as áreas disciplinares envolvidas e prejudica irremediavelmente a formação linguística, literária e cultural dos alunos.

3.
As Humanidades e a cultura pós-moderna

No limiar desta conferência, convido os meus ouvintes a acompanharem-me na difícil, mas imprescindível, tarefa de dilucidação dos conceitos de *Humanidades* e de *cultura pós-moderna*.

Por *Humanidades*, entendo neste contexto as Humanidades académicas, isto é, o conjunto das disciplinas cultivadas, nos campos da investigação e da docência, nas instituições do ensino superior contemporâneo e que são herdeiras, sob os pontos de vista escolar, intelectual e cultural, dos *studia humanitatis* e das *litterae humaniores;* que têm territórios institucionais próprios – Faculdades, Departamentos, Centros, Programas, etc. – e nas quais se obtêm graus académicos específicos, que culminam com o grau de doutoramento.

Os campos disciplinares das Humanidades apresentam algumas variações nos sistemas do ensino superior dos diversos países e até no âmbito do mesmo sistema de ensino (o que é notório, por exemplo, no sistema universitário norte-americano, com a ressalva de que é duvidoso que se possa falar de um «sistema» universitário norte-americano). Todavia, essas variações não afectam de modo relevante o núcleo desses campos disciplinares, cujas componentes enumerarei assim: línguas e literaturas clássicas; línguas e literaturas modernas; filologia; linguística; retórica, poética (teoria da literatura), crítica literária e literatura comparada; filosofia e história, em particular a história da arte, a história da cultura e a história das ideias (algumas orientações da historiografia contemporânea, como a história económica e a história social, muitas vezes emigram institucionalmente do território das Humanidades para o território das ciências sociais).

Tarefa bem mais complexa e arriscada, mas indispensável, é dilucidar o conceito de cultura *pós-moderna* (e, por conseguinte, os conceitos de *pós-modernidade* e de *pós-modernismo*).

Julgo ter sido, em Portugal, um dos primeiros a reflectir sobre o conceito de *pós-modernidade,* numa comunicação intitulada «Crise e inovação na cultura da pós-modernidade em Portugal», que apresentei à Conferência Internacional *Os Portugueses e o Mundo,* que decorreu no Porto entre 4 e 7 de Junho de 1985 e cujo texto está publicado nas respectivas actas[1]. Pareceu-me que o conceito de *pós-modernidade,* que era então um astro em ascensão deslumbrante nos céus do pensamento europeu e norte-americano, poderia ser fecundo no limiar de um novo estádio da nossa vida política, social, económica e cultural[2]. Desde então, nos anos finais da década de oitenta e ao longo

---

[1] *Os Portugueses e o Mundo. Conferência Internacional.* I volume. *Comunicações introdutórias,* Porto, Fundação Eng. António de Almeida, 1988, pp. 33-39.

[2] Na raiz das «teses» da minha comunicação estavam obviamente as ideias de Jean-François Lyotard expostas no seu livro *La condition postmoderne. Rapport sur le savoir* (Paris, Les Éditions de Minuit, 1979), mas estavam também as ideias de Karl Popper sobre o racionalismo crítico e sobre a sociedade aberta e estavam sobretudo as ideias de Max Horkheimer e de Theodor W. Adorno expressas nessa obra impiedosamente denunciadora do totalitarismo da Razão que é a *Dialektik der Aufklärung* (1947), que eu lera na tradução francesa (Paris, Gallimard, 1974), e que interpretei como metáfora acusatória de todas as perversões e manipulações totalitárias da Razão, desde os totalitarismos ideológicos e políticos até aos seus avatares cientificistas, tecnoburocráticos, economicistas e culturalistas. Se realcei, no contexto cultural e político de 1985, a relevância das linhas de força da pós-modernidade enquanto ruptura com as metanarrativas totalitárias e enquanto abertura à diferença e à pluralidade de valores, não deixei todavia de chamar a atenção para as possíveis consequências desastrosas do relativismo gnosiológico, da hostilidade à razão e da depreciação da ciência e da tecnologia que caracterizavam algumas das posições pós-modernistas (cf. p. 38). Hoje, volvidos vinte anos, a minha análise e os meus juízos sobre a cultura da pós-modernidade são bem mais pessimistas e negativos.

da década de noventa do século XX, o debate sobre o pós-modernismo e a pós-modernidade ganhou uma amplitude e uma intensidade extraordinárias, transvasando dos âmbitos da literatura, da arquitectura e da estética para os âmbitos da filosofia política, da sociologia e da economia e tendo a respectiva bibliografia, desde as monografias académicas e os ensaios em revistas especializadas até aos livros e aos artigos de divulgação, proliferado vertiginosamente[3].

Palavras proteiformes, indissociáveis dos vocábulos e dos conceitos de *modernismo* e de *modernidade*[4] – o prefixo *pós* veicula uma semântica ambiguamente complexa, híbrida, que co-envolve as ideias de posteridade, de prolongamento, de modificação, de oposição, de diferença e de ruptura –, *pós-modernismo* e *pós-modernidade* passaram a designar estilos de época, orientações, movimentos e estádios dos fenómenos estéticos e culturais, manifestações do pensamento, da sensibilidade e dos estilos de vida, configurações e dinâmicas dos processos sociais e económicos. Talvez só os conceitos de Renascimento e de Romantismo apresentem uma complexidade comparável.

As análises levadas a cabo por filósofos, sociólogos, antropólogos, teorizadores e críticos literários como J.-F. Lyotard, Jean Baudrillard, Fredric Jameson, David Harvey, Scott Lash, Zygmunt Bauman e Terry Eagleton, entre outros, conduzem à conclusão de que o pós-modernismo assinala «uma extensão lógica do poder do mercado a

---

[3] Existem, em diversas línguas, cómodos *readers* sobre o pós-modernismo e a pós-modernidade. Cito aquele que se me afigura ser o mais bem organizado e o mais informativo: Thomas Docherty (ed.) (1993). Entre as obras de síntese, aponto as seguintes: Hans Bertens (1995); Remo Ceserani (1997); Perry Anderson (1998).

[4] Se pensarmos nos diversos conceitos de *modernismo* e de *modernidade* que têm sido formulados, compreenderemos as dificuldades semânticas e conceptuais que esta dependência lexical comporta. Como sublinha Charles Jencks (1991: 13), o principal responsável pela introdução e consolidação do conceito de pós-modernismo no léxico da arquitectura, «[w]hereas modernism in architecture has furthered the ideology of industrialization and progress, modernism in other fields has either fought these trends or lamented them».

todo o âmbito da produção cultural»[5]. O pós-modernismo, como explica o título de uma já célebre obra de Fredric Jameson, é a lógica cultural do capitalismo tardio[6], é a lógica cultural do capitalismo pós-industrial, pós-fordista, do capitalismo da era da globalização, servido pela mais refinada tecnologia electrónica e assente em sofisticadas estratégias de mobilidade incessante e de flexibilidade milimetricamente calculada dos meios de produção, desde os recursos financeiros e tecnológicos até aos recursos humanos. A pós-modernidade é o tempo do triunfo das indústrias da cultura, é o tempo em que os objectos culturais se transformam em mercadorias na volatilidade dos mercados, em que a estética se dissolve ao serviço da publicidade e da sedução fungível dos ícones da moda, é o tempo do simulacro, desde a experiência da guerra até às experiências erótico-sexuais, é o tempo do *glamour* e do *kitsch* dos centros comerciais, é o tempo do triunfo dos *media* audiovisuais sobre o discurso verbal, desde a política até à pedagogia. O pós-modernismo radicalizou e alargou a todas as esferas da sociedade um fenómeno que Marx e Engels assinalaram e caracterizaram a propósito do capitalismo burguês, nas famosas páginas iniciais do *Manifesto do Partido Comunista:* «A revolução permanente da produção, a mobilidade incessante de todas as situações sociais, a insegurança e o movimento eterno distinguem a época burguesa de todas as outras»[7]. Tudo o

---

[5] Cf. David Harvey (1990: 62). A manifestação mais visível desta extensão do mercado à produção cultural reside decerto nas relações de estreita dependência existentes entre as artes plásticas, sobretudo a pintura, os museus e os interesses financeiros das grandes empresas capitalistas (interesses nominalisticamente sublimados sob o criptónimo *mecenatismo*).

[6] Veja-se Fredric Jameson (1991). O capítulo 1 deste *magnum opus* de Jameson reproduz o célebre ensaio, com o título deste livro, publicado alguns anos antes na *New Left Review* (1984, 146, pp. 53-92). A contribuição de Jameson para o debate sobre o pós-modernismo é de importância capital. Para além da obra atrás citada, *vide* Jameson (1994) e Jameson (1998).

[7] Cito de Karl Marx e Friedrich Engels (2000). Uma análise já clássica deste tema do *Manifesto* encontra-se em Marshall Berman (1983). O capítulo central desta obra, o capítulo II, encontra-se revisto e actualizado em M. Berman (1999).

que parecia firme e sólido, nas relações sociais, políticas, éticas, familiares, económicas e laborais, se dissolve no ar, na busca incessante de novas mercadorias para produzir e para vender, na meticulosa programação da obsolescência dessas mesmas mercadorias, na efemeridade da *jouissance* de consumir, na precarização dos vínculos afectivos e familiares. A pós-modernidade, na sua lógica profunda, rasura a tradição – apenas a recupera e celebra como mercadoria e como adereço nas sucessivas vagas da *mode rétro* –, é historicamente amnésica, relativiza todos os valores, amalgama e confunde, numa porosidade sem filtros, os vários níveis da cultura e da literatura, os discursos das diferentes artes, os diversos estilos epocais, os objectos artísticos e os objectos da quotidianidade[8].

Os tempos da pós-modernidade são pois tempos inóspitos para as Humanidades, saberes enraizados em seculares tradições linguísticas, culturais, literárias, filosóficas e historiográficas – enraizados em primeiro lugar na matriz primordial da Antiguidade Clássica – e fundados na escrita e na leitura de textos – seja-me permitido fazer aqui a economia da produção e da recepção de textos orais –, ou seja, fundados na preeminência da palavra, do discurso verbal. E são por isso mesmo também tempos inóspitos para as Universidades

---

[8] Poder-se-á objectar que o *pastiche* e o mecanismo citacional pós-modernistas indiciam uma memória histórica, relevam da presença e da acção do passado no presente. Todavia, como demonstraram, entre outros, Hal Foster (1996: 123), Fredric Jameson (1998: 5-6) e Vincent B. Leitch (1996: 105-107 e *passim),* o *pastiche* e a citação do pós-modernismo são mecanismos discursivos em que a história aparece reificada, implodida, esgotada, segundo as palavras de Baudrillard – *apud* Thomas Docherty (ed.) (1993: 196) –, numa precessão, que é também uma procissão, de simulacros. Merecem ser recordadas as seguintes palavras de Vincent B. Leitch (1996: 105): «Postmodernism strips history of its social and political specificity, erasing lived conflicts and contradictions. Lost is the negative critical force of history, its adversarial underside. (...) [postmodernism] is less an overcoming of modernism than a regressive antimodernism. As such, it is a telling symptom of our fraudulent historical moment, reconciling us to things as they are».

como instituições que preservam, estudam e enriquecem a memória cultural dos povos e das nações – uma memória fixada e transmitida em textos, no sentido semiótico deste termo.

A chamada «crise» das Humanidades tem uma história já longa, que remonta, pelo menos no contexto europeu, ao último quartel do século XIX, aquando do conflito tão pouco inteligente e tão infeliz entre as chamadas Humanidades clássicas e as ditas Humanidades modernas. Como sublinhei num ensaio publicado há pouco tempo, sob o título «Reflexões tempestivas sobre a crise das Humanidades» (cf. Aguiar e Silva, 2004: 23), clarividência e realismo singulares revelou um hoje esquecido professor francês, de seu nome Georges Gromaire, que no meio do ruído e da fúria que explodiram, logo nos primeiros anos da III República Francesa, entre defensores das Humanidades clássicas e prosélitos das Humanidades modernas, advertiu: «il s'agit ici de quelque chose plus importante que de savoir si l'on étudiera les lettres anciennes ou les lettres modernes, il s'agit de savoir si l'on étudiera les lettres absolument». Com efeito, a defesa das Humanidades tem de assentar numa lógica e numa estratégia globais e solidárias e não numa conveniência e numa táctica sectoriais, disciplinares, corporativistas e centrífugas (nesta perspectiva, a organização das Universidades em Faculdades pode apresentar óbvios benefícios). O medo e o estado de necessidade, porém, retiram muitas vezes a lucidez aos indivíduos como às instituições.

Em nome de uma modernidade míope, de um falso progressismo cultural e científico e de um utilitarismo rasteiro, os políticos foram reduzindo, ao longo do século XX, a presença e a relevância das Humanidades clássicas no ensino liceal, com as inevitáveis incidências negativas no ensino universitário. Seja-me permitido evocar aqui uma memória pessoal. Quando me matriculei, no ano escolar de 1955-56, no 6.º ano do ensino liceal, foram dois professores meus, ambos licenciados em Filologia Clássica, que me persuadiram a escolher a alínea b), que dava acesso ao curso de licenciatura em Filologia Românica, e não a alínea a), que dava acesso ao curso de licenciatura em Filologia Clássica, porque assim, asseveraram-me, não teria dificuldades, no final do curso, na ocupação de vagas. Estava ainda fresca a memória da «machadada» que o Professor Pires de Lima, Ministro da Educação Nacional, desferira contra o ensino do latim no ensino liceal (medida que, sabe-se hoje, foi imposta pelo próprio Salazar). Nesse contexto, a crise emergente das Humanidades clássicas era indissociável da escassez de emprego para os respectivos licenciados no sistema educativo – e essa escassez era a consequência de decisões, pelo menos controversas e transviadas, tomadas pelos políticos.

Recentemente, num luminoso ensaio, o Prof. Geoffrey Galt Harpham, director do «National Humanities Center in Research Triangle Park», referiu-se à «perene *crise nas Humanidades*», anotando ironicamente que «*[a]lmost since the time of the Hindenburg, it seems, scholars have been crying, «Oh! The humanities!»* (Geoffrey Galt Harpham, 2005: 21). Esta lamentação elegíaca, este sentimento de perda são compreensíveis perante o declínio gradual nos *curricula* escolares de disciplinas que tinham sido, durante séculos, pedras angulares na educação dos jovens e que tinham constituído saberes privilegiados na cartografia do conhecimento aceite pelas Universidade ocidentais refundadas segundo o modelo da Universidade imperial de Berlim concebida por W. von Humboldt. Em todos os tempos e em todos os lugares, aliás, a retórica da crise, quando inteligentemente pensada e levada à prática, é uma eficaz estratégia de defesa e de ataque que visa preservar determinados interesses e valores e avançar, se possível, para novos objectivos. O problema grave é quando à retórica da crise se sobrepõem a consciência da crise e a percepção quotidiana dos seus efeitos perniciosos.

Ora, à medida que, depois da segunda guerra mundial, os sistemas educativos ocidentais se foram abrindo a novos públicos linguística, cultural, social e etnicamente muito heterogéneos, com professores despreparados cultural, científica e pedagogicamente e gradualmente condenados à proletarização profissional e social; à medida que, nos diversos países, se foram sucedendo reformas educativas de pendor utilitarista e tecnocrático – a tecnocracia, na sua lógica intrínseca, é refractária à cultura humanística; à medida que a Escola deixou de se preocupar primordialmente com a educação e a formação mental dos seus alunos, então a crise configurou-se como uma realidade iniludível, com dimensões de um desastre pedagógico e de um naufrágio civilizacional. Na Europa como nos Estados Unidos, ao longo da segunda metade do século XX, multiplicaram-se as tanatografias e os epitáfios em torno das Humanidades em geral e não apenas das Humanidades clássicas, parecendo apenas escaparem a esta catástrofe a linguística mais ou menos formalizada, disponível para núpcias de conveniência com a engenharia informática, e a história contemporânea, facilmente seduzida por suspeitas ligações com o poder político. A cultura e o pensamento ocidentais têm segregado, aliás, desde o anúncio hegeliano da morte da arte, múltiplas diagnoses, prognoses e profecias que relevam de uma ominosa pulsão tanatológica: a morte da literatura, o fim da poesia, a morte do autor, a morte do livro, etc. Na incontinente vaga de formações lexemáticas com o prefixo *pós* – que inundou o discurso da cultura ocidental no último quartel do séc. XX –, há duas palavras terríveis que traduzem sombriamente essa pulsão tanatológica, esse sentimento de perda irreparável, de miséria ontológica e de parálise existencial: a palavra *pós-humano* e a palavra *pós-história*. Espectros de um mundo póstumo...[9]

Com o advento da pós-modernidade – relembremos que o manifesto da pós-modernidade, o já citado livro de Lyotard intitulado *La condition post-moderne,* foi publicado em 1979 –, com o triunfo das políticas neoliberais do *tatcherismo* e do *reaganismo,* com o afundamento da última e mais poderosa metanarrativa do século XX – o comunismo –, a Universidade do Ocidente – primeiro a Universidade

---

[9] Sobre o termo e o conceito de *pós-humano*, cf.: Robert Pepperell, *The post-human condition,* Oxford, Intellect, 1995; Francis Fukuyama, *Our posthuman future,* New York, Farrar, Straus and Giroux, 2002. Sobre as origens filosófico-culturais do conceito de *pós-história*, veja-se Perry Anderson, «The ends of history», *A zone of engagement,* London, Verso, 1992, pp. 279-375.

norte-americana, depois a Universidade europeia, num processo que continua a desenrolar-se – sofreu uma das suas mais profundas transformações. O modelo da Universidade humboldtiana como centro autónomo de construção do conhecimento e da procura livre da verdade, o modelo da Universidade como instituição que preserva, estuda e difunde os valores universais e os valores nacionais da cultura, o modelo da Universidade como Escola que também educa ética e civicamente os seus alunos, entraram em colapso e o que ficou, o que resta em seu lugar, é o que Bill Readings, professor de Literatura Comparada da Universidade de Montreal, tragicamente desaparecido em 1994 num desastre de aviação, denominou, num livro inteligentíssimo, irónico e melancólico, *A Universidade em ruínas*[10].

Perante a lógica das sociedades e das economias pós-modernas, confrontadas com as restrições orçamentais impostas pelos Governos, hipotecadas às grandes empresas e às grandes fundações, que são, em muitos casos, a oculta *longa manus* das grandes empresas, ameaçadas por uma competitividade feroz, acossadas pelo regressão demográfica, as Universidades *empresarializaram-se* – perdoe-se este barbarismo fonético e lexical –, adoptaram e estão a adoptar modelos de gestão empresarial, fornecem e vendem serviços, fazem investi-

---

[10] A «Universidade em ruínas» é uma Universidade dominada pela *administração*, que avalia e controla a investigação e o ensino: «The University no longer has a hero for its grand narrative, and a retreat into «professionalization» has been the consequence. Professionalization deals with the loss of the subject-referent of the educational experience by integrating teaching and research as aspects of the general administration of a closed system: teaching is the administration of students by professors; research is the administration of professors by their peers; administration is the name given to the stratum of bureaucrats who administer the whole. In each case, administration involves the processing and evaluation of information according to criteria of excellence that are internal to the system: the value of research depend on what colleagues think of it; the value of teaching depend upon the grades professors give and the evaluations the students make; the value of administration depends upon the ranking of a University among its peers. Significantly, the synthesizing evaluation takes place at the level of administration» (Bill Readings, 1996: 126).

mentos financeiros especulativos, desenvolvem agressivas campanhas publicitárias para angariar clientes, isto é, alunos, recorrem cada vez mais a mão-de-obra barata – doutorandos, doutorados cronicamente desempregados ou subempregados –, flexibilizam – um dos eufemismos mais típicos da pós-modernidade – cada vez mais os contratos de trabalho dos seus docentes, cobram propinas cada vez mais elevadas.

Por outro lado, em contradição paradoxal com as normas da gestão empresarial, aumentam o número dos gestores e dos decisores administrativos, em geral com salários opulentos, que são os responsáveis pelo funcionamento correcto da empresa universitária, segundo a chamada lógica dos «três pês» – *produtividade, performance, proficiência* –, que negoceiam os contratos milionários com os grandes laboratórios médico-farmacêuticos, com as empresas construtoras de armas, com as multinacionais da indústria automóvel, da biotecnologia, etc., que estabelecem e manipulam os critérios e os processos de avaliação dos professores, dos departamentos, dos programas, etc., e que inventaram como conceito nuclear da «certificação da qualidade» *(sic)* das Universidade um conceito vazio, a *Universidade da Excelência,* como Bill Readings demonstrou de modo corrosivo na obra antes citada. As Universidades europeias importaram gulosamente este conceito vazio que dá muito jeito para encher a boca dos políticos.

A lógica empresarial, economicista, utilitarista e tecnoburocrática das Universidades, que permite, como Stanley Fish denunciou num hilariante e sarcástico artigo, governar uma Universidade sem ter uma ideia sobre a Universidade como instituição de cultura e de ciência[11], tem de considerar áreas como as das Humanidades, algu-

---

[11] Stanley Fish, professor de Literatura Inglesa, de Direito e de Ciência Política nalgumas das mais prestigiosas Universidades norte-americanas, tem desempenhado cargos de responsabilidade universitária – em especial na Duke University – que lhe permitiram conhecer por dentro os mecanismos da *University of Excellence.* A expressão «a Universidade sem uma ideia» é de Bill

mas áreas das ciências sociais e até algumas áreas das chamadas «ciências duras» – a Física é um elucidativo exemplo – como áreas empresarialmente não rendíveis e, por conseguinte, como áreas a extinguir ou a desactivar, porque o eufemismo é politicamente mais correcto (como os bons físicos fazem falta obviamente aos grandes laboratórios e centros de investigação tecnológica, promove-se a sua importação da União Indiana). Afinando empresarialmente os critérios de avaliação, flexibilizando os contratos de trabalho, maximizando a relação custos/benefícios, os presidentes e os gestores das Universidades norte-americanas extinguem Departamentos e Programas, fundem Departamentos, reduzem o número de disciplinas e o número de professores, diminuem o salário dos docentes, subtilizam a precariedade dos contratos, optimizam a relação dos fluxos de entrada e dos fluxos de saída dos alunos. Fazem tanto barulho – e ainda bem – os ecologistas por causa das ameaças à sobrevivência de uma espécie vegetal ou animal e faz-se silêncio perante a extinção de Departamentos de Humanidades Clássicas ou de Filosofia – sem os quais, em rigor, uma Universidade, a não ser que seja técnica, fica imperfeita, ou seja, incompleta –, perante o encerramento de cursos de Romanística ou de Eslavística, perante a redução, por vezes drástica, das disciplinas de um Departamento ou de um Programa!

Há factos tão caricatos que parecem mentira, mas que, infelizmente, são verdadeiros: à luz da lógica empresarial das Universidades, a interdisciplinaridade é vista como um mecanismo de economia do número de disciplinas e de professores e por isso, embora não só por isso, esquecendo ou postergando o princípio epistemológico e metodológico de que a interdisciplinaridade se constrói sobre uma disciplinaridade rigorosa e sólida, a Universidade pós-moderna incentiva e celebra a pós-disciplinaridade, como princípio legitima-

---

Readings (1996: 118) e tem como sujeito a Universidade, mas Stanley Fish, um astuto e irónico polemista, utiliza-a ambiguamente, tanto podendo referir-se à Universidade – instituição como à «managerial class» que a governa. *Vide* Stanley Fish (2005).

dor da contenção de custos. Em diversas Universidades norte-americanas, tem havido projectos para extinguir os vários Departamentos de Humanidades, substituindo-os por um único e polivalente Departamento de *Cultural Studies*. Nas Universidades europeias, os professores dos Departamentos e das disciplinas de Humanidades ainda não tomaram bem consciência da ameaça institucional representada pelos *Cultural Studies,* cuja lógica programática e ideológica conduz inevitavelmente à fagocitação dos estudos literários, dos estudos da história da cultura e da história das ideias e de largas áreas da filosofia (curiosamente, a agenda dos *Cultural Studies* tem suscitado as reacções mais adversas e contundentes por parte dos sociólogos e dos antropólogos). A Universidade pós-moderna não perdeu apenas, como clamam alguns idealistas que cultivam ainda o rigor intelectual e a probidade científica, o seu *rationale,* a sua base racional, a sua fundamentação lógica, o sentido da sua vocação cultural e científica; eu digo, com profunda apreensão e melancolia, que perdeu a sua alma. Seduzida ou constrangida, a Universidade pós-moderna pensa erradamente legitimar-se prestando – vendendo – serviços às empresas e aos interesses do capital – grande, médio ou pequeno, conforme as dimensões e a relevância dos países e das próprias Universidades –, em vez de apostar sem tergiversações na sua legitimação graças à qualidade da sua investigação fundamental em todas as áreas, graças ao seu contributo para o conhecimento crítico – não subordinado às conveniências, às injunções ou, pior ainda, aos aliciamentos do poder político e do poder económico e financeiro – dos problemas sociais, culturais e económicos e graças à elevada formação cultural, científica, ética e cívica dos seus diplomados. O melhor, o mais valioso serviço que uma Universidade pode prestar à comunidade é a elevada qualidade da sua investigação livre e do seu ensino.

    Perante esta crise, como agir? Como reagir? Como resistir? Ou até como subsistir?

    Um caminho possível é o do pessimismo catastrofista, do ressentido exílio intelectual, da execração de todas as mudanças institucionais e de todos os horizontes teóricos, científicos e disciplinares novos. É o caminho seguido, por exemplo, por Harold Bloom desde o seu grande e elegíaco livro *The western canon* (1994). Em conferências, em entrevistas, em depoimentos, Harold Bloom verte lágrimas e derrama condenações. Este é, para mim, o caminho errado, o caminho que reduzirá as Humanidades a uma cidadela esterilmente resistencialista. O pessimismo, porém, de Harold Bloom, como o desse outro excelso espírito do nosso tempo que é George Steiner, deve ser para nós, professores e cultores das Humanidades, fonte inestimável de reflexão.

Outro caminho possível – e, para mim, o caminho certo, em termos de responsabilidade intelectual, cultural e universitária – é o caminho percorrido por Edward W. Said, o admirável intelectual e professor da Columbia University, nascido em Jerusalém em 1935, de origem palestiniana, defensor estrénuo dos direitos do povo palestino, mas crítico firme dos privilégios e dos abusos de Arafat, discípulo de mestres como Leo Spitzer e Erich Auerbach, cujo magistério exaltou e respeitou profundamente, aberto a novas áreas e orientações das Humanidades contemporâneas, como a área do pós-colonialismo, autor de uma das grandes obras da investigação filológica, histórico-literária e comparatista do século XX, *Orientalism* (1979), e que, no seu derradeiro livro, publicado já depois da sua morte, ocorrida em 2003, com o título *Humanism and democratic criticism* (Columbia University Press, 2004), deixou uma luminosa lição sobre o valor cultural, intelectual, ético e cívico das Humanidades e do humanismo, sobre a relevância da filologia – a filologia tão maltratada e tão desprezada por nós próprios, professores de Humanidades, ao ponto de a palavra ter sido como que banida do nosso léxico institucional e disciplinar – e sobre a relevância da leitura, ou seja, da hermenêutica nos estudos literários. Edward Said, discípulo e admirador de Auerbach, sabia bem que as Humanidades se fundam na leitura, no estudo, na hermenêutica e na crítica dos universos textuais produzidos no passado – e daí a sua orientação filológica, histórico-linguística e histórico-literária; se centram na capacidade de «imaginar, interpretar e representar a experiência humana» plasmada nesses universos textuais, analisando esses valores na sua contextualidade epocal, nas suas projecções e recriações diacrónicas e nas suas permanências transtemporais; e se legitimam cultural e sociologicamente pela sua capacidade de intervir ética e civicamente, em consonância com os *exempla* das grandes vozes das Humanidades clássicas e modernas, na sociedade e na cultura do nosso tempo.

As Humanidades são disciplinas que pressupõem e postulam a preeminência da palavra e dos textos – a palavra e os textos com os quais o homem se constitui como homem, desde a esfera da religião e da moral até à esfera da poesia, desde a esfera do conhecimento filosófico e científico até à esfera da política e do direito. A gramática, a retórica e a poética são disciplinas fundamentais que ensinam a utilizar a palavra e a produzir textos, por um lado, e a interpretar a palavra e os textos, por outra parte. Embora possa não ser politicamente correcto, neste tempo de pluralizações obsessivas, falar da *natureza humana,* temos de ter a coragem de dizer que as Humanidades estudam e iluminam o que é fundamentante e próprio da natureza humana e que não pode ser explicado nem pelas ciências naturais nem pelas ciências sociais, embora umas e outras possam dar contributos relevantes. A *dignitas hominis,* a liberdade do homem, a sua conduta ética, a sua intervenção cívica e a sua participação política são impensáveis sem a capacidade de produzir e interpretar textos e por isso as Humanidades não são redutíveis a meras técnicas instrumentais: são saberes *técnicos,* no sentido etimológico deste termo, que desvelam, revelam e activam o que há do mais profundo, complexo e subtil na razão, nos sentimentos, na imaginação, nos desígnios e nas acções dos homens. É elucidativo, aliás, observar que algumas das orientações mais inovadoras e fecundas de ciências como a antropologia, o direito, a sociologia e a psicologia devem muito a modelos epistemológicos e metodológicos oriundos de disciplinas das Humanidades como a linguística, a retórica e a teoria da literatura (cf. Marjorie Garber, 2003: 5-8).

Se a dimensão e a projecção universalistas caracterizaram os *studia humanitatis* até ao Romantismo, as Humanidades modernas, românticas e pós-românticas, desde a filologia e a história literária até à filosofia política e à historiografia, construíram e cultivaram objectos de estudo de âmbito nacional, no quadro das ideias e dos sentimentos nacionalistas dos séculos XIX e XX, tendo-se ficado a dever em parte à sua instrumentalização pelas ideologias e pelas políticas do nacionalismo o seu relevante e mesmo hegemónico estatuto nas Universidades europeias até à segunda guerra mundial. Significativamente, o nacionalismo romântico encontrou um dos seus mais sólidos fundamentos e uma das suas mais influentes razões na preeminência da palavra, considerada esta na sua manifestação comunitária como língua nacional. «Todos aqueles que falam a mesma língua», escreveu Fichte nos seus *Discursos à nação alemã*, «estão unidos entre si por uma série de laços invisíveis, simplesmente por natureza, e muito antes de qualquer artifício humano». E Mancini, o catedrático de Direito Internacional da Universidade de Turim que foi o principal teorizador do nacionalismo italiano, afirmou axiomaticamente que «a unidade da língua manifesta a unidade da natureza moral duma nação» *(apud* Alfredo Cruz Prados, 2005: 25, 28).

Compreensivelmente, alguns autores *(e.g.,* Bill Readings, 1996: 44-53 e *passim)* explicam a crise das Humanidades e a crise da própria Universidade em virtude do progressivo declínio, desde meados do século XX, da Nação-Estado. Se as Humanidades modernas foram indubitavelmente instrumentalizadas pelos políticos nacionalistas e se elas próprias contribuíram para alimentar e exacerbar os ideais nacionalistas, não é menos verdade que *the national turn* das Humanidades, com o Romantismo, correspondeu a uma necessidade histórica, social e política que o racionalismo universalista e atemporal do Classicismo e do Iluminismo não podia continuar a esconder e a menosprezar: a necessidade de estudar, de ensinar e de valorizar o património linguístico, cultural, literário, artístico, histórico, jurídico e político que cada nação europeia, desde os tempos da Idade Média, tinha constituído e desenvolvido. Se o nacionalismo, como ideologia e como filosofia política, é filho da Revolução Francesa e do Romantismo, as nações são o fruto de um plurissecular processo histórico (veja-se Josep R. Llobera, 1994). Na nossa época, quando a Europa se encaminha para a construção de modelos de integração política, jurídica, financeira e económica em que os Estados abdicam de boa parte da sua soberania, perdem força e alcance – e ainda bem – os ideais nacionalistas, mas as línguas, as culturas e as literaturas nacionais continuam a ser um património vivo irrenunciável, que não pode ser rasurado e sepultado sob a lava vesuviana de uma *koiné* linguística e cultural de tipo imperial, factícia e esterilizante. Intensificar-se-ão decerto nesta nova Europa os fenómenos de poliglotismo cultural, mas as culturas das nações europeias foram sempre o fruto de intercâmbio múltiplos, de importações e exportações de bens simbólicos, da circulação livre ou clandestina de ideias, de linguagens, de formas artísticas e de estilos de vida. Os Estados podem abdicar de uma não desprezível quota-parte da sua soberania, mas as nações não podem renunciar à sua memória linguística e cultural. As Humanidades são disciplinas que, na Universidade e em todo o sistema educativo, têm uma responsabilidade e um papel fundamentais no conhecimento, no ensino, na defesa e na difusão desse património.

Neste limiar do século XXI, as Humanidades, clássicas e modernas, devem assumir sem ambiguidades ou vacilações a sua memória cultural, académica, escolar e profissional, sabendo eliminar os resíduos apodrecidos ou mortos que se depositam com o tempo em todos os campos disciplinares, abrindo-se às inovações do conhecimento devidamente validadas, dialogando sem qualquer complexo de inferioridade com outros saberes e domínios do conhecimento, trazendo os seus contributos próprios à sociedade e à cultura contemporâneas, mesmo se – eu diria sobretudo se... – para criticar, contestar e denunciar, em termos de racionalidade e de responsabilidade intelectual, rumos por ventura hegemónicos dessa sociedade e dessa cultura que sejam ilegítimos, perniciosos e ofensivos da dignidade humana. Servir a Cidade é decerto uma missão e um dever da Universidade, se a Cidade não for confundida hipocritamente com os interesses das grandes empresas e dos poderosos grupos económico-financeiros.

A pós-modernidade não é, não pode ser, uma *stasis* da história, porque a pós-modernidade não se poderá eximir à dinâmica imprevisível da história, miticamente representada por Cronos, devorador das suas criaturas. O limiar da *pós-pós-modernidade* deve estar a madrugar, se não madrugou já, tais são as crises, as injustiças, as contradições, as mentiras e as aporias das sociedades, das economias e das culturas pós-modernas. E nesse estádio futuro e incerto da história e dos homens, as Humanidades não podem nem devem ser as vozes subalternas às quais se solicita ou se consente uma cosmética pseudocultural e pseudo-estética. Os gestores, os economistas e os políticos, com uma ou outra excepção, desaparecerão no saguão da história, mas Homero, Sófocles, Platão, Virgílio, Ovídio, Dante, Petrarca, Camões, Cervantes, Shakespeare, Goethe, Hölderlin, Hegel, Dostoievski, Baudelaire, Borges, Paul Celan, etc., continuam e continuarão a irradiar luz como astros inextinguíveis.

Bibliografia

AGUIAR e SILVA, Vítor (2004), «Reflexões tempestivas sobre a crise das Humanidades», Manuel Gama e Virgínia Soares Pereira (coords.), *As Letras/Humanidades – Presente e futuro*, Braga, Universidade do Minho, 2004.

ANDERSON, Perry (1998), *The origins of postmodernity*, London-New York, Verso.

BERMAN, Marshall (1983), *All that is solid melts into air. The experience of modernity*, London, Verso.

BERMAN, Marshall (1999), *Adventures in Marxism*, London, Verso.

BERTENS, Hans (1995), *The idea of the postmodern. A history*, London-New York, Routledge.

CESERANI, Remo (1997), *Raccontare il postmoderno*, Torino, Bollati Boringhieri.

CRUZ PRADOS, Alfredo (2005), *El nacionalismo. Una ideologia*, Madrid, Tecnos.

DOCHERTY, Thomas (ed.) (1993), *Postmodernism. A reader*, New York-London, Harvester-Wheatsheaf.

FISH, Stanley (2005), «Take this job and do it: Administering the University without an idea», *Critical Inquiry*, 31,2, pp. 271-285.

FOSTER, Hal (1985), *Recodings: Art, spectacle, cultural politics*, Port Townsend, Bay Press.

GARBER, Marjorie (2003), *A manifesto for literary studies*, Seattle, Walter Chapin Simpson Center for the Humanities.

HARPHAM, Geoffrey Galt (2005), «Beneath and beyond the «crisis in the humanities»», *New literary history*, 36, 1, pp. 21-36.

HARVEY, David (1990), *The condition of postmodernity. An enquiry into the origins of cultural change*, Oxford-Cambridge, Mass., Blackwell.

JAMESON, Fredric (1991), *Postmodernism, or, the cultural logic of late capitalism*, London-New York, Verso.

JAMESON, Fredric (1994), *The seeds of time*, New York, Columbia University Press.

JAMESON, Fredric (1998), *The cultural turn. Selected writings on the postmodern 1983-1998*, London-New York, Verso.

JENCKS, Charles (1991), «Postmodern vs. late-modern», Ingeborg Hoesterey (ed.), *Zeitgeist in Babel. The postmodernist controversy*, Bloomington-Indianapolis, Indiana University Press.

LEITCH, Vincent B. (1996), *Postmodernism – local effects, global flows*, Albany, State University of New York Press.

LLOBERA, Josep R. (1994), *El dios de la modernidad. El desarrollo del nacionalismo en Europa occidental*, Barcelona, Anagrama.

MARX, Karl e ENGELS, Friedrich (2000), *Manifiesto del partido comunista*. Traducción, introducción y notas de Jacobo Muñoz, Madrid, Editorial Biblioteca Nueva [1848].

READINGS, Bill (1996), *The University in ruins*, Cambridge, Mass.-London, Harvard University Press.

4.
Sobre o regresso à Filologia

A escolha do tema desta conferência ficou a dever-se a razões de ordem distinta, mas interligadas ou confluentes.

Em primeiro lugar, entendo esta escolha como homenagem ao Doutor Amadeu Rodrigues Torres, professor e investigador que, no seu notabilíssimo labor científico, consagrou à filologia, tal como a concebo, uma desvelada e acuradíssima atenção.

Em segundo lugar, uma razão relacionada com as políticas de reformas do ensino das Humanidades e das Ciências Humanas, durante o último meio século, nas Universidades Portuguesas, articulando uma reflexão de teor político-institucional com o testemunho da minha própria experiência como aluno e como docente.

Entre os anos de 1957 e 1962, frequentei na Faculdade de Letras da Universidade de Coimbra o Curso de Licenciatura em Filologia Românica, sem nunca ter entendido bem, talvez por insuficiência de informação adequada por parte dos insignes Mestres que foram meus professores e decerto por culpa minha na busca desse entendimento, o que significava, em termos científicos, uma «Licenciatura em Filologia Românica». Acresce que, em Outubro de 1957, exactamente aquando do início do meu curso, entrou em vigor uma reforma dos planos de estudos das Faculdades de Letras – a chamada «Reforma Leite Pinto», corporizada no Decreto n.º 44.341, de 30 de Outubro de 1957 –, que substituiu as disciplinas de Filologia Portuguesa pelas disciplinas de Linguística Portuguesa, mas manteve a denominação do curso de licenciatura: *Filologia Românica* (a par dos cursos de Filologia Clássica e de Filologia Germânica).

No início da década de setenta, em conformidade com nova legislação da responsabilidade política do então Ministro da Educação Nacional, Professor José Veiga Simão, desapareceu das especialidades de Doutoramento em Letras a designação de Filologia. No dia 11 de Fevereiro de 1972, obtive o grau de doutor pela Universidade de Coimbra na especialidade de Literatura Portuguesa, mas no volume da minha tese, intitulada *Maneirismo e Barroco na poesia lírica portuguesa,* impresso antes da publicação e da entrada em vigor do novo regime legal, ainda se lê: «Dissertação de Doutoramento em Filologia Românica, apresentada à Faculdade de Letras da Universidade de Coimbra». A nova legislação estabelecia a diferenciação entre as especialidades de doutoramento em Literatura Portuguesa e em Linguística Portuguesa e entendia-se que esta diferenciação, considerada como um sinal de modernidade científica, não era conciliável com o termo e com o conceito de Filologia.

Após os tempos de turbulência e de anomia que se seguiram à revolução de 25 de Abril de 1974, o então Ministro da Educação e Cultura, Sottomayor Cardia, elaborou e fez publicar o Decreto n.º 53/73, de 31 de Maio de 1978, que reformou profundamente os planos de estudos das Faculdades de Letras ditas «clássicas» e das Unidades orgânicas equivalentes das Universidades denominadas «novas». Ao abrigo da Lei da autonomia universitária, cada Universidade introduziu posteriormente alterações nos planos de estudos estabelecidos por aquele diploma legal, mas a lógica genérica e o ordenamento curricular do decreto de Sottomayor Cardia sobreviveram e mantêm-se, em latíssima medida, ainda em vigor. Ora deste decreto desapareceu por completo a designação de *Filologia* nos cursos de Licenciatura em Línguas e Literaturas Clássicas e em Línguas e Literaturas Modernas, que passaram a ser designados pelo termo cientificamente vazio de «Estudos» – Estudos Portugueses, Estudos Portugueses e Franceses, Estudos Ingleses e Alemães, etc. –, tendo algumas Universidades adoptado mesmo designações de tipo anglo-saxónico como cursos de Licenciatura em Português, em Inglês-Francês, etc. Nenhuma disciplina dos diversos *curricula* ou do elenco das disciplinas de opção apresenta a designação de *Filologia,* prevendo-se apenas a existência da disciplina de *Crítica Textual* como disciplina de opção no âmbito dos cursos de Licenciatura em Línguas e Literaturas Clássicas.

Na própria organização institucional das Faculdades de Letras das Universidades «clássicas» desapareceu gradualmente a designação de *Filologia* e as Universidades «novas», na sua organização departamental, nunca a adoptaram, como se se tratasse de um termo envelhecido, fora de circulação ou contaminado, que devia ser evitado e preferivelmente banido.

Depois de terem vivido, durante mais de meio século, sob o signo das ciências filológicas e de terem diplomado milhares de licenciados em Filologia Clássica, em Filologia Românica e em Filologia Germânica, as Faculdades de Letras portuguesas acomodaram-se docilmente à nova situação, como se se tivessem libertado de uma herança constrangedora.

Em terceiro e último lugar, esta escolha corresponde ao meu desejo e à minha vontade de contribuir, através de uma reflexão serena e rigorosa, para a apresentação de uma nova cartografia dos saberes e das disciplinas no domínio das Humanidades nas Universidades portuguesas, acolhendo inovações já suficientemente validadas, excluindo modas efémeras, recuperando disciplinas injustamente votadas ao silêncio ou ao esquecimento.

A leitura de uma história da filologia – ou, mais precisamente, de uma história da história da filologia, como é a obra de Pascalle Hummel intitulada *Histoire de l'histoire de la philologie. Étude d'un genre épistémologique et bibliographique* (Genève, 2002) – evidencia que o termo «filologia», ao longo dos séculos, tem veiculado significados diversos e tem designado referentes heterogéneos, com muitas polémicas e quezílias de permeio entre os próprios filólogos, ora por questões de ordem metodológica, ora por questões de ordem doutrinária e ideológica, ora por vaidades, ressentimentos e pequenos ódios. Não sei se estas polémicas e quezílias não constituirão uma espécie de pecado original da filologia, já que, como observa ironicamente Rudolf Pfeiffer, Ptolomeu I concedeu tantas liberalidades aos membros do Museu – «refeições gratuitas, soldos elevados, isenção de impostos, cercanias sumamente agradáveis, bom alojamento e criados» –, que eles tinham todas as condições para se querelarem entre si...[1]

Esta instabilidade, senão errância, semântica e referencial do significante «filologia» tem conduzido a conclusões e a juízos altamente polémicos e questionáveis. Assim, por exemplo, um ilustre filólogo como Hermann Kantorowicz, na sua obra *Einführung in die Textkritik* (Leipzig, 1921), não hesitou em afirmar que a filologia era um mito. E, mais recentemente, Bernard Cerquiglini, num livro muito inteligente e irónico que disfrutou de apreciável fortuna e que ostenta o título provocatório de *Éloge de la variante* e o subtítulo de *Histoire critique de la philologie* (Paris, 1989), definiu a filologia como uma ciência moderna que se constituiu a partir do início do século XIX, ou seja, no mesmo tempo histórico em que se teria constituído o moderno conceito de texto, tendo vindo depois esta ciência moderna do texto moderno a ser aplicada anacronicamente a objectos antigos, isto é, a textos gregos, latinos e medievais, renascentistas, etc., cuja natureza não seria comparável com a dos textos que Cerquiglini caracteriza e define como textos modernos.

Como é sabido, os termos do léxico intelectual europeu – do léxico filosófico, do léxico científico, do léxico artístico, etc. – apresentam, quer sincrónica, quer diacronicamente, importantes oscilações e variações semânticas, não sendo o uso do termo «filologia» um exemplo anómalo e muito menos único. Daí até afirmar, como têm defendido muitos prosélitos da teoria da desconstrução, que as

---

[1] Cf. Rudolf Pfeiffer, *Historia de la filología clásica*, Madrid, 1981, t. I, pp. 182-183.

palavras são significantes vazios susceptíveis de hospedarem temporariamente significados múltiplos, moventes e aleatórios, vai a distância que separa o anarquismo e o terrorismo intelectuais de um prudente, fundamentado e indispensável perspectivismo histórico.

Ao contrário do que pensam ou especulam e apregoam os intelectuais nominalistas, os termos do léxico cultural europeu, mesmo quando têm uma origem metafórica, apresentam sempre uma motivação e uma lógica intrínsecas e os estratos semânticos que neles se vão formando e sedimentando, mesmo quando discordes, contribuem para a configuração da sua identidade lexemática e condicionam sempre a evolução dos seus significados. Sob a influência de novos contextos, sob a pressão de novos paradigmas filosóficos, científicos e estéticos, em função de novas solicitações cognitivas, expressivas e pragmáticas, os termos desse léxico podem adquirir significados diversos e novas valências conceptuais e teóricas que se incorporam, de modo lábil ou de modo duradouro, no património semântico do termo.

Estas transformações e variações sémicas do léxico intelectual europeu fazem parte da tradição e da evolução do pensamento humano e por isso requerem, como acima ficou dito, um acurado perspectivismo histórico, mas não autorizam nem legitimam o radical cepticismo ou o corrosivo niilismo que, ciclicamente, alastram no campo das Humanidades.

Se analisarmos e ponderarmos o labor fundacional dos filólogos alexandrinos, os trabalhos ingentes de humanistas quatrocentistas e quinhentistas como Lorenzo Valla, Angelo Poliziano, Guillaume Budé e Erasmo e dos grandes filólogos seiscentistas e setecentistas como Nicolaus Heinsius, Richard Bentley e F. A. Wolf, se avaliarmos a revolução epistemológica e metodológica operada pela filologia romântica alemã e a consolidação filológica levada a cabo em vários países europeus pelo positivismo, se tomarmos em consideração as orientações abertas pela *nuova filologia* italiana e pela *new philology* pós-estruturalista, encontramos relevantes diferenças teóricas e metodológicas, mas encontramos também relevantes permanências e continuidades. São muito elucidativas, a este respeito, as designações de *nuova filologia* e de *new philology*, nas quais o adjectivo marca a mudança, a alteração inovadora, e o substantivo denota a permanência de um saber e de uma disciplina.

Quando Michele Barbi publicou em 1938 a sua obra *La nuova Filologia*, o que era *novo* no seu entendimento da disciplina era a reacção contra o que denominou «o historicismo totalitário», contra o biografismo factualista que confundia a verdadeira vida do poeta com a sua biografia exterior, e contra um filologismo mecanicista que queria a edição crítica sem a crítica, a *emendatio* sem a *interpretatio* e que se propunha aplicar a todos os textos a rasoira do método lachmanniano, sem a consciência de que cada texto é um caso único. A *nuova filologia* de Michele Barbi é uma filologia pós-bederiana e é sobretudo uma filologia pós-crociana, ou seja, uma filologia depurada, à luz do pensamento estético de Benedetto Croce, de máculas e escórias positivistas.

A chamada *new philology* pós-estruturalista, cujo manifesto teórico e programático, chamemos-lhe assim, foi dado a conhecer no já famoso número de Janeiro de 1990 da revista *Speculum*, é *nova*, porque, muito à semelhança da *nuova filologia* de Barbi, rejeita uma filologia fundamentalista de matriz lachmanniana e positivista e porque incorpora diversas perspectivas, orientações e propostas da teoria literária pós-estruturalista, desde a poética da desconstrução até ao chamado *novo historicismo*. Tomando em conta a relevância nas orientações neofilológicas dos conceitos do texto como movência, das variações intrínsecas dos textos, do autor como um «sujeito débil» e do editor igualmente como um «weak subject», H. U. Gumbrecht não hesitou em afirmar que a relação entre uma edição crítica neofilológica e uma edição crítica de estilo lachmanniano é uma relação de incomensurabilidade[2].

---

[2] Cf. H. U. Gumbrecht, *The powers of Philology*, Urbana-Chicago, 2003, pp. 37-38.

As razões de ser, as motivações, os objectivos e os fins de todo o labor filológico, todavia, são substancialmente idênticos ou coincidentes. Na formulação de um dos mais insignes filólogos do século XX, Erich Auerbach, «la philologie est l'ensemble des activités qui s'occupent méthodiquement du langage de l'homme, et des oeuvres d'art composées dans ce langage. Comme c'est une science très ancienne, et qu'on peut s'occuper du langage de beaucoup de façons différentes, le mot philologie a un sens très large, et comprend des activités fort différentes. Une de ses plus anciennes formes, la forme pour ainsi dire classique, et que jusqu'à ce jour est regardée par beaucoup d'érudits comme la plus noble et la plus authentique, c'est l'édition critique des textes. Le besoin de constituer des textes authentiques se fait sentir quand un peuple d'une haute civilisation prend conscience de cette civilisation, et qu'il veut préserver des ravages du temps les oeuvres qui constituent son patrimoine spirituel»[3]. Quando os textos fundacionais de uma comunidade, de um povo, de uma civilização – sejam eles religiosos, poéticos, históricos, jurídicos, etc. – sofrem as injúrias provocadas pelo tempo, pelos homens e pelos próprios processos da sua transmissão manuscrita ou impressa, quando a sua língua se corrompe e se vai tornando mais obscura para os leitores, a filologia toma a seu cargo a preservação, a reconstrução, a depuração e a compreensão desse património textual.

Como sublinha Auerbach, a filologia é uma ciência muito antiga e não uma ciência moderna constituída no dealbar do século XIX, como pretende Bernard Cerquiglini. É compreensível e era inevitável, como também observa Auerbach, que, ao longo de um milénio, a filologia, embora sem nunca denegar o seu significado etimológico, tenha seguido orientações diversas e até por vezes opostas, dando assim origem a algumas polémicas e a alguns conflitos furibundos a que os filólogos, como já anotei, parecem particularmente propensos

---

[3] Cf. Erich Auerbach, *Introduction aux études de philologie romane*, Frankfurt am Main, 1949, p. 9.

(a famosa «miséria da filologia» de que falou Nietzsche a propósito da sua controvérsia com Wilamowitz).

A mais célebre dessas polémicas – e a mais relevante em termos teóricos e metodológicos – foi a que se travou, no segundo quartel do século XIX, mas com muitos antecedentes e numerosas sequelas, entre os partidários da *Wortphilologie* e os partidários da *Sachphilologie*, representados por dois eminentes mestres alemães da filologia clássica, Gottfried Hermann e August Boeckh, respectivamente.

O projecto da *Sachphilologie*, na sua ambição totalizadora de abarcar e integrar todos os saberes – desde a língua à poesia, da história ao direito, passando pela arqueologia, pela etnografia, pela antropologia cultural, pela economia, etc. – tem a sua genealogia próxima – já que a sua genealogia distante remontará a Eratóstenes e aos filólogos polimáticos do Renascimento – na concepção iluminista da filologia como um conhecimento enciclopédico, polimático e poli-histórico, tal como é exposto na *Encyclopédie Française*: «La philologie est une espèce de littérature universelle, qui traite de toutes les sciences, de leur origine, de leur progrès, des auteurs qui les ont cultivées». Esta ideia de «literatura universal», paradoxal e eurocentricamente delimitada no tempo histórico e no espaço geocultural, centrada no mundo grego e subsidiariamente no mundo romano, viria a confluir com a noção de *Altertumswissenschaft*, de «ciência da Antiguidade», formulada desde 1807 por Friedrich August Wolf, e seria repristinada, digamos assim, como conhecimento universal com a arquifamosa definição de filologia formulada por August Boeckh na sua obra póstuma *Enzyklopädie und Methodologie der philologischen Wissenschaften* (1877, [2]1886): a filologia é o conhecimento do conhecido, *cognitio cogniti*, o conhecimento do que é produzido pelo espírito humano e que se encontra arquivado em textos.

O projecto da *Sachphilologie* tornou explícitas duas aspirações recorrentes da filologia: por um lado, a aspiração de competir com a filosofia, senão mesmo de se substituir à filosofia; por outro lado, a aspiração de incorporar a história ou de coincidir com a história. Em termos gnosiológicos e heurísticos, os projectos de Wolf e de

Boeckh têm lógica e consistência internas, sobretudo à luz do pensamento idealista do Romantismo alemão: se a filologia é o conhecimento do espírito humano, não lhe pode ser alheio nada do que esse espírito tenha criado no seu desenvolvimento histórico. Como escreveu aforisticamente Friedrich Schlegel na sua *Filosofia da Filologia*, «filologar [devia ser] utilizado como filosofar», pois que a filologia, explica, é uma parte ou, melhor, uma espécie da filosofia. Ora o conhecimento da parte requer o conhecimento do todo e vice-versa, isto é, o círculo filológico é apresentado como o modelo da construção de todo o conhecimento. «O mais pequeno filologema», afirma Fridedrich Schlegel, «é de natureza enciclopédica e não pode ser resolvido senão por um poli-historiador» e por isso mesmo «a filologia não é um *agregado* de ciências, mas um *todo*»[4].

Apesar desta lógica e desta consistência internas, o projecto grandioso da *Sachphilologie* estava votado ao fracasso, porque a diferenciação e a complexificação dos campos do conhecimento nas Universidades do século XIX o tornou progressivamente inexequível. À medida que se foram autonomizando disciplinas como a arqueologia, a antropologia cultural, a psicologia dos povos, a história da cultura, etc, a enciclopédia filológica de Boeckh ia ficando irremediavelmente esvaziada.

O triunfo da *Wortphilologie*, da filologia da palavra, da filologia do texto, no quadro das Humanidades e das ciências humanas do século XIX, tornou-se assim inevitável, porque a *Wortphilologie* obedecia a um princípio de restrição do seu campo de análise e, por conseguinte, a um princípio de especialização disciplinar e científica, consagrando-se ao estudo da língua e da literatura plasmadas em textos escritos, embora sem esquecer ou menosprezar os contributos oriundos de outras áreas do saber.

---

[4] Cf. Friedrich Schlegel, «Philolosophie de la philologie», *in* Denis Thouard (dir.), *Critique et herméneutique dans le premier romantisme allemand*, Paris, 1996, *passim*.

Por outro lado, o triunfo da *Wortphilologie*, no domínio das chamadas «filologias modernas», constituídas segundo o modelo legitimador da filologia clássica – e cujo direito à existência, em conformidade com o modelo desta última, tinha sido explicitamente reconhecido por Friedrich Schlegel[5] –, ficou a dever muito ao pensamento filológico-político do Romantismo alemão, que reconheceu na língua e na literatura nacionais as expressões mais profundas e autênticas da identidade de cada povo e de cada nação. H. U. Gumbrecht, num estudo admirável pela riqueza da informação e pela inteligência da argumentação, intitulado «Un souffle d'Allemagne ayant passé: Friedrich Diez, Gaston Paris, and the genesis of national philologies»[6], analisou a relevância central dos factores filosófico – políticos e ideológicos na origem e no desenvolvimento das filologias nacionais, ocupando-se pormenorizadamente da filologia românica francesa, que se constituiu dividida entre a admiração científica perante o modelo da filologia românica alemã – toda a filologia europeia oitocentista se rendeu à autoridade da ciência filológica germânica – e a necessidade de afirmar, contra a Alemanha, em especial depois da guerra franco-prussiana de 1870, os valores do nacionalismo francês.

A aliança da *Wortphilologie* com a história literária e com a gramática histórica, levada a cabo primeiro pelo Romantismo alemão e depois generalizadamente posta em prática, na segunda metade do século XIX, sob o signo do Positivismo, converteu a filologia na disciplina imperial dos estudos linguísticos e literários nas Universidades europeias, desde o último quartel do século XIX até cerca de meados do século XX.

---

[5] Cf. Friedrich Schlegel, *op. cit.*, p. 202.

[6] Estudo publicado na revista *Romance Philology*, XL, 1 (1986), pp. 1-37. Veja-se também o citado livro de Gumbrecht, *The powers of Philology*. Sobre a obra filológica de Gaston Paris (1839-1903), existem duas obras recentes e fundamentais: Ursula Bähler, *Gaston Paris et la philologie romane*, Genève, 2004; Michel Zink, *Le Moyen Âge de Gaston Paris. La poésie à l'épreuve de la philologie*, Paris, 2004.

Os sinais do seu declínio começaram a multiplicar-se, porém, desde os inícios do século passado, tanto no domínio dos estudos linguísticos como no domínio dos estudos literários.

No domínio dos estudos linguísticos, o *Cours de linguistique générale* (1916) de Ferdinand de Saussure, logo na sua primeira página, pôs em relevo que a filologia tinha como objecto de estudo, para além da língua, a história literária, os costumes, as instituições, etc. – por conseguinte, um objecto de estudo heterogéneo – e sublinhou sobretudo o que, do ponto de vista da ciência linguística, considerava a sua grande limitação: «elle s'attache trop servilement à la langue écrite et oublie la langue vivante; d'ailleurs c'est l'antiquité grecque et latine qui l'absorbe presque complètement»[7].

Alguns anos depois, Leonard Bloomfield traçava uma orientação semelhante à de Saussure: «The term *philology*, in British and older American usage, is applied not only to the study of culture (especially through literary documents), but also to linguistics. It is important to distinguish between *philology* [...] and *linguistics* [...], since the two studies have little in common»[8].

Saussure e Bloomfield tinham lavrado a sentença de morte da filologia no âmbito da ciência da linguística. No domínio dos estudos linguísticos, com efeito, a filologia foi ficando progressivamente confinada ao grego, ao latim, ao aramaico, ao assírio, ao francês medieval, ao anglo-saxão, ao gótico e outras similares relíquias linguísticas[9].

No âmbito dos estudos literários, a filologia positivista sofreu ataques sucessivos, desde o início do século XX, por parte de Benedetto Croce, de Karl Vossler, de Leo Spitzer, do Formalismo russo,

---

[7] Cf. Ferdinand de Saussure, *Cours de linguistique générale*. Édition critique préparée par Tullio de Mauro. Paris, 1972, p. 14.

[8] Cf. Leonard Bloomfield, *Language*, New York, 1933, p. 512.

[9] Veja-se o testemunho bem humorado de Eckehard Simon, «The case for medieval philology», *in* Jan Ziolkowski (ed.), *On Philology*, University Park-London, 1990, p. 17.

do Estruturalismo checo e da estética fenomenológica. Em 1949, na sua influente *Theory of Literature,* René Wellek e Austin Warren aconselhavam o banir do léxico dos estudos literários o termo «filologia». Acantonada no estudo das literaturas clássicas e medievais, a filologia foi-se convertendo numa espécie de *old lady,* de costas viradas para a modernidade literária, lançando anátemas contra a teoria da literatura, contra o *new criticism,* contra a *nouvelle critique,* contra o pós-estruturalismo, etc. Fundamentalista, ressentida e azeda, esta *old philology* não tomou consciência da perda do seu império e não soube ler os sinais dos tempos.

Quando a filologia, porém, se abriu à modernidade literária e dialogou com a teoria literária, com as correntes contemporâneas da estilística, da hermenêutica, da semiótica, etc., os frutos foram surpreendentes. Veja-se, por exemplo, como filólogos italianos como Maria Corti e Cesare Segre construíram um diálogo fascinante com a semiótica literária, como Peter Szondi e Jean Bollack reconstruíram as pontes entre a filologia e a hermenêutica contemporânea, como Amado Alonso e Dámaso Alonso praticaram uma fecunda relação entre os estudos filológicos e os estudos estilísticos.

A situação pós-imperial da filologia proporciona repensar serenamente o seu estatuto e o seu papel no ensino das Humanidades e, em particular, no ensino da literatura. Daí que tenha sido possível que Paul de Man, o admirável mestre da poética da desconstrução, tenha publicado em 1982 um ressonante e influente ensaio intitulado «The return to Philology» e que, muito recentemente, em livro póstumo, tenha sido publicado um ensaio de Edward Said exactamente com o mesmo título do ensaio de Paul de Man, que convalida a ideia fundamental deste sobre a filologia, mas que abre novos horizontes sobre a relação da filologia com a sociedade e com a história[10].

---

[10] O ensaio de Paul de Man foi publicado originariamente no *Times Literary Supplement* de 10 de Dezembro de 1982 e foi depois coligido na obra de Paul de Man intitulada *The resistance to theory* (Manchester, 1986). O ensaio de Edward W. Said está publicado no seu livro póstumo *Humanism and democratic criticism,* New York, 2004.

Nesta situação pós-imperial da filologia, repito, estão criadas as condições para reconhecer o papel primordial da filologia na análise do texto literário – e por conseguinte nos estudos literários, que só existem em função dos textos literários –, porque só ela garante a autenticidade autoral e a autenticidade material da letra e da forma do texto (o que é válido tanto para textos do passado como para textos contemporâneos). Sem o labor filológico, o labor hermenêutico é sempre precário, como aliás será sempre precário o labor filológico sem o labor hermenêutico – o princípio da *emendatio* sem a *interpretatio* foi um dos mais funestos erros da filologia positivista –, como explicaram, entre outros, Schleiermacher, Dilthey, Szondi e Jean Bollack.

Uma das dimensões hermenêuticas mais fecundas e mais modernas da filologia tem a ver com a leitura. Numa das geniais intuições e reflexões de Friedrich Schlegel sobre «A Filosofia da Filologia», lê-se: «Mas o que é portanto em geral a leitura? Manifestamente, algo de filológico». Boeckh, dentro da lógica do seu conceito de filologia como conhecimento do conhecido, considera a leitura como «a primeira expressão do impulso filológico»[11]. Paul de Man, no seu citado ensaio, confessa que o ponto de partida da sua actividade hermenêutica e teórica é filológico, é orientado para o texto e que a viragem *(turn)* teórica no ensino da literatura, segundo a sua perspectiva, ocorreu como um regresso à filologia, a um exame atento, acurado, minucioso, dos mecanismos filológicos e retóricos da linguagem. E Edward Said, discípulo de Erich Auerbach e, pela mediação deste, discípulo de Vico, no seu citado ensaio «The return to Philology», não hesita em escrever que «[f]or a reader of texts to move immediately, however, from a quick, superficial reading into general or even concret statement about vast structures of power or into vaguely therapeutic structures of salutary redemption (for those

---

[11] *Apud* Marco Ravera (a cura di), *Il pensiero ermeneutico. Testi e materiali*, Genova, 1986, p. 142.

who believe that literature makes you a better person) is to abandon the abiding basis for all humanistic practice. That basis is at bottom what I have been calling philological, that is, a detailed, patient scrutiny of and a lifelong attentiveness to the words and rhetoric by which language is used by human beings who exist in history. [...] Thus a close reading of a literary text – a novel, poem, essay, or drama, say – in effect will gradually locate the text in its time as part of a whole network of relationships whose outlines and influence play an informating role *in* the text» (pp. 61-62). O amor da filologia à palavra manifesta-se primordialmente nesta *close reading*, que não é intransitiva como no *new criticism*, nesta leitura acurada, vagarosa e minudente, que abre as portas à compreensão e à crítica do texto na sua *textualidade* e na sua *mundanidade (worldliness)*.

A filologia que eu denomino pós-imperial, depurada e liberta dos dogmas historicistas e positivistas da interpretação do texto pelo contexto, pela biografia e pela intenção do autor, esta filologia dialogante com a teoria literária contemporânea, esta filologia capaz de reconhecer e admitir as consequências hermenêuticas, numa perspectiva gadameriana, da exotopia e da exocronia do leitor/intérprete em relação ao texto, esta filologia que congraça a gramática e a retórica, a linguística e a literatura, a textualidade e a sua inscrição na história, deve regressar com legitimidade e com dignidade às nossas Universidades, figurando como disciplina nos planos de estudos dos cursos de graduação e pós-graduação e figurando nas especialidades de doutoramento.

Nos *corsi e ricorsi* da história, das civilizações e das instituições, há *re-gressos* que são *pro-gressos*. Assim entendo o regresso à filologia e o regresso da filologia.

5.
Genealogias, lógicas e horizontes dos estudos culturais

A relação entre cultura e literatura e entre o estudo da cultura e o estudo da literatura tem uma longa tradição nos estudos literários, em geral, e na história literária, em particular.

A ideia de que a *poesia*, como a arte e o pensamento, só se podem entender no âmbito dos processos históricos que o próprio homem criou, com o poder da faculdade que denominou *fantasia* e que se manifesta em palavras, símbolos, crenças religiosas, instituições políticas e jurídicas, etc., foi fundamentada e desenvolvida por Giambattista Vico nos seus *Princìpi di una scienza nuova* (1.ª ed., 1725; ed. definitiva, 1744) e veio a constituir um dos eixos do historicismo romântico anti-iluminista, sobretudo graças a Johann Gottfried Herder (1744-1803). Ao longo das três últimas décadas do século XVIII, Herder levou a cabo, em várias obras, uma das grandes revoluções do pensamento romântico, ao formular e justificar a concepção moderna de cultura como uma entidade objectiva – e não como uma qualidade subjectiva, tal como a caracterizara, por exemplo, Cícero (*cultura animi*) –, isto é, como um conjunto orgânico de formas simbólicas, de crenças, de valores, de tradições, de leis, de costumes, etc., que é próprio de uma comunidade social, de um povo e de uma nação. «Ser próprio», neste contexto, significa que não existe uma cultura única e universal, mas que existem, sim, culturas, no plural, incomensuráveis entre si (a radicalização política desta ideia conduziria ao conceito de *Estado de Cultura* formulado por Fichte e ao ideal de *Kulturkampf* advogado em 1871 por Bismark). *Kultur*, como substantivo soberano em relação a genitivos e a adjectivos, designa uma totalidade ideal em que se integram e de que dependem a política, a arte, a literatura, o direito, etc, e somente no seio da qual o homem se forma e desenvolve como sujeito. A *Kulturgeschichte* e a *Kulturkritik* são típicas criações do pensamento romântico e pós--romântico germânico, com derivas hegelianas, neokantianas e marxistas, desde Herder a Burckhardt, Dilthey, Simmel, Warburg, Cassirer, Benjamin e Adorno.

É fascinante o diálogo, o encontro e o desencontro, dos conceitos e dos termos *civilização* e *cultura*. O termo *civilização* é tipicamente de matriz iluminista – a civilização identifica-se com as «luzes», com o progresso em todas as suas manifestações, mas confere um indubitável privilégio aos factores políticos, científicos, técnicos, materiais – e remete, desde cerca de meados do século XVIII, para os usos e quadros semânticos da língua francesa. O termo *cultura*, tal como entendido por Herder e pelos românticos alemães, é de matriz anti-iluminista e assenta na oposição entre *Geist* (espírito) e *Natur* (natureza), concedendo uma clara primazia aos factores espirituais, ideais e imateriais, da actividade e do desenvolvimento humanos. É revelador que a obra-prima de Jacob Burckhardt, *Die Kultur der Renaissance in Italien* (1860), tenha sido traduzida para francês com o título *La civilisation en Italie au temps de la Renaissance* (1885). Tal como a famosa obra do antropólogo Edward B. Tylor, *Primitive Culture* (1871), foi intitulada *La civilisation primitive* na tradução francesa. E Fernand Braudel, para realçar bem o seu conceito anti-idealista de civilização, chegou mesmo a utilizar a expressão «civilização material», que não viria a colher aceitação, no título da sua obra *Civilisation matérielle et capitalisme* (1979).

Curiosa e algo paradoxalmente, o triunfo em França do campo lexical e do sistema conceptual dominados pelo vocábulo *cultura* ficou-se a dever em grande parte a matrizes marxistas e comunistas. Como demonstrou Pascal Ory, foi em meados da década de trinta do século XX, nesses anos de fermentação ideológica da *Frente Popu-*

lar, que o sistema conceptual *cultura, cultural, acção cultural, associações culturais, vida cultural* se enraizou e ganhou crescente difusão. É particularmente elucidativa a citação extraída por Pascal Ory da tese de doutoramento em Direito de François Bloch-Laîné, defendida alguns dias antes das eleições que dariam a vitória ao *Front Populaire*. Bloch-Laîné, um jovem jurista oriundo da área ideológica do cristianismo social, ao empregar pela primeira vez na sua dissertação o termo *cultural*, proveniente «dos escritos dos teóricos marxistas e neomarxistas», escreveu em nota: «nous emploierons fréquemment ce mauvais mot à cause de son extrême commodité»[1]. O projecto de uma *revolução cultural* fora advogado por Lenine desde 1923, o movimento comunista internacional perfilhou e dinamizou o projecto, com a criação de *associações para a defesa da cultura* e de *casas da cultura* e com a difusão da ideia de *cultura popular*. Tem inteira lógica que tenha sido André Malraux, revolucionário marxista e *compagnon de route* do movimento internacional comunista, desde a China à Espanha da guerra civil, o primeiro *Ministre des Affaires Culturelles* do General De Gaule, entre 1959 e 1969. Entretanto, alastrara desde 1946 a estratégia da política cultural da UNESCO, cada vez mais vocacionada para legitimar e sublimar as teias ambíguas da indústria da cultura.

No âmbito da história da literatura e da história da arte, pode-se afirmar que o conceito positivista, mais particularmente tainiano, de *meio*, quer no seu entendimento histórico-sociológico, quer no seu entendimento geográfico-climático – o estado geral do espírito, as instituições, os costumes, as condições da natureza física e do clima –, estabelece uma relação explícita e forte da literatura e da arte com a cultura ou a civilização, uma e outra entendidas como o

---

[1] Cf. Pascal Ory, «L'histoire culturelle a une histoire», Laurent Martin e Sylvain Venayre (eds.), *L'histoire culturelle du contemporain*, Paris, Nouveau Monde Éditions, 2005, p. 65. Pascal Ory analisara com minúcia esta questão no seu livro *La belle illusion. Culture et politique sous le signe du Front populaire*, Paris, Plon, 1994.

contexto amplo que condiciona ou que determina as obras literárias e artísticas, na sua génese, na sua morfologia e no seu significado. A *Kulturgeschichte* de Taine tal como a *Kulturgeschichte* de Burckhardt devem muito ao pensamento do idealismo alemão e, em particular, ao pensamento de Hegel, de quem Taine foi leitor e estudioso atento[2].

Em vez de meio ou de contexto cultural, pode ser utilizada a metáfora da atmosfera cultural, mas podem utilizar-se conceitos filosóficos e teoricamente mais elaborados, como ocorre na *Introdução às Ciências Humanas (Einleitung in die Geisteswissenschaften,* 1883) de Wilhelm Dilthey, com o conceito de *sistemas culturais,* que abrangem a língua, as artes, as ciências, as organizações económicas e os institutos jurídicos. As obras poéticas, exemplifica Dilthey, só podem ser entendidas, na sua natureza multiforme e na sucessão das suas manifestações, se forem analisadas à luz do correlato e circundante sistema cultural, tanto no que diz respeito à imaginação criadora como no que tange à receptividade estética. Só a investigação histórica dos sistemas culturais e o estudo geral da natureza humana, consubstanciado na antropologia, podem proporcionar a compreensão das obras poéticas[3].

---

[2] A relação de Burckhardt com Hegel é complexa, pois o próprio Burckhardt criticou o sistema hegeliano, do qual porém é indubitavelmente tributário, como demonstrou Ernst H. Gombrich (veja-se, deste autor, a obra *Breve historia de la cultura,* Barcelona, Ediciones Península, 2004, pp. 24 ss. O título da tradução espanhola não espelha com fidelidade o título original da obra de Gombrich: *In search of cultural history,* Oxford University Press, 1969). Walter Benjamin, num dos seus escritos fragmentários, observa que Ernst Bernheim, pensador alemão seu contemporâneo, estabelece uma relação originária entre o positivismo comtiano e a história da cultura, pois o positivismo de Comte considerou «o desenvolvimento intelectual geral da sociedade o único conteúdo da história» e pôs de lado a historiografia política (cf. Walter Benjamin, *La dialéctica en suspenso. Fragmentos sobre la historia.* Traducción, introducción y notas de Pablo Oyarzún Robles. Santiago de Chile, Universidad ARCIS-LOM Editores, s.d., p. 159).

[3] Wilhelm Dilthey, *Introduction to the human sciences.* Edited, with an introduction, by Rudolf A. Makkreel and Frithjof Rodi. Princeton, Princeton University Press, 1989, pp. 137-138.

Não irei alongar-me na análise da função homóloga desempenhada pelo termo e pelo conceito de *sistema* no formalismo russo, no estruturalismo e na semiótica de Lotman, pois que um *sistema aberto* importa e exporta sempre informação de e para o seu *meio*. Vou dedicar, porém, como reflexão prologal que abrirá caminho para indagações ulteriores, alguma atenção à problemática da relação entre cultura e literatura na obra de um professor e investigador português, injustamente esquecido pelas gerações mais novas, que orientou o seu labor em conformidade com um ideal ou com um modelo – será excessivo falar, em sentido técnico, de «paradigma» – *culturalista* dos estudos literários.

No ano já distante de 1933, publicou Hernâni Cidade, professor da Faculdade de Letras da Universidade de Lisboa, a primeira edição das suas *Lições de Cultura e Literatura Portuguesas*, obra que, em sucessivas edições, alcançou merecida fortuna científica e pedagógica. Nessa primeira edição, via Hernâni Cidade o estádio ainda «imperfeito», no sentido etimológico desta palavra, do livro que desejaria um dia escrever e subscrever e que caracteriza assim: «uma *história sistemática da cultura portuguesa*, em que a literatura, sem deixar de ser a actividade mental mais especialmente estudada, o fosse, todavia, no complexo espiritual em que se integra, ou seja, em suas relações com as outras actividades mentais – ciência, filosofia e arte –, observadas naqueles aspectos que melhor lhe revelassem, esclarecendo-o, o significado mais profundamente humano»[4]. Sublinhem-se os conceitos de «história sistemática da cultura portuguesa», de «complexo espiritual em que se integra» a literatura e da natureza de «actividade mental» da literatura, à semelhança da ciência, da filosofia e da arte em geral, sem referência a uma diferença específica de índole estética.

---

[4] Hernâni Cidade, *Lições de cultura e literatura portuguesas*. 1.º volume – (séculos XV, XVI e XVII), Coimbra, Coimbra Editora, [4]1959, p. 2.

Esta orientação *culturalista,* em consonância com a *Kulturwissenschaft* e com a *Kulturkritik* que tão fundo marcaram o pensamento europeu pós-positivista, desde o último quartel do século XIX até cerca de meados do século XX, caracteriza a parte mais importante, se exceptuarmos os seus estudos camonianos, da obra posterior de Hernâni Cidade: em 1945, publicou o livro *O conceito de poesia como expressão da cultura;* em 1957, deu à estampa o volume intitulado *Portugal histórico-cultural,* no qual são estudados Fernão Lopes, Camões, Fernão Mendes Pinto, Vieira, Antero, Pascoaes e Pessoa (na segunda edição, refundida e ampliada, dada à estampa em 1968, outros autores de primeira plana, dos séculos XVI, XVII, XVIII e XIX, serão também objecto de estudo); em 1960, viu a luz, no Rio de Janeiro, uma obra que, desafortunadamente, não obteve a devida difusão em Portugal, intitulada *Lições de cultura luso-brasileira. Épocas e estilos na literatura e nas artes plásticas,* cuja relevância e novidade no âmbito dos estudos interartes é justo realçar.

A matriz filosófica da correlação cultura-literatura na obra de Hernâni Cidade é neo-romântica e idealista, como revela a metáfora da *alma histórico-cultural* da Nação, associada à metáfora do *corpo geográfico nacional,* que figura na «Introdução» do livro *Portugal Histórico-cultural.* Na sua concepção neo-romântica e culturalista, o Professor Hernâni Cidade entende e valora a literatura e a arte como poderosas forças de unificação e consciencialização «do sentimento da dignidade social», ganhando assim sentido a união da história e da cultura – uma união exemplarmente consubstanciada naquelas figuras literárias que são, afirma Cidade, guias espirituais da nação e garantes, por conseguinte, do modo como esta afirma no mundo a autonomia da sua vida e da sua acção: «A literatura e a arte, neste gradual definir dum grande ser colectivo, são duas poderosas forças de unificação e consciencialização, dois grandes excitantes do sentimento da dignidade nacional. Daí a íntima união da história e da cultura, e, portanto, a possibilidade de surpreender, numa sucessão de figuras literárias, as fases por que a nação a que pertencem e de que, em certa medida, são guias espirituais, vai afirmando no mundo a autonomia do seu viver e do seu agir»[5]. Assim se alcançava, na senda da história literária romântica e pós-romântica, a legitimação ideológica e política da literatura e dos respectivos estudo e ensino.

No quadro teórico-conceptual de Hernâni Cidade, o termo hiperonímico e o conceito mais amplo são o termo e o conceito de cultura, mas o conceito mais relevante, sob todos os pontos de vista, é o de literatura, que representa a mais rica, mais profunda e mais bela floração do contexto que é a cultura.

Este entendimento da correlação da cultura e da literatura como expressões e travejamento da «alma histórico-cultural» da nação, como manifestações cimeiras do património nacional e como factores de coesão e educação do povo, apresenta afinidades óbvias com as ideias defendidas por Matthew Arnold (1822-1888) na sua célebre obra *Culture and anarchy* (1869), na qual advoga, à luz de uma visão humanista e liberal, que os valores da cultura e da literatura nacional, representada esta pelas suas obras canónicas, ao serem ensinados e transmitidos pela escola pública a alunos de origem sociocultural muito diversa, eram um factor insubstituível de coesão social e de ordenamento ético, evitando, tal como a religião, os perigos da anarquia.

A lição arnoldiana foi retomada e aprofundada, num contexto social, político e económico ensombrado por tensões e conflitos graves, por F. R. Leavis (1895-1978), que durante décadas, com o seu ensino na Universidade de Cambridge, as suas obras e a influência da revista *Scrutiny* (1932-1953), exerceu um magistério relevantíssimo nos estudos literários na Grã-Bretanha, desde o nível superior ao nível secundário[6]. O seu célebre ensaio *Mass civilization and minority*

---

[5] Hernâni Cidade, *Portugal histórico-cultural*, Lisboa, Arcádia, ²1968, p. 16.

[6] Entre as obras mais representativas de Leavis, citem-se: *Education and the University*, London, Chatto & Windus, 1943; *The great tradition*, London, Chatto & Windus, 1948; *The common pursuit*, Harmondsworth, Penguin, 1962; *The living principle: English as a discipline of thought*, London, Chatto & Windus, 1975. Sobre F. R. Leavis, as suas doutrinas e o seu magistério, *vide*: Francis

culture, publicado em 1930 e republicado em 1933 no livro *For continuity*, é uma defesa veemente da cultura no sentido aristocrático e ético-pedagógico que provinha de Matthew Arnold – «o melhor que foi pensado e dito no mundo» – e a condenação dos efeitos destrutivos que o industrialismo e a civilização de massas exerciam na cultura e na literatura contemporâneas. Leavis é uma das figuras mais representativas da *Kulturkritik* europeia das primeiras décadas do séc. XX, ao lado de Thomas Mann, Ortega y Gasset, Karl Mannheim, Julien Benda, Paul Valéry e T. S. Eliot. A *Kulturkritik* é a manifestação filosófica e estético-literária de um profundo mal-estar de um escol intelectual que, na Europa dos anos vinte e trinta do século passado, temia o declínio e a dissolução dos valores da cultura perante as transformações sociais, políticas e económicas impostas pela civilização de massas progressivamente dominante. As ameaças à cultura, como argumenta e adverte T. S. Eliot, conduzem à desintegração social, a conflitos dentro de uma comunidade e a conflitos de uma com outras comunidades e acabam por retirar sentido à própria vida, pois que «a cultura pode mesmo ser descrita simplesmente como aquilo que torna a vida digna de ser vivida». A cultura, tal como a religião, é «toda *a maneira de viver* de um povo, do nascimento à sepultura, de manhã à noite e mesmo quando dorme» [7].

Esta tradição arnoldiana, leavisita e eliotiana das inter-relações dos estudos da cultura e dos estudos da literatura, assente numa concepção de cultura como um conjunto de valores fundacionais e normativos, como um capital simbólico herdado que modelava e dava sentido «a toda a maneira de viver de um povo», segundo as citadas palavras memoráveis de Eliot, como uma comunidade de usos linguísticos, de formas de pensamento, de expressões literárias

---

Mulhern, *The moment of Scrutiny'*, London, Verso, 1979; Ian MacKillop, F. R. Leavis: *A life in criticism*, Harmondsworth, Penguin, 1995; Gary Day, *Re-reading Leavis. 'Culture' and literary criticism*, Basingstoke, Macmillan, 1996.

[7] T. S. Eliot, *Ensaios escolhidos*, Lisboa, Cotovia, 1992, pp. 122 e 125.

e de critérios de valoração estética e moral que, segundo Leavis, era necessário defender perante as ameaças da civilização industrial, entrou em declínio na Grã-Bretanha, nos finais dos anos cinquenta do século passado, com a emergência e o desenvolvimento dos *cultural studies*.

O que são, ao fim e ao cabo, os *cultural studies*, para retomar a pergunta formulada por Richard Johnson, num conhecido ensaio, há cerca de duas décadas?[8] Os estudos culturais britânicos, nos seus textos fundadores, estão relacionados de perto com os estudos literários, tendo já sido afirmado com razão que os «cultural studies began as the outcrop of an English Department»[9]. Com efeito, quer o Richard Hoggart de *The uses ofliteracy* (1957), quer sobretudo o Raymond Williams de *Culture and society 1780-1950* (1958) e de *The long revolution* (1961), considerados juntamente com o historiador E. P. Thompson *(The making of the english working class,* 1963) como os *founding fathers* dos estudos culturais, se inscrevem na tradição de uma «esquerda leavisita» que rejeita do magistério de F. R. Leavis quer o conceito elitista de «grande tradição» cultural e literária, quer a ideia da educação superior como um domínio reservado a uma minoria social e cultural, quer a visão catastrofista da cultura de massas contemporânea, mas que dele recolhe e desenvolve o princípio da relação substantiva entre a cultura, a literatura, a sociedade, a ética e a política e o princípio correlativo do empenhamento social e ético do ensino das Humanidades.

Como explica Raymond Williams (1921-1988), o projecto dos estudos culturais enraizou-se e amadureceu nas práticas da educação de adultos e em particular de adultos femininos que se desenvolve-

---

[8] O ensaio de Richard Johnson, intitulado «What is cultural studies anyway?», foi publicado na revista *Social Text,* 16 (1986-87), pp. 38-80, e está coligido na antologia de John Storey (ed.), *What is cultural studies? A reader,* London, Arnold, 1996, pp. 75-114.

[9] Cf. Michael Green, «The Centre for Contemporary Cultural Studies», John Storey(ed.), *op.cit.,* p. 49.

ram na Grã-Bretanha nos anos a seguir à guerra de 1939-1945[10], num ambiente escolar e com preocupações pedagógicas e sociais que diferiam muito dos projectos de ensino institucionalizados nos tradicionais departamentos académicos. A cultura que foi objecto de estudo e reflexão por parte de Raymond Williams, de Richard Hoggart e de E. P. Thompson era a cultura entendida como «a whole way of life» – esta fórmula utilizada por Williams na «Introduction» à sua obra *Culture and society* (p. XVIII) tem aparentes afinidades com a definição já citada de T. S. Eliot, mas o seu enquadramento sociológico e o seu alcance são profundamente anti-eliotianos –, a cultura como habitual modo de vida das pessoas comuns, abrangendo a literatura, a música, o teatro, o cinema, a rádio e outras manifestações da cultura popular consumidas pelas classes trabalhadoras. Raymond Williams reconhece que, neste projecto, havia uma inicial continuidade com os procedimentos analíticos de Leavis, mas que se cavava uma ruptura entre o projecto dos estudos culturais orientado para a constituição de uma cultura democrática e o projecto leavisita de constituição de uma minoria cultural.

Correlativamente, os estudos culturais, desde as suas primeiras manifestações, configuraram-se como um projecto de teoria e de práticas culturais e literárias marcado por um forte compromisso ideológico-político com o movimento da *nova esquerda (New Left)* e com um marxismo não-dogmático e anti-estalinista. Nesses anos finais da década de cinquenta, após a realização do XX Congresso do Partido Comunista da União Soviética, no qual foram dados a conhecer os crimes da era estalinista, e depois da invasão de Budapeste, em 1956, pelos exércitos de Moscovo, os intelectuais da esquerda radical como Raymond Williams, Richard Hoggart, E. M. Thompson e Stuart Hall, apesar das suas discordâncias mútuas – Williams, por exemplo, criticou *The Uses of Literacy* de Hoggart e Thompson, ligado por tradição familiar e por firmes convicções ao Partido Comunista britânico,

---

[10] Cf. Raymond Williams, «The future of cultural studies», *Politics of Modernism. Against the new conformists*, London-New York, Verso, 1989, pp. 152 ss.

criticou duramente as obras *Culture and society* e *The long revolution* de Williams –, procuraram elaborar um exigente e inovador trabalho teórico sobre as relações entre a cultura, a literatura, a sociedade e a economia, distanciando-se do determinismo económico do marxismo ortodoxo e construindo o que Raymond Williams viria a designar, no seu *magnum opus* teórico, *Marxism and literature,* como *materialismo cultural,* conceito que rapidamente ganhou aceitação e difusão: «In each part [do livro], while presenting analysis and discussion of key elements and variants of Marxist thinking, I am concerned also to develop a position which, as a matter of theory, I have arrived at over the years. This differs, at several key points, from what is most widely known as Marxist theory, and even from many of its variants. It is a position which can be briefly described as cultural materialism: a theory of the specificities of material cultural and literary production within historical materialism. Its details belong to the argument as a whole, but I must say, at this point, that it is, in my view, a Marxist theory, and indeed that in its specific fields it is, in spite of and even because of the relative unfamiliarity of some of its elements, part of what I at least see as the central thinking of Marxism»[11]. Com efeito, o problema teórico fundamental

---

[11] Raymond Williams, *Marxism and literature,* Oxford, Oxford University Press, 1977, pp. 5-6. Sobre o conceito de materialismo cultural, *vide:* Alan Sinfield e Jonathan Dollimore (eds.), *Political Shakespeare: New essays in cultural materialism,* Manchester, Manchester University Press, 1985; Alan Sinfield, *Faultlines. Cultural materialism and the politics of dissident reading,* Oxford, Clarendon Press, 1992; Andrew Milner, *Cultural materialism,* Victoria, Melbourne University Press, 1993; Christopher Prendergast (ed.), *Cultural materialism. On Raymond Williams,* Minneapolis-London, University of Minnesota Press, 1995; Kiernan Ryan (ed.), *New historicism and cultural materialism. A reader,* London, Arnold, 1996; Dennis Dworkin, *Cultural Marxism in postwar Britain,* Durham-London, Duke University Press, 1997; John Brannigan, *New historicism and cultural materialism,* Basingstoke, Macmillan, 1998; John Higgins, *Raymond Williams. Literature, Marxism and cultural materialism,* London-New York, Routledge, 1999.

para Raymond Williams era o da famosa relação entre a base da produção económica e as superestruturas, que em *Marxism and literature* analisa com minudente rigor filológico, comparando os textos alemães de Marx com as respectivas traduções inglesas, e com uma admirável subtileza hermenêutica, tendo como objectivo subtrair a cultura e a literatura às injunções deterministas da vulgata marxista. Contra a doutrina dogmática e reducionista do reflexo imposta por esta vulgata, Williams busca alternativas teóricas nos conceitos de *mediação* de Adorno, de *imagens dialécticas* da Escola de Frankfurt – conceitos estes, todavia, que se lhe afiguram ainda insatisfatórios –, de *homologia* de Lucien Goldmann e de *sobredeterminação* de Louis Althusser. É sobretudo, porém, o conceito de *hegemonia* formulado por Gramsci nos seus *Quaderni del carcere* que Raymond Williams analisa e explora nas suas virtualidades teorético-analíticas, quer na sua citada obra *Marxism and literature,* quer na sua obra subsequente *Problems on materialism and culture* (London, Verso, 1980). O conceito gramsciano de hegemonia corresponde a um sistema dominante de representações, de significados, de crenças e de valores que impregna toda a sociedade, que «satura profundamente a consciência de uma sociedade», e que não é a expressão superestrutural de uma estrutura económica e social, mas que é um dos processos básicos da formação dessa própria estrutura. Um processo que é continuamente recriado, defendido, modificado e adaptado, porque é também continuamente objecto das resistências e das pressões de práticas contra-hegemónicas ou alternativamente hegemónicas. A hegemonia, enquanto *cultura dominante,* está em contínua tensão com *culturas residuais* e com *culturas emergentes*. A literatura, como prática social dotada de especiais capacidades para corporizar, representar e realizar simbolicamente significados e valores, contribui poderosamente para a consolidação da cultura dominante, mas inscreve-se muitas vezes no âmbito da cultura residual e no âmbito da cultura emergente.

 Com a sua visão poliédrica da cultura, da literatura e da sociedade, Raymond Williams rasgou novos horizontes interdisciplinares para os estudos literários, que no seu pensamento ocuparam sempre um lugar central: analisou e discutiu tanto autores como Carlyle, Matthew Arnold, Dickens, George Eliot, William Morris, T. S. Eliot, D. H. Lawrence, etc., como os problemas e as manifestações da cultura de massas, da cultura popular, dos espectáculos televisivos, da escrita demótica dos jornais tablóides, etc. O que na sua obra avulta, porém, é o seu trabalho teórico, firmado num minucioso e amplo conhecimento filológico e histórico-semântico de textos literários, filosóficos, político-doutrinários, historiográficos, etc., como demonstra essa pequena obra-prima do léxico da cultura e da sociedade que é o volume intitulado *Keywords. A vocabulary of culture and society* (Oxford, Oxford University Press, 1976; 2.ª ed., 1983). O seu trabalho teórico, cujo alargado espectro se estende da cultura e da literatura às ideias e às práticas políticas, sociais e económicas, justifica bem que, após o seu falecimento, em Janeiro de 1988, Cornel West, o conhecido politólogo da Universidade de Harvard, tenha afirmado que «Raymond Williams was the last of the great male revolutionary socialist intellectuals born before the end of the age of Europe (1492--1945)»[12]. O filho do ferroviário galês, o discípulo de Leavis que acolheu do mestre a lição do significado eminentemente humanista e ético da literatura e do seu ensino, mas que dele rejeitou a apologia de uma cultura de minorias para ordenamento da sociedade, o militante que, desiludido, abandonou rapidamente o Partido Comunista britânico, o empenhado professor da educação de adultos que compreendeu, na sua experiência quotidiana, que a cultura é um dos factores básicos da sociedade e da economia, o insatisfeito socialista que, em 1966, numa decisão dolorosa, rompeu com o *Labour Party*, o professor, desde 1974, da *Chair of Drama* da Universidade de Cambridge, foi o grande artífice do pós-marxismo britânico. Raymond Williams sabia que o «socialismo real» era uma mentira e um pesadelo, mas sabia também que o capitalismo não resolvia as desigual-

---

[12] Cornel West, «In memoriam: The legacy of Raymond Williams», Cristopher Prendergast (ed.), *op. cit.*, p. IX.

dades, as injustiças e as prepotências sociais, culturais e económicas. Se, no plano da teoria cultural e da teoria literária, Williams teve a lucidez de avançar para posições pós-marxistas, em diálogo com Gramsci, Adorno, Goldmann, etc., no plano da prática política caiu no ludíbrio de tecer penosos elogios à revolução cultural chinesa.

O enfrentamento problematizador de Raymond Williams com o marxismo repetiu-se, formulado em termos ainda de maior incerteza e desconforto intelectual, com Stuart Hall (n.1932), o intelectual jamaicano que estudou em Oxford e que viria a ser, juntamente com Raymond Williams, a voz mais relevante, no plano teórico, dos estudos culturais britânicos. No seu famoso ensaio «Cultural studies and its theoretical legacies», Stuart Hall relembra que chegou aos *Cultural studies* proveniente do movimento político da *New Left*, criado em 1956, numa conjuntura histórica particularmente complexa e gravosa para as ideias marxistas: «I entered cultural studies from the New Left, and the New Left always regarded marxism as a problem, as trouble, as danger, not a solution. Why? It had nothing to do with theorical questions as such or in isolation. It had to do with the fact my own (and its own) political formation occurred in a moment historically very much like the one we are in now – which I am astonished that so few people have addressed – the moment of the disintegration of a certain kind of marxism. In fact, the first British New Left emerged in 1956 at the moment of the disintegration of an entire historical/political project. In that sense I came into marxism backwards: against the Soviet tanks in Budapest, as it were. [...] There never was a prior moment when cultural studies and marxism represented a perfect theoretical fit. From the beginning (to use this way of speaking for a moment) there was always-already the question of the great inadequacies, theoretically and politically, the resounding silences, the great evasions of marxism – the things that Marx did not talk about or seem to understand which were our privileged object of study: culture, ideology, language, the symbolic. These were always-already, instead, the things which had imprisoned marxism as a mode of thought, as an activity of critical practice –

its orthodoxy, its doctrinal character, its determinism, its reductionism and economism, which I think is not extrinsic but intrinsic to marxism; a contestation with the model of base and superstructure, through wich sophisticated and vulgar marxism alike had tried to think the relationships between society, economy, and culture»[13].

A transcrição foi longa, mas ilumina bem o trabalho teórico efectuado por Stuart Hall na fundação e na fundamentação do projecto dos estudos culturais: um trabalho, segundo as suas próprias palavras, a partir do marxismo, sobre o marxismo, contra o marxismo e tentando aprofundar e desenvolver o marxismo. Na babelização gerada pela proliferação do prefixo *pós-*, talvez seja esta uma das mais ajustadas interpretações de *pós-marxismo*.

Em 1964, constituiu-se o *Centre for Contemporary Cultural Studies (CCCS)* da Universidade de Birmingham, no âmbito do Departamento de Inglês, sob a direcção de Richard Hoggart, assessorado por Stuart Hall. Institucionalmente, o Centro foi criado como pertencente à Universidade de Birmingham, mas o seu estatuto era de relativa marginalidade, a começar pelo financiamento, que provinha sobretudo do apoio mecenático da editorial Penguin Books (a qual pagará, para além de outras despesas, o salário do próprio Stuart Hall). Tanto o

---

[13] Stuart Hall, «Cultural studies and its theoretical legacies», David Morley and Kuan-Hsing Chen (eds.), *Stuart Hall. Critical dialogues in cultural studies*, London-New York, Routledge, 1996, pp. 264-265. Este ensaio foi originariamente publicado em L. Grossberg *et al.* (eds.), *Cultural studies*, London-New York, Routledge, 1992, pp. 277-286. Sobre os problemas do determinismo marxista e sobre a necessidade de pensar a teorização marxista como um *horizonte aberto* – a determinação pela «base» em *primeira instância* e não em *última instância* –, veja-se a análise de Stuart Hall no ensaio «The problem of ideology: marxism without guarantees», recolhido na citada obra organizada por David Morley e Kuan-Hsing Chen (pp. 25-46). A concepção de Stuart Hall da teorização marxista como *open-ended* tem profundas afinidades com o pensamento filosófico-político de Ernesto Laclau, que igualmente influenciou outro relevante conceito de Hall, o conceito de *articulação* (para além da obra de Laclau, *Politics and ideology in marxist theory*, de 1977, vejam-se os ensaios mais recentes de Laclau coligidos no volume *Emancipation(s)*, London, Verso, 1996).

Departamento de Inglês como o Departamento de Sociologia olharam com desconfiança o novo Centro, que já foi comparado a um ninho de cuco astuciosamente instalado entre as áreas departamentais de Humanidades e de Ciências Sociais. A escolha de Richard Hoggart (n. 1918) foi estrategicamente acertada de modo a não suscitar conflitos com o Departamento de Inglês, onde Hoggart era docente. Após ter concluído os seus estudos na Universidade de Leeds, Richard Hoggart ensinara nas escolas de educação de adultos e no departamento *extra-mural* da Universidade de Hull. Com óbvias afinidades com o magistério de F. R. Leavis e com o espírito da revista *Scrutiny*, defendeu e praticou a articulação do estudo da literatura com o estudo de outras manifestações culturais e com o estudo das formações sociais correlacionadas. Mantendo uma posição política liberal e humanista, foi o único dos *founding fathers* dos estudos culturais que não teve militância política nem aderiu ao ideário marxista. No mesmo ano da criação do *CCCS*, publicou Hoggart, no volume colectivo *The critical moment* (London, Faber, 1964), um ensaio elucidativamente intitulado «Why I value literature», no qual realça a singular capacidade que a literatura possui de exprimir, de modo universal, «the felt sense of life» e «our common humanity». Tal como Leavis, Hoggart manifestou a sua hostilidade à «arte de massas», mas, ao contrário do mestre de Cambridge, valorizou a literatura popular e incentivou o seu estudo, como demonstra a sua já mencionada obra *The uses of literacy*[14]. É indubi-

---

[14] A primeira edição da obra de Hoggart foi publicada em 1957 (London, Chatto & Windus), mas tornou-se conhecida sobretudo através da 2.ª edição de 1958 (Harmondsworth, Penguin Books). Tanto Richard Hoggart, um crítico literário não marxista, como Raymond Williams, um crítico literário marxista, reconheceram a sua dívida intelectual em relação ao magistério de F. R. Leavis. Este facto, entre outros, suscita a questão da atitude de Leavis perante o marxismo. Leavis recusou as concepções do marxismo dogmático sobre a subordinação da esfera cultural face aos factores económicos, mas defendeu relações entre a literatura, a sociedade e a economia que têm muitas afinidades com as posições marxistas (cf. Gary Day, *op. cit.*, pp. 108 ss.)

tável que, sob a direcção de Hoggart, o *CCCS* foi uma instituição em que os estudos literários representaram a componente *major,* sem prejuízo de o próprio Hoggart, na sua conferência inaugural, ter concedido relevo a outros objectos de estudo: o cinema, a rádio, a televisão, a ficção popular de vários géneros, a linguagem da imprensa e da publicidade, a música popular sob todas as suas formas, etc.[15]

A orientação do *CCCS* modificou-se substancialmente com a saída, em 1968, de Richard Hoggart, que foi colocado em Paris como assessor do director-geral da UNESCO, e com a sua substituição por Stuart Hall, um intelectual jamaicano pertencente à esquerda marxista. Sob a direcção de Stuart Hall, o *CCCS*, como instituição de ensino pós-graduado e de investigação, continuou a utilizar instrumentos de descrição e análise oriundos da sociologia marxista da literatura e da cultura, da história cultural e da história literária na óptica do materialismo cultural, adoptou conceitos e métodos da semiótica, do estruturalismo e do pós-estruturalismo, centrou decididamente a sua atenção na cultura popular contemporânea e no fenómeno das subculturas como estilos de vida de grupos sociais e etários – a obra de D. Hebdige, *Subculture: The meaning of style* (London, Methuen, 1979), ficará como uma obra de referência neste domínio –, alargou o âmbito das suas investigações à problemática da raça, dos géneros, das sexualidades, do pós-colonialismo e do multiculturalismo e configurou-se progressivamente como um projecto de militância social e política inscrito na área da *nova esquerda,* virulentamente anticonservador, antiliberal e neomarxista. Esta evolução do Centro, que entretanto atraíra numerosos jovens investigadores, conduziu posteriormente, com toda a lógica, à sua transformação num Departamento de Estudos Culturais pertencente não à área das *Arts,* mas à área da *Social Science.* A componente *major*

---

[15] Cf. Catherine Burgass, *Challenging theory: Discipline after deconstruction,* Aldershot, Ashgate, 1999, pp. 100-101.

dos estudos literários, de genealogia leavisita e assegurada pela direcção de Richard Hoggart, acabou assim por se desvanecer[16].

Na Grã-Bretanha, afectados por uma espécie de ilegitimidade académica aos olhos das Universidades mais tradicionais, os estudos culturais institucionalizaram-se sobretudo nos *Polytechnics* e na *Open University*, de que Stuart Hall foi nomeado professor em 1979, mas nas décadas de oitenta e noventa verificou-se uma espécie de diáspora dos *cultural studies* para as Universidades dos Estados Unidos, quer com a ida de professores e investigadores britânicos para o mundo académico norte-americano – o próprio Stuart Hall, Dick Hebdige, Paul Gilroy, etc. –, quer com o regresso à América do Norte de jovens investigadores formados no *CCCS,* como foi o caso de Lawrence Grossberg, que viria a desempenhar um papel relevante na difusão inter-universitária das novas orientações.

Nesta diáspora norte-americana, os estudos culturais demonstraram bem a sua intrínseca vocação proteiforme, radicada na latitudinária extensão do conceito de cultura que acolhem e na invasiva migração que praticam para vizinhos, mas heterogéneos, campos disciplinares. Em relação aos Departamentos de Inglês, os estudos culturais beneficiaram de uma crise generalizada com raízes profundas, em parte diagnosticadas por Raymond Williams na sua famosa conferência pronunciada, em 1981, na Universidade de Cambridge, intitulada «Crisis in English studies» – coligida no volume *Writing in society* (London, Verso, 1984) –, uma crise que tinha a ver com o declínio progressivo do *new criticism,* com as polémicas originadas pela teoria francesa, em especial pela desconstrução, e sobretudo com o sentimento crepuscular e elegíaco, alimentado muitas vezes pelos próprios professores dos estudos literários, da perda e da exaustão do valor universal, simbólico e civilizacional da literatura enquanto

---

[16] E abundante a bibliografia sobre a génese e o desenvolvimento dos *cultural studies* britânicos. Veja-se sobretudo Graeme Turner, *British cultural studies: An introduction,* London, Unwin Hyman, 1990.

corpus de autores e de textos canónicos[17]. A originária militância ideológico-política dos *cultural studies* encontrou terreno propício nas *PC Wars* que agitaram o mundo académico norte-americano nas duas últimas décadas do século XX. Desenvolvendo orientações já presentes no *CCCS*, os estudos culturais metamorfosearam-se sem dificuldade, com uma típica táctica ocasionalista, em estudos feministas, em estudos étnicos, em estudos pós-coloniais, comunicacionais, antropológicos, etnográficos, etc, e só marginalmente é que os seus cultores se interessaram pela literatura e pelos estudos literários. Veja-se, por exemplo, uma das mais representativas antologias editadas sobre os estudos culturais, o volume organizado por John Storey sob o título *What is cultural studies? A reader* (London, Arnold, 1996). Não está recolhido na antologia nenhum ensaio que incida específica ou dominantemente sobre a literatura, sobre um texto literário, sobre um escritor ou que se ocupe propriamente das relações dos estudos culturais com os estudos literários. Ou veja-se o relativamente recente livro de Carlos Reynoso, professor de Antropologia, de Linguística e de Semiótica na Universidade de Buenos Aires, intitulado *Apogeo y decadencia de los estudios culturales* (Barcelona, Gedisa, 2002), que constitui uma crítica severíssima às ambições, à debilidade e à vulnerabilidade de múltipla ordem dos estudos culturais. Dando compreensivelmente uma relevância privilegiada às relações dos estudos culturais com a antropologia – o próprio subtítulo do livro, «Una visión antropológica», demarca o âmbito da sua análise crítica –, Carlos Reynoso concede também especial atenção às

---

[17] Na sua elegíaca reflexão sobre o cânone, Harold Bloom exprime dramaticamente este sentimento de desolação e perda que poderá ser a semente de uma ressurreição: «When our English and other literature departments shrink to the dimensions of our current Classics departments, ceding their grosser functions to the legions of Cultural Studies, we will perhaps be able to return to the study of the inescapable, to Shakespeare and his few peers, who after all, invented all of us» *(The western canon*, London-Basingstoke, Macmillan, 1995, p. 17).

suas relações com a sociologia e com a história, mas só pontualmente se refere aos estudos literários.

A crise dos Departamentos de Inglês nas Universidades dos Estados Unidos tem ainda uma dimensão especificamente americana que é indispensável realçar. Nas Universidades da Europa que se constituíram segundo o modelo da Universidade alemã concebida por von Humboldt, o estudo das literaturas nacionais mantinha uma relação substantiva com os valores históricos, religiosos, morais, culturais, etc., que identificavam cada nação-estado e por isso o estudo da literatura nacional desempenhava, em conformidade com o legado cultural do nacionalismo romântico e pós-romântico, uma função agregadora e revitalizadora do *ethos* nacional. Ora os Departamentos de Inglês das Universidades norte-americanas, embora tivessem vindo a leccionar também a literatura americana – e, nos últimos anos, as chamadas literaturas emergentes de língua inglesa –, centra(va)m o seu ensino e a sua investigação na literatura de outro país, a Inglaterra. Por outro lado, torna-se problemático afirmar que os Estados Unidos, com o seu multilinguismo e o seu multiculturalismo, algum dia tenham constituído uma nação-estado e decerto, por motivos de ordem endógena e exógena, cada vez mais se distanciam de tal modelo de formação política, social e cultural[18].

Os jovens que acederam à Universidade norte-americana nas décadas de oitenta e noventa pertenciam a estratos sociais e culturais muito heterogéneos, faziam parte de gerações profundamente modeladas pelos novos *media* de comunicação, pela cultura popular

---

[18] Veja-se, sobre esta problemática, o ensaio de J. Hillis Miller, «Literary and cultural studies in the transnational University», John Carlos Rowe (ed.), *"Culture" and the problem of the disciplines*, New York, Columbia University Press, 1998, pp. 47-67. Bill Readings, na sua famosa obra *The University in ruins* (Cambridge, Mass.-London, Harvard University Press, 1996), diagnostica no cerne da crise e da ruína da Universidade norte-americana contemporânea o colapso deste *rationale* ideológico que, desde von Humboldt, vinculava a Universidade à nação-estado.

e pela *McDonaldization* da vida quotidiana[19], e eram em geral portadores de um débil capital simbólico de literacia. Os estudos culturais correspondiam melhor às experiências de vida e às expectativas destas gerações do que os estudos literários centrados em Chaucer, Milton, Shakespeare, Wordsworth, Virginia Woolf ou James Joyce.

Por seu lado, muitos jovens professores de Departamentos de estudos literários deixaram de acreditar na relevância institucional, cultural e social do seu ensino e da sua investigação, vítimas de um sentimento de melancolia, desencanto e frustração, mas não quiseram perder o suposto comboio da história, nem o emprego, e assim, em vez de estudarem e ensinarem Milton, Johnson, Coleridge, Shelley, D. H. Lawrence ou T. S. Eliot, passaram a estudar e a ensinar a música popular, os *videoclips* de Madonna, as novelas radiofónicas e televisivas, a semiótica dos centros comerciais, etc. Como reconhece o insuspeito Lawrence Grossberg, os estudos culturais tornaram-se a *umbrella* dos mais desencontrados campos de estudo e ensino[20], desde os *African American studies* e os *Chicano studies* até aos *Gay and Lesbian studies,* utilizando uma *bricolage* teórica e metodológica que compreensivelmente suscitou a desconfiança, a hostilidade e a crítica por parte de sociólogos, antropólogos, historiadores, etc. A antidisciplinaridade e a adisciplinaridade põem logicamente em causa a racionalidade científica de grande parte dos estudos culturais[21].

---

[19] O termo e o conceito de *McDonaldization* foram utilizados pelo sociólogo G. Ritzer na sua obra *The McDonaldization of society* (Thousand Oaks-London, Pine Forge, 1992) para caracterizar uma sociedade que, à semelhança da cadeia de restaurantes donde deriva a palavra, é regulada pelos princípios da predição, do cálculo, da uniformização, do controlo e da eficiência.

[20] Cf. Lawrence Grossberg, «Toward a genealogy of the state of cultural studies», Cary Nelson e Dilip Parameshwar (eds.), *Disciplinarity and dissent in cultural studies,* New York-London, Routledge, 1996, pp. 131 ss.

[21] Vincent Leitch, numa comunicação apresentada ao congresso fundador da *Cultural Studies Association* (2003), enumerou ironicamente a heterogeneidade pseudodisciplinar dos estudos culturais: «[...] US cultural studies has become merely a front for a wide range of disparate enterprises. What most

O projecto de militância e de intervenção política, que impulsionou desde o início o *CCCS* e que na Grã-Bretanha se intensificou ao longo dos anos oitenta no combate ao neoliberalismo *thacherista* – Stuart Hall afirmará mesmo que o Centro de Birmingham «was politics by other means»[22] –, foi sempre uma bandeira maior dos *cultural studies* nos Estados Unidos, em oposição às políticas neoconservadoras do reaganismo e das subsequentes maiorias do Governo e do Congresso norte-americanos. Reivindicando-se das análises de Michel Foucault sobre as estratégias e os mecanismos do poder ideológico e político, os estudos culturais norte-americanos, na senda aliás do já citado texto programático de Richard Johnson, sucessor de Stuart Hall na direcção do *CCCS*, «What is cultural studies anyway?», intentam articular o empenho de conhecer, com os mais sofisticados instrumentos de análise, a organização do poder na vida social, com «an equally strong commitment to maintaining a sense of passion and political involvement»[23]. Não se trata de reco-

---

strikingly typifies this recent phase of disorganization is the rise of numerous subfields more or less associated with cultural studies such as: media studies, science studies, subaltern studies, trauma studies, whiteness studies, fashion studies, food studies, disability studies, leisure studies, narrative studies, globalization studies, indigenous studies, border studies, urban and community studies, queer studies, visual culture studies, and body studies. And I see on the conference program girl studies and age studies» *(apud* Michael Bérubé, «Introduction: Engaging the aesthetic», Michael Bérubé (ed.), *The aesthetics of cultural studies,* Oxford, Blackwell, 2005, pp. 23-24).

[22] Stuart Hall, «The emergence of cultural studies and the crisis of the humanities», *October,* 53 (1990), p. 12.

[23] Cf. Lawrence Grossberg, «The sins of cultural studies», Jan Baetens e José Lambert (eds.), *The future of cultural studies,* Leuven, Leuven University Press, 2000, p. 23. Este ensaio de Grossberg, escrito como um requisitório em defesa dos estudos culturais, constitui uma penosa demonstração das ambiguidades, confusões e contradições dos mesmos estudos culturais. Não há nenhum estudo sobre os *cultural studies* que não se ocupe da sua agenda política, explícita ou *abscondita.* Pela sua pertinência e pelo seu rigor, merecem destaque alguns desses estudos: Francis Mulhern, «The politics of cultural studies», Ellen

nhecer, segundo a lição de F. R. Leavis, as múltiplas articulações da cultura e da política, mas de instituir os estudos culturais, mais do que como análises ideológico-políticas, como práticas políticas. Ora, nos Estados Unidos, este activismo político, sem inserção num grande partido político de esquerda, ficou e fica circunscrito aos meios académicos, sem efectiva influência nas grandes correntes da opinião pública e sem expressão tangível nas grandes massas do eleitorado democraticamente interveniente[24]. Por outro lado, mesmo conhecendo-se os inevitáveis, muitas vezes ocultos ou ocultados, pressupostos e implícitos de ordem política que percorrem o discurso das ciências humanas e sociais, a investigação e o ensino nestas áreas do conhecimento não podem ser originariamente, nem em última instância,

---

Meiksins Wood e John Bellamy Foster (eds.), *In defense of History: Marxism and the postmodern agenda*, New York, Monthly Review Press, 1997, pp. 43-50; Stephen Adam Schwartz, «Everyman an Übermensch: The culture of cultural studies», *Substance*, 29, 1 (2000), pp. 104-138; Patrick Brantlinger, *Who killed Shakespeare? What's happened to English since the radical sixties*, New York-London, Routledge, 2001, *passim*. Francis Mulhern, na sua obra *Culture/Metaculture* (London-New York, Routledge, 2000), não hesita em afirmar: «Politics is everywhere in Cultural Studies. The word appears on nearly every page of the corpus» (p. 150).

[24] Veja-se sobre esta problemática a lúcida análise de Todd Gitlin, «The anti-political populism of cultural studies», Marjorie Ferguson e Peter Golding (eds.), *Cultural studies in question*, London, Sage Publications, 1997, pp. 25-38. A Universidade não pode, sem grave lesão dos seus deveres institucionais para consigo própria e para com a sociedade, confundir *fazer política* com estudar, investigar e ensinar, em conformidade com métodos e critérios de racionalidade filosófica e científica, os problemas sociais, económicos, políticos, etc. A linha de fronteira entre esses campos pode algumas vezes ser ténue, imprecisa e porosa, mas a Universidade tem de se esforçar por manter incólume e evidenciar essa linha, não abdicando da sua autonomia científica e da sua independência na produção do conhecimento. A Universidade não pode substituir a sua lamentável submissão, nalguns períodos históricos, à teologia das Igrejas pela sua sujeição à teologia e à antiteologia do desenvolvimento económico--empresarial.

orientados por objectivos de natureza política, em termos de prática e de empenhamento partidários. Não se pode erodir ou subalternizar a racionalidade do trabalho científico, condenando-a à instrumentalização por parte de práticas políticas.

Caberá, por último, fazer referência a um factor que explica em parte o êxito dos estudos culturais nas Universidades norte-americanas, sobretudo durante a última década do século XX. Acompanhando o vertiginoso crescimento que se verificou na produção das indústrias da cultura e do lazer, com um peso económico enorme, tanto em termos de mercado interno como em termos de exportação, e reflectindo o elevadíssimo consumo desses bens sobretudo pelas camadas jovens da população, organizou-se uma autêntica indústria publicitária e editorial em torno dos *cultural studies,* tendo como principal agente a editora Routledge[25]. Nas livrarias, sobretudo nos *book-stores* das Universidades, cresceram vertiginosamente os espaços consagrados à exposição e venda dos títulos bibliográficos do novo campo de conhecimentos, multiplicaram-se as revistas dedicadas aos estudos culturais, sucederam-se os *readers* e as introduções didácticas, as Universidades, constrangidas pela lógica empresarial que lhes foi imposta como condição de sobrevivência orçamental, criaram programas e centros de estudos culturais, fundiram departamentos de estudos literários com áreas de estudos culturais, abriram numerosos postos de docência nestes domínios, na busca ilusoriamente vanguardista de apoio dos grupos financeiros detentores do capital das indústrias da cultura.

---

[25] Merece ponderada leitura o subcapítulo «Routledge» da obra de Chris Rojek, *Cultural studies* (Cambridge, Polity Press, 2007), para se compreender como poderosos grupos financeiros, servidos por um hábil gestor como Bill Germano, autonomizaram e «engordaram» uma editora para ganharem milhões de dólares e de libras esterlinas com a «indústria» dos estudos culturais e depois, quando os lucros declinaram para além do aceitável, arrastados pela queda académica dos *cultural studies,* despediram o vice-presidente Germano e venderam a Routledge ao grupo Taylor & Francis.

Foi neste contexto que, em 1991, foi publicada a obra de Antony Easthope intitulada *Literary into cultural studies* (London-New York, Routledge), que merece particular atenção a todos quantos investigam e ensinam no campo dos estudos literários, porque nela são debatidas as relações entre os estudos literários e os estudos culturais e porque nela se defende programaticamente a transformação dos estudos literários em estudos culturais. Como o próprio autor sublinha, a preposição *into* do título veicula um sentido imperativo e não meramente indicativo ou opinativo, advogando-se na obra que os estudos literários estão em falência e que devem ser substituídos pelos estudos culturais. Não se trata, por conseguinte, de propor um novo paradigma para os estudos literários, mas sim de proclamar a inevitabilidade da sua obsolescência e da sua extinção. Por todas estas razões, a sua argumentação é merecedora de um exame atento[26].

As páginas iniciais da obra de Antony Easthope sobre «a construção do objecto literário» são gravemente lacunares, imprecisas e inexactas e é a partir deste requisitório inicial que se desenvolve a argumentação orientada para a sustentação da tese inscrita no título do livro. Ora a racionalidade do processo argumentativo exige que os pressupostos sejam consistentes e verdadeiros (não há que ter medo da palavra).

Não é exacto afirmar que entre 1930, data da publicação do famoso ensaio de F. R. Leavis *Mass civilization and minority culture*, e 1983, ano da publicação da obra de Terry Eagleton *Literary theory:*

---

[26] Antony Easthope, falecido em 1999, foi docente *(senior lecturer)* no Manchester Polytechnic e depois professor de Inglês e de Estudos Culturais na Manchester Metropolitan University. A obra *Literary into cultural studies* foi objecto de uma inteligente análise por António Sousa Ribeiro e Maria Irene Ramalho, no artigo intitulado «Dos estudos literários aos estudos culturais?», publicado na *Revista Crítica de Ciências Sociais*, 52/52 (Nov.l998/Fev.l999) e republicado, com ligeiras modificações, no volume organizado por Helena Buescu, João Ferreira Duarte e Manuel Gusmão, *Floresta encantada. Novos caminhos da literatura comparada*, Lisboa, Edições D. Quixote, 2001, pp. 61-82.

An introduction, «tenham sido inventados os estudos literários modernos, tenham sido institucionalizados na academia, tenham caído em crise e estejam agora a ser transformados em algo de diferente, estudos culturais» (p. 5). Os estudos das modernas literaturas europeias – no caso vertente, da literatura inglesa – iniciaram-se nas Universidades da Escócia na segunda metade do século XVIII e institucionalizaram-se, ao longo do século XIX, nas Universidades de toda a Europa[27]. Antes do famoso ensaio de F. R. Leavis, tinham-se desenvolvido nas Universidades europeias os estudos de filologia e de história literária modernas, em secções de Faculdades ou em Departamentos autónomos, com cátedras, *curricula* e graus académicos próprios. Os estudos de história literária tinham mesmo adquirido uma dominância tão imperial que, contra os seus métodos e objectivos, se constituíram, ao longo das três primeiras décadas do século XX, sobretudo em Universidades da Europa central, inovadores movimentos de poética morfológica e de crítica formalista.

Com a finalidade de demonstrar que «o paradigma dos estudos literários está defunto», Antony Easthope constrói como tipo abstracto e ideal (p. 164) um paradigma dos estudos literários que se estrutura em torno de cinco características interligadas, duas atinentes ao método e as restantes relativas ao suposto objecto de estudo (cf. pp. 10 ss. e 164 ss.). São as seguintes essas cinco características interligadas:

«1. uma epistemologia tradicionalmente *empirista;*
2. uma prática pedagógica específica, a leitura 'modernista';
3. um *campo* de estudo, que separa o cânone da cultura popular;
4. um *objecto* de estudo, o texto canónico;
5. a assumpção de que o texto canónico é *unificado*».

---

[27] *Vide* Vítor Manuel de Aguiar e Silva, «Reflexões tempestivas sobre a crise das Humanidades», Manuel Gama e Virgínia Soares Pereira (coords.), *As Letras/Humanidades. Presente e Futuro*, Braga, Instituto de Letras e Ciências Humanas/Centro de Estudos Humanísticos, 2004, pp. 15 ss. Veja-se a bibliografia aí citada.

O paradigma assim delineado identifica-se com o *new criticism* anglo-norte-americano, como se torna óbvio com a enumeração daquelas cinco características fundamentais e com explicitações e esclarecimentos que as desenvolvem, pormenorizam e complementam: o texto literário é considerado como auto-suficiente, como um «ícone verbal», que tem em si, de modo imanente, a sua própria razão de ser e o seu significado; o texto deve ser lido em si mesmo, nas suas palavras, nos seus significados, como uma entidade intransitiva que se configura como uma perfeita unidade formal e semântica; o campo dos estudos literários separa rigorosamente a tradição canónica, a alta cultura, e a cultura popular ou de massas; a obra canónica, criação da imaginação de um autor, inscreve-se como um monumento «no âmbito da unidade mais larga do cânone inter-subjectivo» e em ruptura ou divórcio com «os textos colectivos da cultura popular»; diacronicamente, os estudos literários «procede(m) tanto quanto possível na base do *frozen syllabus»,* isto é, do programa fixo que representa o passado como uma ordem ideal; no tocante ao género, «a identidade do género do estudo literário permanece tacitamente, mas esmagadoramente, masculina»; o cânone dos estudos literários pertence à tradição de alta cultura de uma literatura nacional; os estudos literários fundam-se, em termos de identidade de classe, na definição de uma classe dominante; os estudos literários estabelecem relações sobrepostas entre o domínio estético e o cânone literário, entre o cânone e o texto, entre o texto e o autor e entre o autor e o leitor; os estudos literários «estabelecem o seu sujeito em relação a um *centro*» ao qual ele, sujeito, «tem acesso aparentemente sem mediação»; os estudos literários configuram-se como «uma coerente, unificada e *separada* disciplina», representando na sociedade disciplinar «uma separação institucional entre o académico e o comum», reproduzindo-se esta separação institucional e esta distinção categorial de modo massivo na prática discursiva dos estudos literários (Easthope sublinha o «facto básico» de os livros que é obrigatório ler para alcançar graus académicos não serem lidos por mais ninguém, em nenhum lado).

O grave problema global da argumentação da obra de Antony Easthope é identificar «o paradigma do estudo literário» com o paradigma configurado com o *new criticism,* sendo agravada ainda esta identificação com análises inexactas e redutoras do *new criticism.* Com efeito, não é exacto, por exemplo, afirmar que o *new criticism* depende de «uma epistemologia tradicionalmente *empirista»,* embora nalguns autores do *new criticism* – *e.g.,* em I. A. Richards – ocorram elementos que derivam de uma epistemologia empirista. Nos grandes representantes, porém, do *new criticism,* em W. K. Wimsatt e em Cleanth Brooks, e no próprio T. E. Hulme, apesar das suas afinidades clássicas, existe uma marca profunda da estética do idealismo alemão, de Schiller, de Schelling e de Friedrich Schlegel – influência veiculada muitas vezes através de Coleridge –, que é inconciliável com a epistemologia do empirismo; o conceito de texto literário como unidade organicamente estruturada que, enquanto tal, exige uma adequada leitura, para além de uma remota genealogia aristotélica, releva sobretudo também da influência do idealismo romântico, de Goethe a Coleridge[28].

Ora o *new criticism,* embora apresente algumas afinidades com o formalismo russo, com o estruturalismo checo e com a estilística germânica, não é identificável, nos seus fundamentos, na sua conceptologia, nos seus métodos e nos seus objectivos, com estes outros movimentos de teoria e de crítica literárias, de modo que seja possível afirmar que todos eles constituem em rigor um paradigma dos estudos literários.

Em relação ao formalismo russo, por exemplo, um estudo comparativo com o *new criticism* foi já efectuado por Ewa M. Thompson

---

[28] Sobre a presença da poética do idealismo romântico no *new criticism,* veja-se: W.K.Wimsatt, *Hateful contraries. Studies in literature and criticism,* Lexington, University of Kentucky Press, 1966, capítulo intitulado «Horses of wrath: Recent critical lessons»; *id., Day of the leopards. Essays in defense of poems,* New Haven-London, Yale University Press, 1976, capítulo intitulado «Battering the object». Sobre o empirismo e o *new criticism,* cf. Art Berman, *From the new criticism to deconstruction. The reception of structuralism and post--structuralism,* Urbana-Chicago, University of Illinois Press, 1988, capítulos 1 e 2.

na sua obra *Russian formalism and anglo-american new criticism. A comparative study* (The Hague-Paris, Mouton, 1971) e, não obstante algumas lacunas de que padece, este estudo pôs em relevo diferenças importantes: o formalismo russo representa uma orientação neopositivista – foi Boris Eikhenbaum quem, ao expor a teoria do método formal, assinalou como fundamental a «exigência de uma atitude científica e objectiva em relação aos factos», donde derivava «o novo *pathos* do positivismo científico que caracteriza os formalistas» –, enquanto o *new criticism* representa uma orientação idealista. Acrescentemos a esta distinção de ordem geral, e com ela correlacionadas, outras diferenças relevantes: o formalismo russo, como o estruturalismo checo, tem epistemológica e metodologicamente uma fundamentação linguística, de matriz saussuriana, que está ausente do *new criticism;* a fenomenologia de Husserl, outro dos grandes pilares filosóficos do formalismo russo e do estruturalismo checo e fundamentante de alguns dos conceitos nucleares e mais controversos do formalismo russo – em particular, o conceito de «literariedade» –, é desconhecida do *new criticism;* o formalismo russo, com a sua concepção sistémica da literatura, desenvolvida sobretudo na última fase da sua actividade, nunca separou de modo rígido, com uma fronteira inamovível, o *corpus* da literatura canónica da literatura julgada não-canónica, pondo em evidência que entre o centro e as margens do sistema literário existe um trânsito contínuo de canonização e descanonização de obras literárias e que entre o sistema literário e o seu entorno extra-sistémico ocorrem importantes fluxos de saída e de entrada que obrigam a relativizar o próprio conceito de «facto literário».

Se alargarmos a análise a outras orientações da teoria e da crítica literárias, mais ressalta a natureza clamorosamente redutora do conceito de «paradigma dos estudos literários» elaborado e utilizado por Antony Easthope. Bastará pensar no estruturalismo da Escola de Praga e na importância central que confere à articulação das estruturas literárias com as estruturas históricas e sociais; na poética de Mikhaïl Bakhtine, nos seus conceitos de carnavalização da escrita e de heteroglossia dialógica entre a alta literatura e a literatura popular; na poética, na história e na crítica literárias de G. Lukács, de Walter Benjamin, de Galvano Della Volpe, de Lucien Goldmann, etc., cumes do pensamento marxista nos domínios da estética e das sociologia da literatura; no estruturalismo francês – de cujas teorias os *cultural studies* são largamente devedores –, na semiótica literária italiana e na semiótica soviética; na estética da recepção, na crítica de resposta do leitor, na pragmática da literatura, etc., etc. Esta visão miopemente anglocêntrica e sobtretudo americanocêntrica *do* paradigma dos estudos literários, dogmaticamente desenhada a traço grosso, ainda por cima com inexactidões, permite a Easthope criticar com um simplismo abusivo o objecto e o método dos estudos literários.

Como era expectável, em relação ao objecto de estudo – a literatura –, Easthope invoca tutelarmente a famigerada certidão de óbito lavrada por Terry Eagleton no seu livro *Literary theory: An introduction* (1983; 2.ª ed., 1996). Este obituário é apenas um episódio tardio de uma longa sucessão de elegias e epitáfios sobre a arte, a literatura, a estética, a teoria da literatura, a história, o homem, etc. Tem uma genealogia múltipla, filosoficamente heterogénea, esta sucessão de elegias e de epitáfios sobre o fim da arte e da literatura – elegias e epitáfios que ora exprimem uma constatação melancólica, ora revelam uma visão angustiosa do mundo contemporâneo, ora traduzem uma enigmática hostilidade. Como observa Eva Geulen, poucos *topoi* na cultura moderna têm usufruído de tão duradoura vida, desde Hegel até às vanguardas históricas, passando pelos neopositivistas que se apropriaram, para erodir e dissolver os conceitos de arte e de literatura, das ideias de Wittgenstein sobre o anti-essencialismo do significado das palavras e as «semelhanças de família», desde a visão apocalíptica de Adorno até aos lugares-comuns e trivialidades dos neopragmatistas e pós-modernistas coevos[29].

---

[29] Eva Geulen, *The end of art. Readings in a rumor after Hegel*, Stanford, Stanford University Press, 2006, pp. 1 ss. Para utilizar o título de uma recente obra de Jacques Rancière, existe desde há anos um profundo «mal-estar na

O obituário da literatura lavrado por Terry Eagleton, como outros obituários similares, não pode nem deve ser aceite *prima facie,* contra a evidência de que o conceito de literatura, sem prejuízo da sua relativização diacrónica e sincrónica, não é uma invenção arbitrária ou puramente nominalista. O próprio Terry Eagleton reconheceu o exagero das suas posições nesta matéria em entrevista recente[30] e na sua obra *The illusions of post-modernism* levou a cabo uma defesa do essencialismo que, em termos de racionalidade congruente, se deve aplicar também à literatura, às obras e aos textos literários[31]. Epistemologicamente, não se pode utilizar um ocasionalismo proteiforme, aceitando nuns casos uma determinada concepção da realidade e dos processos de conhecimento e, noutros casos, defendendo uma posição radicalmente diversa ou mesmo oposta.

Antony Easthope não se contenta, porém, com reiterar o *topos* da morte ou da não-existência da literatura, dissolvida entre a multiplicidade das práticas discursivas e significantes, a regular e a estudar por uma imperialista retórica. Para o êxito da sua estratégia argumentativa, tornava-se indispensável desacreditar a secular tradição humanística que realça os benefícios antropológicos, éticos e sociais do conhecimento da literatura e que teve na Grã-Bretanha entre os seus mais autorizados e influentes porta-vozes Matthew Arnold e F. R. Leavis. Para alcançar esse objectivo, recorre ao prestí-

---

estética», com diagnósticos da crise, requisitórios, condenações (*Malaise dans l'esthétique*, Paris, Galilée, 2004). Por outro lado, têm-se multiplicado as apologias da beleza artística, da estética e até de um novo esteticismo.

[30] Veja-se Manuel Barbeito, «Encontros com Terry Eagleton em Compostela», *Boletín Galego de Literatura*, 24, 2 (2000), pp. 145 ss.

[31] Terry Eagleton, *The illusions of postmodernism*, Oxford, Blackwell, 1996, p. 97: «Essentialism in its more innocuous form is the doctrine that things are made up of certain properties, and that some of these properties are actually constitutive of them, such that if they were to be removed or radically transformed the thing in question would then become some other thing, or nothing at all. Stated as such, the doctrine of essentialism is trivially, selfevidently true, and it is hard to see why anyone would want to deny it.»

gio de George Steiner – que cita truncadamente, em segunda mão – e à sua célebre denúncia dos carrascos que inventaram e administraram Auschwitz e que teriam sido educados para ler Shakespeare e Goethe. Em rigor, o que George Steiner reconhece, com espanto e angústia, é que os campos da morte de Dachau, Buchenwald e Auschwitz foram possíveis, porque toda a educação mais rica e toda a alta cultura conviveram cumplicemente com a barbárie e a selvajaria: as bibliotecas, os museus, os teatros, as universidades, os grandes centros de investigação, na área das Humanidades e na área das ciências, prosperaram à sombra dos campos de concentração; a temporada de música de câmara de Beethoven, orgulho de Munique, não era perturbada pela proximidade de Dachau; Hans Frank, um dos altos responsáveis pela «solução final» na Europa de leste, era um conhecedor exigente e até um bom intérprete de Bach e de Mozart; entre os verdugos das câmaras de gás, havia admiradores de Goethe e apaixonados leitores de Rilke; próximo de Weimar e da sua luminosa herança cultural, ficava Buchenwald; a pouca distância de Dachau, escreveu Heidegger, sem que a mão lhe vacilasse, a leitura mais perfeita de Hölderlin[32].

Na visão antropológica e historicamente pessimista de Steiner, de tão funda melancolia como a alegoria benjaminiana do *anjo da história*, a literatura e a poesia não transformam moralmente o homem, mas o mesmo se pode dizer da música, da filosofia, do direito, da pintura, da física, da química, etc. Em certos períodos da história, a chamada alta cultura sofreu uma cegueira apocalíptica, o que não significa que as grandes e imorredouras vozes defensoras da dignidade humana, da justiça, da liberdade e da emancipação do homem, não sejam vozes da «alta literatura», de Sófocles a Dante, de Shakespeare a Balzac, de Hölderlin a Dostoievski, de Albert Camus a José Saramago. O problema não reside na literatura, na arte, na filo-

---

[32] Cf. George Steiner, *Dans le château de Barbe-Bleue. Notes pour une redéfinition de la culture*, Paris, Gallimmard, 1986, sobretudo pp. 76, 90-91 e 100.

sofia e na ciência; o problema reside no homem e nas malhas que a história tece. Os soldados americanos que torturaram, humilharam e mataram prisioneiros no Vietnam e no Iraque talvez nunca tenham lido Walt Whitman, Faulkner ou Philip Roth, mas absorveram decerto a «cultura popular» que lhes proporcionaram as «indústrias da cultura». Como reconheceu Terry Eagleton, com honestidade intelectual, «a arte não elitista, como é a cultura de massas, pode ser muito mais reaccionária do que as *belas artes*»[33].

A afirmação de Antony Easthope de que os estudos literários «delimitaram um campo particular para eles próprios, a grande tradição cultural ou canónica, excluindo dela os textos da cultura de massas ou popular», só é sustentável com a redução do paradigma dos estudos literários ao *new criticism,* pois que ela é invalidada, por exemplo, como já foi dito, pela relevância reconhecida pelo formalismo russo à dinâmica existente entre o centro e as margens do sistema literário; pela importância concedida pela história literária aos autores *minores;* pela atenção prestada pela poética de Bakhtine à paródia e à escrita e à voz carnavalescas; pelo interesse manifestado pela sociologia da literatura e pela semiótica literária relativamente à literatura *kitsch,* à paraliteratura, à literatura popular e à literatura de massas.

Não vou reabrir aqui a «guerra do cânone», mas tão-só sublinhar que o cânone, entendido como uma constelação de autores e de obras aos quais se confere, num dado período histórico e no âmbito de uma determinada literatura, superlativos valor, prestígio e autoridade – parece-me excessivo caracterizar o cânone como uma «estrutura legislativa»[34] –, é um conceito necessário e inevitável na dinâ-

---

[33] Veja-se a entrevista citada na nota 30, p. 147. Terry Eagleton não hesita em afirmar: «Sospeito de calquera que cre que o estético é inherentemente positivo ou negativo».

[34] É nestes termos jurídicos que, por exemplo, Fausto Curi define o cânone na sua obra *Canone e anticanone. Studi di letteratura*, Bologna, Edizioni Pendragon, 1997, p. 7.

mica criadora e recepcional das artes e, em particular, da literatura. O cânone é um conceito historicamente construído, que tem como objectivos fundamentar e legitimar o próprio funcionamento da literatura e regular ou disciplinar as variações do gosto, dos valores e dos juízos literários, mas que é móvel e alterável em virtude de múltiplos factores que impelem o cânone a *in-corporar* e a *ex-corporar* normas, convenções e modelos de escrita e de representação e, por conseguinte, a incluir ou excluir autores e obras. O *new criticism*, que Easthope procura denegrir como dogmático e fixista na sua concepção da literatura canónica e na respectiva prática pedagógica, levou a cabo exactamente uma importante revisão do cânone, introduzindo nos *curricula* dos Departamentos de Inglês e impondo na cultura literária em geral como autores canónicos, na senda de alguns famosos ensaios de T. S. Eliot, os poetas metafísicos ingleses – em particular, John Donne –, e desvalorizando ou descanonizando Milton, os poetas românticos e os poetas vitorianos. Curiosamente, os «novos críticos», ideologicamente conservadores, coincidiram substancialmente nas suas revisões do cânone da literatura inglesa com o progressista F. R. Leavis, convalidando esta convergência, como sublinha John Guillory, a conclusão de que «a positive or negative valuation of a work does not necessarily imply a corresponding affirmation or rejection of the "ideology" expressed in the work»[35].

Em relação aos métodos dos estudos literários, Easthope limita-se a expor sumariamente, com o reducionismo habitual, o modelo da leitura imanente do *new criticism,* como se os estudos literários obedecessem necessariamente ao modelo da *close reading.* Para além de inverdades óbvias, como afirmar, por exemplo, que os estudos literários desconhecem ou rejeitam como objecto de investigação a literatura contemporânea – como se a dogmática da história literária positivista continuasse a imperar nas Universidades –, que os estu-

---

[35] John Guillory, *Cultural capital. The problem of literary canon formation*, Chicago-London, The University of Chicago Press, 1993, p. 135.

dos literários se confinam às literaturas nacionais – como esquecer ou rasurar a vocação «católica» da teoria da literatura e da literatura comparada? –, que os estudos literários não praticam a interdisciplinaridade – como não lembrar as suas relações interdisciplinares com a linguística, com a filosofia, com a sociologia, com a psicanálise, etc? –, que os estudos literários não analisam o significado e o valor do texto literário mediante uma relação dialéctica entre o leitor e o texto – como ocultar a hermenêutica de matriz gadameriana, o modelo de cooperação interpretativa proposto por Umberto Eco, a fenomenologia da leitura advogada por Wolfgang Iser? –, para além destas inverdades óbvias, Antony Easthope enuncia apenas algumas afirmações gerais e vagas sobre o método dos estudos culturais[36].

E aqui chegados, defrontamo-nos com o problema de fundo dos estudos culturais: propondo-se um objecto de estudo confuso, difuso, heteróclito, sem fronteiras definidas, que pode ir do texto paraliterário à *soap opera,* de uma passagem de moda à música *rock,* dos fenómenos da cultura popular aos comportamentos das subculturas, do cinema à publicidade, das práticas sexuais às atitudes étnicas, etc., os estudos culturais não construíram um método que delimite e configure a sua disciplinaridade e, através desta, a sua multidisciplinaridade e a sua interdisciplinaridade. Condenados à antidisciplinaridade e à adisciplinaridade, os estudos culturais, como já ficou dito, fabri-

---

[36] É interessante lembrar, como faz Geoffrey Galt Harpham, que o antropólogo Clifford Geertz, «under whose benign aegis «cultural studies» arose in North America over a generation ago», «was famously influenced by the New Critics, and tried to apply their practice of close reading to the practices that he encountered in the field, which he described as a «rich ensemble of texts». «Doing ethnography», he said, «is like trying to read (in the sense of 'construct a reading of') a manuscript» *(The language alone. The critical fetish of Modernity,* New York-London, Routledge, 2002, p. 217). Os estruturalistas franceses, em especial Roland Barthes, e os próprios pós-estruturalistas influenciaram os *cultural studies* nas suas análises dos fenómenos da cultura como *textualidades.*

caram uma *bricolage* mais ou menos compósita e heterogénea de teorias e métodos – ou, antes, de fragmentos de teorias e métodos –, mas não elaboraram nem uma epistemologia nem uma metodologia comparáveis em rigor e densidade às do formalismo russo, do estruturalismo checo, do estruturalismo francês ou da desconstrução. Com um objecto material tão magmático e tão heterogéneo, sem nunca terem alcançado construir um objecto epistémico de análise, os estudos culturais nunca poderiam ter elaborado um método congruente, com um quadro teórico adequado e com conceitos rigorosos, claros e operatórios. Terry Eagleton, no seu livro ironicamente intitulado *The idea of culture* (Oxford, Blackwell, 2000), enumera e comenta com um humor cruel as numerosas, desencontradas e opostas ideias de cultura que circulam na sociedade moderna e contemporânea, daí retirando as óbvias consequências negativas para os estudos culturais. Comentando as análises elaboradas pelos *cultural studies* sobre a dita arte lírica e musical de Madonna, Camille Paglia escreveu corrosivamente que essa torrente de publicações académicas «is of deplorably low quality. It is marked by inaccuracy, bathos, overinterpretation, overpoliticization, and grotesquely inappropriate jargon borrowed from pseudotechnical semiotics and moribund French theory. Under the misleading rubric 'cultural studies', intensely ambitious but not conspicuously talented, learned, or scrupulous humanities professors are scrabbling for position by exploiting pop culture and sensitive racial and sexual issues for their own professional purposes»[37].

A inconsistência teórica e metodológica dos estudos culturais, que possibilitou uma fraude intelectual tão ressonante e tão deprimente como o denominado «*affaire* Sokal» [38], tornou-se escandalosa quan-

---

[37] Camille Paglia, *Vamps and tramps*, London, Penguin, 1995, p. 372.

[38] Alan Sokal, professor universitário de física, enviou para publicação na revista *Social Text* um artigo mistificador sobre as pretensas relações existentes entre teorias das ciências da natureza e orientações ideológicas e posições sociais. O artigo, depois de submetido à avaliação de *experts*, foi publicado

do nas suas auto-proclamadas abertura, porosidade e versatilidade adisciplinares, o movimento incorporou a vaga do pós-modernismo, numa insólita coabitação do pós-marxismo, mesmo *light*, com teorias e especulações que proclamam o fim da história e que colocam entre parênteses, ou simplesmente ignoram, as *articulações* histórico-sociais e político-económicas dos fenómenos culturais[39].

Os estudos culturais, sobretudo nas suas práticas trivializantes, acabam por se enredar numa espécie de pântano teórico, cognitivo e metodológico, que se encontra pateticamente expresso na página final da obra de Antony Easthope, quando este afirma que a crise do humanismo, sucedendo-se ao colapso dos estudos literários, proporcionará «uma oportunidade para caminhar para um novo paradigma associado a uma intervenção radical cujas consequências é difícil prever» (p. 181)[40]. Afinal, o paradigma dos estudos culturais

---

(«Transgressing the boundaries. Toward a transformative hermeneutics of quantum gravity», *Social Text*, 46-47(1996), pp. 217-252). Sokal, logo a seguir, denunciou a sua fraude e o logro em que caíra a revista *Social Text*, num artigo publicado noutra revista, *Lingua Franca*. No ano seguinte, o escândalo ampliou-se com a publicação do livro de A. Sokal e J. Bricmont, *Impostures intellectuelles*, Paris, Odile Jacob, 1997 (depois publicado noutras línguas).

[39] O conceito de articulação, de genealogia gramsciana, é fundamental no pensamento de Stuart Hall e, de modo geral, na teoria dos estudos culturais. Veja-se, sobre a problemática teórica e metodológica da articulação, Jennifer Daryl Slack, «The theory and method of articulation in cultural studies», David Morley e Kuan-Hsing Chen (eds.), *Stuart Hall. Critical dialogues in cultural studies*, London- New York, Routledge, 1996, pp. 112-127. Nesta mesma obra, figura uma importante entrevista com Stuart Hall, conduzida por Lawrence Grossberg, sobre esta questão, sob o título de «On postmodernism and articulation» (pp. 131-150). O conceito de articulação permite caracterizar uma formação social na sua moldura contextual, sem cair nas armadilhas do reducionismo e do essencialismo.

[40] A «intervenção radical» a que se refere Easthope reconduz-nos mais uma vez ao problema da politicização directa e prática de algumas orientações dos estudos culturais. É bem elucidativo da confusão entre investigação e ensino académicos e militância político-partidária o episódio que o próprio Easthope narra acerca de uma pretensa especialista do Renascimento que, na primeira

não está ainda constituído. E o leitor confronta-se então com esta afirmação de consequências devastadoras para a tese defendida ao longo da obra de Easthope e ilustrada quer com exemplos da teoria literária de William Empson e de F. R. Leavis, quer com exemplos da política europeia, desde previsões erradas de Lenine até à imprevista implosão dos regimes comunistas na Europa de leste: «The present is always misread» (p. 181). Mas os estudos culturais centram-se no presente, esgotam-se no presente, proibem o estudo do passado – e daí a sua relação conflitiva com o *New Historicism* –, a menos que esse passado seja inscrito no presente e «lido» como se fosse um «texto» do presente.

Reconhecer que o presente não pode ser conhecido com segurança e rigor e ter como objecto de estudo a cultura do presente é a confissão da falência cognitiva, teórica e metodológica do programa dos estudos culturais, sobretudo na sua evolução pós-moderna, adulterando e até rasurando a sua matriz neomarxista ou pós-marxista e o magistério dos seus *founding fathers,* em particular de Raymond Williams.

Após «o ruído e a fúria» dos primeiros anos da sua difusão em Universidades norte-americanas e também australianas e asiáticas, após as grandes expectativas da sua implantação institucional em programas, centros, departamentos e cursos de pós-graduação, a regressão global do projecto dos *cultural studies* tornou-se manifesta a partir de meados da década de noventa, sobretudo após a sua nunca clarificada aliança com o pós-modernismo. A meu ver, os estudos culturais, ao longo das duas últimas décadas do século XX, incorreram em dois erros estratégicos fundamentais: em primeiro lugar, num radicalismo populista pseudomarxista, abriram uma guerra que não podiam ganhar com a grande tradição da cultura, da poesia e da literatura do Ocidente, não entendendo que ao longo

---

reunião do grupo «Literature/Teaching/Politics», realizada em Cambridge em 1981, terá afirmado: «I want to teach Shakespeare in a way which will help bring down Thatcher» (p. 179).

dos tempos e sobretudo ao longo da própria modernidade burguesa, as vozes da liberdade, da justiça, da ética, da consciência crítica, da revolta e do sonho dos homens, têm sido e continuam a ser as vozes dos grandes poetas, entendidos como sinédoques dos criadores artísticos; em segundo lugar, numa imprudente ambição institucional, «invadiram» os territórios institucionalmente vizinhos de disciplinas como a Sociologia, a Antropologia, a História, a Economia, as Ciências da Comunicação, etc., para não falar dos Estudos Literários, originando conflitos que, em instituições como as Universidades, só poderiam acarretar-lhes hostilidade e descrédito. Num dos ensaios mais lúcidos que conheço sobre os estudos culturais, Stephen Adam Schwartz afirma que, no âmbito dos departamentos de Francês, «cultural studies has proven to be something of a Trojan horse»[41]. *Mutatis mutandis,* a afirmação é válida em relação a quaisquer outros departamentos de línguas e literaturas modernas.

Tudo ponderado, penso que os estudos culturais, dentro da orientação que lhes foi imprimida pelos seus *founding fathers,* em particular por Raymond Williams e por Richard Hoggart, e incorporando alguns dos seus desenvolvimentos ulteriores mais relevantes – penso sobretudo em Stuart Hall e em Dick Hebdige –, sem tentações imperialistas relativamente às ciências humanas e sociais, fazem falta à investigação e ao ensino universitários. Tem de se reconhecer que os estudos culturais contribuíram para renovar e revitalizar a teoria, a crítica, a sociologia e a história literárias, graças às análises neo-marxistas das articulações sociais, ideológicas e políticas dos fenómenos culturais e literários; estabeleceram e desenvolveram relações particularmente fecundas com campos disciplinares mais homogéneos e delimitados como a crítica feminista e os estudos pós-coloniais; chamaram a atenção, mesmo se muitas vezes de modo radical, para a importância, na dinâmica do polissistema cultural e literário, das

---

[41] Stephen Adam Schwartz, «Everyman an Übermensch: The culture of cultural studies», *Substance,* 29, 1 (2000), p. 128.

margens, das fronteiras, dos interstícios e dos factores extra-sistémicos; puseram em relevo o papel, nas sociedades contemporâneas, do fenómeno das subculturas e das manifestações da cultura popular; analisaram e desvelaram as estratégias, os instrumentos de poder e os compromissos político-económicos e ideológicos das indústrias da cultura, na senda dos horizontes de reflexão abertos por Adorno e Horkheimer.

O diálogo dos estudos culturais e dos estudos literários, nas suas especificidades, nas suas diferenças, nas suas complementaridades e nas suas iluminações mútuas, só pode ser enriquecedor para ambos os campos, mas, como qualquer diálogo autêntico, tem de obedecer a princípios elementares: tem de excluir a rendição e, no limite, o assassínio de um dos parceiros dialógicos[42].

---

[42] É esta também a posição defendida por Rita Felski no seu ensaio «The role of aesthetics in cultural studies», Michael Bérubé (ed.), *The aesthetics of cultural studies*, Oxford, Blackwell, 2005, pp. 40-41. A presente reflexão sobre os *cultural studies* de matriz anglo-saxónica pouco tem a ver com outra orientação dos estudos culturais cultivados em países como a Itália, a Áustria e a Alemanha e cuja genealogia remonta à *Kulturwissenschaft* germânica. Sobre esta vertente dos estudos culturais, que apresenta nalguns casos múltiplas afinidades e intersecções com os *cultural studies,* veja-se: Paul Bishop e R. H. Stephenson (eds.), *Cultural studies and the symbolic,* Leeds, Northern Universities Press, 2003; Christina Lutter, Markus Reisenleitner, *Cultural studies. Un'introduzione.* A cura di Michele Cometa. Milano, Bruno Mondadori, 2004; Michele Cometa, *Dizionario degli studi culturali,* Roma, Meltemi, 2004; Michele Cometa, Antonio Lastra e Paz Villar Hernández (eds.), *Estúdios culturales. Una introducción,* Madrid, Editorial Verbum, 2007.

6.
Horizontes de uma nova interdisciplinaridade entre os estudos literários e os estudos linguísticos

O que é uma disciplina, no plano epistemológico e metodológico? Em conformidade com a etimologia do vocábulo – a etimologia não explica tudo, e pode mesmo, em certas orientações linguístico-filosóficas, conduzir a explicações defectivas e ideologicamente enviezadas, mas o seu contributo para o conhecimento dos significados lexicais é sempre relevante e até mesmo decisivo –, *disciplina*, substantivo do mesmo campo semântico de *discere* (aprender, estudar) e de *discipulus* (aluno, discípulo), significa em latim a acção de aprender, a acção de se instruir, o ensino e, correlativamente, a matéria, o saber, a arte ou a ciência que são objecto e instrumento dessas acções e desse ensino.

Desde a antiga Grécia, constituíram-se, ou como *technē* (*ars*) ou como *epistēmē* (*scientia*), numerosas disciplinas que se têm mantido relativamente estáveis ao longo dos séculos: por exemplo, as artes liberais, ou seja, a gramática, a retórica, a dialéctica, a aritmética, a geometria, a música (no sentido do termo actual musicologia) e a astronomia; a poética, a medicina, o direito, a filologia, etc. Cada disciplina tem um objecto próprio de conhecimento, fundamenta-se num *corpus* de axiomas, de princípios e de regras, possui territórios institucionais próprios, conta com professores especializados e com alunos vocacionados, está explanada em manuais e tratados específicos. As Faculdades das Universidades medievais – a Faculdade de Artes, a Faculdade de Teologia, a Faculdade de Direito e a Faculdade de Medicina – foram, durante séculos, os territórios institucionais das disciplinas tradicionalmente cultivadas no universo do conhecimento grego e latino, às quais se vieram acrescentar, no fio do tempo, novas disciplinas como a física, a química, a biologia e, mais recentemente, já nos séculos XIX e XX, as chamadas ciências humanas e sociais.

A dinâmica disciplinar, ao longo do século XIX e de grande parte do século XX, desenvolveu-se no sentido de cada disciplina configurar rigorosamente o seu campo próprio e por conseguinte as suas fronteiras, sobretudo através da definição epistemológica do seu objecto de estudo e do estabelecimento da metodologia a observar e a utilizar. A especialização progressiva do conhecimento conduziu logicamente à criação de subdisciplinas, com um núcleo e com fronteiras mais restritivamente delimitados em relação ao campo disciplinar no qual se inscreviam.

Todo o aparelho disciplinar e subdisciplinar, na sua lógica intrínseca, na sua lógica institucional, nos seus interesses corporativos, é inevitavelmente um aparelho de poder. As Universidades, através das suas Faculdades e dos seus Departamentos, assumiram durante muito tempo como cartografia ortodoxa e desejável do saber um modelo arquipelágico, sólido, bem delimitado e estabilizado. A Universidade como arquipélago do conhecimento pressupõe a *universitas* que geográfica e cartograficamente congrega a entidade arquipelágica e a *diversitas* que configura cada uma das suas componentes insulares – Faculdades ou Departamentos –, com o seu território próprio e com as suas fronteiras bem delimitadas.

Por outro lado, porém, a partir da segunda metade do século XX, começou a ganhar crescente força a consciência de que o modelo arquipelágico da cartografia do conhecimento não era o mais adequado. Havia problemas que não eram explicados satisfatoriamente no âmbito de disciplinas estritamente delimitadas e verificou-se que havia filões de conhecimento que não se esgotavam no eixo vertical de uma disciplina – a especialização desenvolve-se precisamente ao longo deste eixo vertical –, tornando-se portanto necessário romper as fronteiras disciplinares, com inevitáveis turbulências a repercutirem-se no centro do campo disciplinar, e procurando-se construir linhas de investigação em eixos horizontais que abarcassem dois ou mais campos disciplinares. Por um lado, emergiram na realidade social e física novos problemas – o problema do ambiente, por exemplo –, cuja compreensão e cuja resolução exigiam a cooperação interdisciplinar, originando-se assim uma interdisciplinaridade *exógena*; por outro lado, em várias áreas disciplinares tomou-se consciência de que o desenvolvimento do conhecimento impunha a permeabilidade das fronteiras disciplinares, numa dinâmica de investigação que poderemos caracterizar como interdisciplinaridade *endógena*.

O "purismo" e o "essencialismo" da disciplinaridade reagiu energicamente contra esta permeabilização das fronteiras e contra esta hibridização dos campos disciplinares, contra o fenómeno que o antropólogo Clifford Geertz, numa expressão célebre, denominou *blurred genres*.[1] O poder conservador institucionalmente hegemónico nas Universidades remeteu para a semi-marginalidade dos "programas", dos "centros" e dos "projectos" os novos conhecimentos que não se coadunavam com a "pureza" e a "estabilidade" dos saberes alojados nos departamentos tradicionais. O próprio facto destes conhecimentos novos serem etiquetados muitas vezes com a palavra "estudos" revela a dificuldade em inscrevê-los numa tabela classificativa das ciências, num *ramo* preciso da *árvore* do conhecimento – estas metáforas botânicas foram e continuam a ser fundamentais na concepção e na organização dos saberes no Ocidente –, o que significa demérito segundo os seus adversários e detractores e uma maisvalia segundo os seus proponentes e defensores.

A turbulência na cartografia arquipelágica dos saberes científicos ganhou tal intensidade que a OCDE consagrou, em 1970, uma confe-

---

[1] Clifford Geertz, "Blurred genres: The refiguration of social thought", *Local knowledge : Further essays in interpretative anthropology*, New York, Basic Books, 1983, pp. 19-35

rência internacional à interdisciplinaridade, a partir da qual os conceitos e os termos de multidisciplinaridade, interdisciplinaridade e transdisciplinaridade adquiriram um novo reconhecimento e uma nova circulação nas Universidades e nos Institutos e Centros de investigação científica e conquistaram um novo estatuto na cartografia dos saberes.[2]

A multidisciplinaridade justapõe diversas, mas correlacionadas, perspectivas disciplinares, somando os conhecimentos e as informações e articulando métodos oriundos de diferentes disciplinas, numa espécie de enriquecimento enciclopédico proporcionado por várias vozes disciplinares, que mantêm a sua identidade. A interdisciplinaridade, em contrapartida, "integrates separate disciplinary data, methods, tools, concepts, and theories in order to create a holistic view or common understanding of a complex issue, question, or problem".[3] Quer dizer, a interdisciplinaridade pressupõe o conhecimento rigoroso e profundo de duas ou mais disciplinas e a sua integração, a todos os níveis, para a produção de um conhecimento novo que uma das disciplinas envolvidas, só por si, não poderia proporcionar. Tanto nas chamadas ciências *hard* como nas ditas ciências *soft*, abundam os exemplos : a astrofísica, a bioquímica, a biologia molecular, a

---

[2] Esta conferência internacional, realizada em 1970 em Nice, deu origem ao volume *Interdisciplinarity : Problems of teaching and research in Universities*, Paris, Organization for Economic Cooperation and Development, 1972. Em 1984, a OCDE organizou uma segunda conferência internacional sobre a interdisciplinaridade, cujas actas foram publicadas no ano seguinte : Lennart Levin & Ingemar Lind (eds.), *Inter-disciplinarity revisited : Re-assessing the concept in the light of institutional experience*, Stockholm, Organization for Economic Cooperation and Development, Swedish National Board of Universities and Colleges, Linköping University, 1985.

[3] Cf. Julie Thompson Klein, *Humanities, culture,and interdisciplinarity. The changing american Academy*, Albany, State University of New York Press, 2005, p. 55. Da mesma autora, veja-se também a bem informada obra *Crossing boundaries. Knowledge, disciplinarities, and interdisciplinarities*, Charlottesville – London, University Press of Virginia, 1996.

sociolinguística, a psico-sociologia, etc. A transdisciplinaridade, por sua vez, pressupõe e implica um paradigma de conhecimento que transcende os estreitos campos disciplinares e mesmo os cruzamentos, as hibridações e as fertilizações interdisciplinares, através de sínteses integradoras que proporcionam ou impõem uma coerência global, a um nível muito elevado, a uma série muito alargada de fenómenos. A teoria geral dos sistemas, o marxismo e o estruturalismo constituem paradigmas transdisciplinares (deixo entre parênteses o problema da cientificidade reivindicada por tais paradigmas).

Nas duas últimas décadas, sobretudo nas Universidades norte-americanas, ganharam fortuna os termos e os conceitos de pós-disciplinaridade, antidisciplinaridade e adisciplinaridade, sobretudo no âmbito dos *cultural studies*, dos estudos femininos, dos *gender studies*, dos estudos afro-americanos, etc. Como os próprios termos revelam na sua composição lexical, são palavras que veiculam e enfatizam uma orientação transgressiva e desafiante em relação ao poder académico institucionalizado, à exigência epistemológica e ao rigor metodológico dos seus campos disciplinares e interdisciplinares. Eu diria que são termos e conceitos oriundos das franjas ou mesmo do exterior do sistema departamental das Universidades norte-americanas e que são indubitavelmente sinais de insatisfação intelectual, académica e social e de mal-estar político. A racionalidade científica é incompatível com a anarquia intelectual, mas esta anarquia pode ter – e tem tido – um regenerador efeito revulsivo ante as situações de estancamento ou paralisia da racionalidade científica.

A interdisciplinaridade, cuja necessidade exógena e endógena, nos sentidos acima apontados, e cuja fecundidade não são questionáveis, comporta todavia dois riscos fundamentais: o risco da *bricolage*, do eclectismo porventura brilhante, sedutor e imaginativo, mas superficial, e o risco da anexação imperialista de um campo disciplinar por outro, quer por competição entre si dos poderes institucionais instalados, quer pela imposição de projectos de construção holística do conhecimento que têm como matriz horizontes e propósitos que se subtraem à lógica da racionalidade científica.

Relativamente aos riscos da *bricolage* e do eclectismo eventualmente brilhante mas falaz, é indispensável afirmar com clareza e sem titubeação que a interdisciplinaridade exige um conhecimento sólido, rigoroso e subtil, dos campos disciplinares envolvidos, dos seus objectos de estudo, dos seus métodos de análise, da sua terminologia, etc. Não é o mesmo, por exemplo, no domínio dos chamados estudos interartísticos, analisar a transdução de um romance para um texto teatral ou para um texto fílmico, como não é o mesmo analisar a transposição de um poema lírico para um texto pictórico ou para um texto musical.[4]

Acerca das ambições e tentações do poder institucional académico que se ocultam muitas vezes sob as proclamações e os projectos programáticos da interdisciplinaridade, são dignas de reflexão as ácidas críticas expendidas por um dos mais brilhantes intelectuais norte--americanos do nosso tempo, Stanley Fish – professor de Literatura Inglesa, de Teoria da Literatura e de Direito de algumas das mais prestigiosas Universidades dos Estados Unidos –, no seu ensaio "Being interdisciplinary is so very hard to do". Fazendo-se eco de outras vozes críticas, escreve Fish que «[e]ither (...) the annoucement of an interdisciplinary program inaugurates the effort of some discipline to annex the territory of another, or "interdisciplinary thought" is the name (whether acknowledged or not) of a new discipline, that is, a branch of academic study that takes as its subject the history and constitution of disciplines. Either the vaunted "blurring of genres" (Clifford Geertz's now famous phrase) means no more than that the property lines have been redrawn – so that, for example, Freud and Nietzsche have migrated respectively from psychology and philosophy to English and comparative literature – or the genres have been blurred only in the sense of having been reconfigured

---

[4] Sobre estas questões, merece ser lido e ponderado o estudo de Giles Gunn, "Interdisciplinary studies", incluído em Joseph Gibaldi (ed.), *Introduction to scholarship in modern languages and literatures*. Second edition. New York, The Modern Language Association of America, 1992, pp. 239-261.

by the addition of a new one, of an emerging field populated by still another kind of mandarin, the "specialist in contextual relations"».[5] Sob o tom sarcástico e algo cínico do impiedoso sofista contemporâneo que é Stanley Fish, encontra o leitor algumas verdades incómodas sobre os jogos e as maquinações do poder num mundo académico que está longe de ser uma espécie de Campos Elísios dos bem-aventurados da racionalidade científica ...

O paradigma da filologia, dominante, desde o Romantismo, ao longo do século XIX e ainda durante grande parte do século XX, tal como fundamentado e exposto por August Boeckh (1785-1867) na sua monumental e influente *Enciclopédia e metodologia das ciências filológicas*, de que a primeira edição, póstuma, foi publicada em 1877 e a segunda edição em 1886,[6] associa estreitamente o estudo da gramática e o estudo da literatura, pois que "[t]odas as disciplinas formais e materiais da filologia se fundem, constituindo a língua o início e o fim, como num círculo" (p. 304) – o famoso círculo filológico. O filólogo estuda a língua e a gramática para conhecer a literatura e as ciências, que representam, em três graus conceptualmente ascendentes, o saber das nações. A filologia, como Boeckh repetidamente afirma, tem como acto originário por excelência a análise da palavra, falada ou escrita, cujas necessidade e universalidade se tornam evidentes só pelo facto de sem comunicação verbal se tornarem impensáveis a ciência em geral e a própria vida (p. 45). Por outro lado,

---

[5] Stanley Fish , *There's no such thing as free speech and it's a good thing, too*, New York – Oxford, Oxford University Press, 1994, p. 238.

[6] Utilizo a tradução italiana desta obra clássica da filologia: August Boeckh, *La filologia come scienza storica. Enciclopedia e metodologia delle scienze filologiche*, Napoli, Guida Editori, 1987. As citações indicadas entre parênteses reenviam a esta edição.

como o conhecimento de uma nação "emerge principalmente da sua literatura" (p. 47), compreende-se que tenham sido privilegiadamente identificadas a filologia e a história da literatura. Mesmo tendo em conta a centralidade na filologia da história da literatura, cujo estudo assenta por sua vez na história da língua e na gramática e co-envolve a crítica textual e a hermenêutica – Boeckh ficou a dever tanto à hermenêutica de Schleiermacher que, segundo as suas próprias palavras, não podia discriminar neste domínio o conhecimento que era seu e o que lhe era alheio –, a filologia, na sua integralidade disciplinar, era pensada por Boeckh como "conhecimento do conhecido" (pp. 44-45 , 303 e *passim*), como uma *polimatia* que "não é delimitada por nenhum objecto em particular" (p. 46) e que temporalmente abarca todo o conhecimento produzido desde a antiguidade clássica até à modernidade, sinedoquicamente representada pelo poeta romântico Jean Paul Richter, que Boeckh considera "um homem absolutamente moderno" que soube haurir na *archē*, no princípio da antiguidade clássica, a força e o fulgor da sua obra literária (p. 66).

A filologia oitocentista, além de estar inquinada, desde a sua génese romântica, por um forte ideário nacionalista que, após a guerra franco-prussiana de 1870, originou fundos e graves conflitos ideológicos e político-culturais, tinha tão ambiciosos – eu diria mesmo tão desmesurados – objectivos polimáticos, que não pôde sobreviver à dinâmica e à lógica da especialização disciplinar que ocorreu na cartografia dos saberes científicos desde os finais do século XIX e as primeiras décadas do século XX. Deixou, porém, uma herança doutrinária, chamemos-lhe assim, fecunda e perdurável sobre a necessidade de aliar o estudo da língua e da literatura, como testemunham, por exemplo, a filologia idealista germânica das primeiras décadas do século passado, Menéndez Pidal e a escola filológica espanhola, na qual destaco Amado Alonso, e, entre nós, eminentes mestres universitários como Rodrigues Lapa, Paiva Boléo, Jacinto do Prado Coelho, Lindley Cintra e Herculano de Carvalho.

Sob o ponto de vista epistemológico e metodológico, o golpe fatal desferido contra a filologia polimática do século XIX – e, por extensão, contra o paradigma filológico dos estudos linguístico-literários – ficou a dever-se ao pensamento e ao ensino de Ferdinand de Saussure, como se sabia já desde a publicação póstuma, em 1916, do *Cours de linguistique générale* e desde a publicação da obra de Robert Godel intitulada *Les sources manuscrites du Cours de linguistique générale de F. de Saussure* (2ᵉ tirage, Genève, Librairie Droz, 1969), e como sabemos hoje, com mais profundidade, rigor e fiabilidade, após a edição dos manuscritos de Saussure recentemente descobertos na Biblioteca Pública e Universitária de Genève, dados à luz com o título de *Écrits de linguistique générale*,[7] e após a publicação sobre o pensamento de Saussure das grandes obras de Simon Bouquet e de Patrice Maniglier.[8]

A filologia oitocentista, segundo Saussure, era uma amálgama de saberes heterogéneos : crítica dos manuscritos e das edições, paleografia, epigrafia, lexicografia, gramática, hermenêutica, métrica dos textos versificados, etc., podendo ainda o filólogo vestir a pele do jurista, do arqueólogo, do historiador ... Saussure, que sob o ponto de vista do que ele designava como "filosofia da linguística", ou seja, sob o ponto de vista da epistemologia da linguística, demonstrou sempre uma inflexível exigência de rigor e de coerência, não podia condescender com a *polimatia*, em princípio ilimitada, da filologia concebida como o conhecimento do conhecido. Como se lê num dos textos manuscritos dados a conhecer recentemente, "[v]oici le sens le plus général de ce que nous avons cherché à établir: il nous est interdit en linguistique, quoique nous ne cession de le faire, de parler « *d'une chose* » à différents points de vue, ou d'une chose en général, parce que c'est le point de vue qui seul FAIT la chose ».[9]

---

[7] Ferdinand de Saussure, *Écrits de linguistique générale*. Texte établi et édité par Simon Bouquet et Rudolf Angler. Paris, Gallimard, 2002.

[8] Simon Bouquet, *Introduction à la lecture de Saussure*, Paris, Payot, 1997; Patrice Maniglier, *La vie énigmatique des signes. Saussure et la naissance du structuralisme*, Paris, Éditions Léo Scheer, 2006.

[9] Ferdinand de Saussure, *op. cit.* , p. 201.

Saussure procurou construir, num porfiado labor marcado sempre por uma lucidez singular, a partir da gramática comparada das línguas, uma ciência linguística que tivesse base empírica e que epistemologicamente satisfizesse as exigências da ciência aristotélica e da ciência galineana, isto é, que assentasse em axiomas e que tivesse como *objecto* uma classe homogénea de objectos: *a língua (langue) como sistema de signos.*

Na abertura do *Cours de linguistique générale,* Saussure sublinhou ainda que, do ponto de vista da ciência linguística, a filologia apresentava outras graves limitações: "elle s'attache trop servilement à la langue écrite et oublie la langue vivante; d'ailleurs c'est l'antiquité grecque et latine qui l'absorbe presque complètement".[10] Quer dizer, Saussure, ao condenar a filologia, fazia-o desde uma perspectiva *fonocêntrica* e desde uma perspectiva *moderna.*

A ciência linguística saussuriana, tal como posteriormente a linguística de Bloomfield, explicitamente rasurou a articulação com a literatura, instituiu a linguística como uma ciência com um objecto e com um método autónomos e contribuiu poderosamente para que, institucionalmente, nas Universidades, se desenvolvesse um gradual processo de separação entre os estudos linguísticos e os estudos literários.

No entanto, Saussure, ao pôr radicalmente em causa o paradigma filológico, não remetia para qualquer espécie de gueto ou de limbo a língua literária, não deixava de reconhecer a legitimidade e a necessidade dos estudos literários autónomos e, sobretudo, não contestava a relevância da língua literária para a linguística. Na lição de abertura do terceiro curso, ao formular o tema epistemológico da igualdade linguística, erigido em princípio da ciência linguística, Saussure sublinhava que "[u]ne étude scientifique [...] ne fera pas de choix entre telle ou telle période plus ou moins éclatante au point de vue

---

[10] Ferdinand de Saussure, *Cours de linguistique générale*. Édition critique préparée par Tullio de Mauro. Paris, Payot, 1972, p. 14.

littéraire, ou plus ou moins célèbre à cause de son peuple. Elle donnera son attention à n'importe quel idiome, obscur ou fameux [...]. De même au sein d'une époque quelconque, elle ne pourra pas se permettre de choisir la langue la plus cultivée, mais elle s'occupera à la fois des *formes populaires* plus ou moins opposées à la langue dite cultivée ou littéraire, *et des formes da la langue cultivée ou littéraire*».[11] E num dos manuscritos inéditos dados a conhecer em 2002, Saussure distingue claramente o que designa como "o estudo de uma literatura sob o ponto de vista propriamente literário" dos estudos auxiliares da literatura que constituem a amálgama da filologia oitocentista e escreve estas palavras que teriam feito, se as tivessem conhecido, as delícias dos formalistas russos: "L'étude d'une littérature ne comprend, au sens où on l'entendra généralement, que les objets qui offrent un intérêt littéraire proprement dit."[12]

Sabia-se, aliás, desde há muitos anos, graças às investigações de Jean Starobinski, dadas a conhecer na sua obra *Les mots sous les mots* (Paris, Gallimard,1971), que Saussure era um leitor apaixonado de poesia, que perseguiu porfiadamente, no silêncio, durante muito tempo, o segredo das construções anagramáticas ou hipogramáticas de muitos poemas, e já em 1994, antes do conhecimento do Saussure inédito e no mesmo ano em que Jean-Claude Milner publicava o seu inovador ensaio "Retour à Saussure", coligido depois no seu livro *Le périple structural* (Paris, Seuil, 2002), a professora e investigadora de linguística e de semiologia Marie-Claude Capt-Artaud dava à estampa a sua interessantíssima obra *Petit traité de rhétorique saussurienne* (Genève, Droz, 1994), na qual demonstra como o pensamento linguístico de Saussure abre horizontes insuspeitados à retórica e à poética e na qual justifica uma afirmação de Roland Barthes, em *L'aventure sémiologique*, que a muitos leitores se terá afigurado algo enigmática: "Saussure a du langage une conception qui est très

---

[11] *Apud* Simon Bouquet, *op. cit.*, p. 134.
[12] F. de Saussure, *Écrits de linguistique générale*, pp. 175 e 176.

proche de celle de Valéry – ou réciproquement, peu importe, ils n'ont rien connu l'un de l'autre".[13] Para Valéry, "[l]a littérature, c'est le travail dépensé à rapprocher les mots". Para Saussure, "[l]'activité créatrice ne sera qu'une activité combinatoire, c'est la création de nouvelles combinaisons", o que é tanto verdadeiro para a escrita literária quanto para toda a actividade verbal. Assim se compreende a lógica saussuriana profunda, para retornarmos a Barthes, da famosa afirmação de Valéry no seu curso de poética no Collège de France : "la littérature est, et ne peut être autre chose qu'une sorte d'extension et d'application de certaines propriétés du Langage".[14]

O modelo da ciência linguística saussuriana está na génese directa, em conjunção com a Fenomenologia de Husserl, do Formalismo russo e, subsequentemente, do Estruturalismo da Escola de Praga. Os formalistas russos, ao desenvolverem o seu projecto de construção de uma ciência da literatura que constituísse uma ruptura com a história literária positivista, factualista e biografista, por um lado, e com a crítica literária subjectiva e impressionista, por outro, encontraram no modelo saussuriano da ciência linguística a fundamentação epistemológica de que necessitavam e por isso transladaram para o campo da poética a distinção nuclear entre o objecto empírico e o objecto epistémico de análise – por um lado a literatura, por outra parte a literariedade – e estabeleceram a correspondência semiológica entre a *langue* e o *sistema literário* e entre a *parole* e a *obra literária* individual e concreta.

Esta relação interdisciplinar entre a linguística, a poética e os estudos literários em geral foi a matriz epistemológica e metodológica do Formalismo russo, do Estruturalismo checo e do Estruturalismo francês e ficou representada, digamos assim, de modo emblemático no pensamento e na obra de Roman Jakobson (que subverteu,

---

[13] Roland Barthes, *L'aventure sémiologique*, Paris, Seuil, 1985, p. 225.
[14] Paul Valéry, *Œuvres*, Paris, Gallimard ("Bibliothèque de la Pléiade"), 1957, vol. I, p. 1440.

porém, em meu entender, esta relação interdisciplinar, ao considerar a poética como um subdomínio da linguística). Outros grandes investigadores e estudiosos do século XX defenderam veementemente esta relação interdisciplinar, ou mesmo a unidade radicular, entre a ciência da linguagem e a ciência da literatura, algumas vezes perante a verificação e a evidência de que essa relação estava ameaçada ou era mesmo ignorada, denegada e recusada : em 1944, Ernst Robert Curtius deplorou a divisão da romanística entre ciência da linguagem e ciência da literatura;[15] em 1964, na sua grande obra *Tempus*, Harald Weinrich, ao expor o seu projecto de uma linguística da literatura, sublinhou, com um notável senso de equilíbrio, que a ciência linguística não tem de se colocar inteiramente ao serviço da interpretação literária, tal como os estudos literários não têm de recorrer exclusivamente, ou sequer preferencialmente, aos métodos linguísticos, mas salientou também que "a aplicação de certos métodos linguísticos a textos literários é fecunda : permite que daí ressaltem certos aspectos que interessam tanto aos linguistas como aos especialistas de literatura";[16] a revista alemã *Poetica*, que desde os finais da década de sessenta do século XX desempenhou um relevante papel, ostenta aquele título, segundo explicou o seu editor Karl Maurer, no número inicial de 1967, como uma homenagem aos formalistas russos e a investigadores literários como Oskar Walzel, Karl Vossler e Leo Spitzer, que fundamentaram teoreticamente e construíram na prática essa fecunda relação interdisciplinar.[17]

A especialização disciplinar, porém, abriu caminhos diferentes e a linguística, na sua dinâmica intrínseca e extrínseca, foi-se afastando progressivamente da literatura e dos estudos literários. Como um inequívoco sinal dos tempos, o linguista glossemático Knud Togeby,

---

[15] Veja-se Hans Helmut Christmann, *Filología idealista y lingüística moderna*, Madrid, Gredos, 1985, p. 110.
[16] Harald Weinrich, *Le temps. Le récit et le commentaire*, Paris, Seuil, 1973, p. 60 (ed. orig. : *Tempus*, Stuttgardt, 1964).
[17] Cf. Hans Helmut Christmann, *op. cit.*, p. 112.

ao publicar uma recensão à obra de Harald Weinrich atrás citada, escrevia estas palavras cortantes sobre a unidade da gramática e da poética advogada pelo autor de *Tempus* : "Mais c'est seulement dans la tête du chercheur que peuvent cohabiter ainsi grammaire et littérature. Dans ses travaux scientifiques, il doit soigneusement distinguer les deux domaines, dont les objets sont radicalement différents : langue et art ».[18] Embora a linguística gerativa tenha proporcionado interessantes aproximações entre a linguística e a poética, a verdade é que a linguística chomskyana e pós-chomskyana, sobretudo nos seus últimos estádios de desenvolvimento, bloqueou quase totalmente essa relação interdisciplinar tão antiga que, segundo alguns autores, remontaria a Dionísio Trácio, o criador da gramática ocidental, que caracterizou esta *technē* como uma ferramenta para ler a poesia.[19] As relações interdisciplinares entre a linguística e a poética, ou para utilizar termos preferidos pela germanística e pela romanística alemãs, entre a ciência da linguagem e a ciência da literatura, tornaram-se tão distantes e tão ténues, senão mesmo da ordem da indiferença e do desconhecimento mútuos, que o grande romanista e teorizador da literatura Karl-Heinz Stierle lastimava assim a situação a que se chegou: "Oggi non si ha soltanto una fatale separazione metodologica tra scienza del linguaggio e scienza letteraria, ma anche uno scollamento della scienza del linguaggio dalla sua storia come d'altra parte una disintegrazione della linguistica contemporanea in un gran numero di scuole totalmente separate tra loro, che appaiono quasi non più capaci di mediazione e apertura argomentativa. E neanche alla pragmatica, alla semiotica e alla scienza strutturale della letteratura è riuscito di aprire le proprie barriere metodologiche e di porre in questione il proprio ideale di descrizione esatta sempre più parti-

---

[18] A recensão de K. Togeby foi publicada na revista *Romance Philology*, 19 (1965-66), pp. 596 ss.

[19] Veja-se Aldo Scaglione, *Essays on the art of discourse. Linguistics, rhetoric, poetics*, New York, Peter Lang, 1998, p. 388.

colareggiata".[20] Sob o ponto de vista da cartografia do conhecimento, a especialização e a correlativa luta pelo poder simbólico e institucional conduziram não só ao bloqueamento da interdisciplinaridade, mas também a uma fragmentação insular da ciência da linguagem e da ciência da literatura, com efeitos perniciosos na compreensão e na análise da linguagem e da literatura. Os feudos subdisciplinares e microdisciplinares hiperespecializados, sem prejuízo do reconhecimento de alguns benefícios marginais que proporcionam, podem servir os interesses subjectivos, grupais e corporativos, de quem os cultiva, mas são objectivamente uma desfiguração maligna da lógica das Humanidades.

Numa obra publicada há alguns anos, intitulada *Teorías literarias en la actualidad*, Graciela Reyes, professora da Universidade de Illinois, responsável pela organização do interessante livro, escreveu que a relação entre a linguística e a literatura, nas últimas décadas, poderia caracterizar-se como um revelador exemplo da relação dialéctica entre amo e escravo, de aristotélica, hegeliana, marxista e psicanalítica genealogia : "mientras la lingüística "científica" de nuestro siglo sigue rápidamente su camino, sacudiéndose de la chaqueta las últimas briznas de filología, y considerando que los estudios literarios pertenecen al dominio de lo acientífico, por más que se empeñen en formalizar sus análisis y en adoptar jergas, los estudios literarios, en papel de esclavos, van detrás, pidiendo categorías, pidiendo métodos, para luego aplicarlos (com mayor o menor fortuna) a ese material lingüístico que a la lingüística no le interesa, la literatura".[21]

Estas palavras incómodas de Graciela Reyes, em parte pertinentes sob vários pontos de vista, necessitam de uma análise rigorosa.

---

[20] Karl-Heinz Stierle, "Per un'apertura del circolo ermeneutico", Giuseppe Nicolaci (ed.), *La controversia ermeneutica*, Milano, Editoriale Jaca Book, 1989, p. 21.
[21] Graciela Reyes, "El nuevo análisis literario: expansión, crisis, actitudes ante el lenguaje", Graciela Reyes (ed.), *Teorías literarias en la actualidad*, Madrid, Ediciones El Arquero, 1989, p. 15.

Em primeiro lugar, não é verdade que todas as grandes teorias literárias do século XX, que podemos legitimamente tomar, neste contexto, como sinédoques dos estudos literários, tenham uma relação de dependência interdisciplinar com a linguística. A teoria literária de Roman Ingarden (1893-1970), uma das mais influentes e fecundas construções da teoria literária do século passado, com incidências pregnantes na estética da recepção, mantém uma relação interdisciplinar privilegiada com a Fenomenologia de Husserl; uma das obras mais importantes da teoria literária contemporânea, *The anatomy of criticism* (1957) de Northrop Frye (1912-1991), tem como matriz interdisciplinar uma teoria dos arquétipos, isto é, das imagens, das metáforas e dos símbolos primordiais enraizados no psiquismo humano; a interdisciplina fundamental do *new criticism* anglo-norte-americano, da chamada escola neo-aristotélica de Chicago e da desconstrução norte-americana é a retórica, como *technē* que analisa os recursos e os dispositivos tropológicos dos textos, desde a metáfora à ironia, ao paradoxo e ao oxímoro, passando pelas ambiguidades e plurissignificações semânticas, até à movência inestancável dos significados; considerável parte da teoria e da crítica literárias contemporâneas tem uma profunda relação interdisciplinar com a sociologia, quer com a sociologia de orientação marxista, quer com a teoria de orientação não marxista, desde Lukács até à teoria dos campos simbólicos de Pierre Bourdieu, às teorias feministas e às teorias pós-colonialistas; outra vertente interdisciplinar relevante nos estudos literários do século XX é representada pela psicanálise, em especial pela psicanálise freudiana.

Em segundo lugar, não é estranhável ou surpreendente que os estudos literários recorram, directa ou indirectamente, a apoios interdisciplinares da linguística, pois que a linguagem verbal é ontologicamente o material primeiro, já portador de formas e de significados, com que *poieticamente* se constrói o texto literário, embora a ontologia do texto literário seja mais complexa e pluriforme do que aquilo que se poderá inferir da afirmação anterior (a translinguística de Bakhtine e a semiótica de Lotman deram contributos decisivos para o entendimento destas questões). Muitos e prestigiados estudiosos do fenómeno e do texto literários, nos nossos dias, estão muito longe de se resignarem ao papel de servos do amo que seria a linguística, até porque muitos deles não reconhecem em grande parte da linguística mais recente qualquer utilidade para o estudo da literatura (valha, por todos, o exemplo de um grande professor, investigador e académico espanhol, falecido em 2003, Domingo Ynduráin).[22]

Em terceiro lugar, torna-se indispensável distinguir entre a linguística e a filosofia da linguagem. Muitas das relações interdisciplinares dos estudos literários do século XX, com ou sem a mediação da linguística, têm-se estabelecido, em rigor, com a filosofia da linguagem e não com a linguística. Veja-se o exemplo do próprio Formalismo russo e da sua relação com a filosofia da linguagem de Husserl ; observe-se como na hermenêutica literária se têm repercutido as ideias da filosofia da linguagem de Heidegger, de Gadamer, de Derrida, de Ricœur e de Donald Davidson; atente-se na pragmática

---

[22] Domingo Ynduráin foi professor em diversas Universidades de Espanha e doutros países, tendo sido professor catedrático de Literatura Espanhola, de 1982 a 2003, da Universidade Autónoma de Madrid. Desde 1999, foi Secretário da Real Academia Española, na qual ingressou em 1997. Os seus estudos, de grande rigor e de grande riqueza histórico-literária e hermenêutica, abarcam diversos períodos e autores da literatura espanhola, embora tenha prestado particular atenção ao Renascimento e ao Barroco. José Portolés, que foi seu colega, na área da linguística, da Universidade Autónoma de Madrid, escreveu recentemente as seguintes palavras na "Introducción" ao seu importante livro *Pragmática para hispanistas* (Madrid, Editorial Síntesis,2004): "Por último, tengo el íntimo deseo de que aquellos que aman la literatura – la mayor parte de mis estudiantes y de mis colegas – vean en la pragmática algo cercano, un planteamiento que les proporciona instrumentos útiles para iluminar la obra literaria. Pasó la época de los sabios en lengua y literatura, pero me crea desazón recordar a mi compañero Domingo Ynduráin diciéndonos que desde hacía años lo que se publicaba en lengua no era útil para el estudio de la literatura. He de confesarles – para qué engañarnos – que este libro tampoco lo hubiera satisfecho, pero también he de decir que su memoria me ha animado a escribirlo" (p. 18).

da literatura, que tanto tem ficado a dever, por concordância e por discordância, a pensadores como Wittgenstein, John L. Austin, John Searle e Herbert P. Grice; pense-se na desconstrução e no seu débito à filosofia da linguagem e à filosofia da retórica de Derrida.

Se formos mais longe e mais fundo nesta reflexão, concluiremos sem dificuldade que as grandes mudanças ocorridas na própria linguística radicam na sua relação interdisciplinar – ou, talvez mais apropriadamente, na sua relação transdisciplinar – com a filosofia da linguagem. A semântica e a pragmática da segunda metade do século XX seriam impensáveis sem Peirce, sem Wittgenstein, sem C. Morris, sem R.Carnap, sem Austin, Searle, Grice e Kripke; Chomsky não teria construído a sua teoria linguística sem Descartes, Herder e von Humboldt; a análise do discurso ficou a dever muito à contribuição iluminadora de Michel Foucault. Eu não tenho dúvida de que a interdisciplina e a transdisciplina por excelência de todas as ciências humanas e sociais foi, é e continuará a ser a filosofia – e é por isso mesmo que tanto me preocupam quaisquer ameaças à sua presença e à sua relevância no ensino secundário do nosso sistema educativo.

Por último, gostaria de fazer uma breve reflexão sobre as afirmações de Graciela Reyes sobre "la lingüística "científica" de nuestro siglo," com o vocábulo "científica" marcado grafematicamente por vírgulas dobradas, e sobre o "dominio de lo acientífico" dos estudos literários.

Relendo-se, numa das suas edições críticas, o *Cours de linguistique générale* de Ferdinand de Saussure – um texto, nunca é de mais relembrá-lo, que não foi escrito pelo mestre genebrino –, lendo-se as notas manuscritas que constituíram fontes do *Cours* e que conhecemos graças à investigação de Robert Godel, lendo-se os escritos inéditos dados a conhecer em 2002, tem de se reconhecer, admirativamente, que Saussure empreendeu uma obra genial, embora imperfeita, no sentido etimológico desta palavra, isto é, inacabada, para instituir a linguística como ciência, em conformidade com as exigências epistemológicas e metodológicas de matriz aristotélica, euclidiana e galineana. De Hjelmslev a Martinet, a Benveniste, a Coseriu e a Chomsky, para só mencionar alguns nomes estelares, novos passos foram dados, com rigor e sistematicidade, na construção da linguística. Nem toda a linguística produzida até hoje terá sido científica sem mácula, a linguística ter-se-á transviado algumas vezes em azedas querelas dogmáticas entre escolas – as vozes mais cépticas falarão de "seitas" –, que são a denegação do próprio espírito científico, tem porventura despendido exorbitantes esforços no labor de criar inúteis e arbitrários construtos teóricos e complexas, quando não abstrusas, terminologias que fazem lembrar a fase tardia da filosofia escolástica e que talvez ganhassem com a limpeza higienizadora da lâmina de Ockham. Recentemente, um matemático da envergadura de René Thom não hesitou em escrever estas palavras manifestamente desproporcionadas : "La Linguistique a, parmi les sciences, un statut très particulier. Parmi toutes les sciences, elle offre cette particularité d'être *rigoureusement inutile*".[23] E reputados linguistas, como Raffaele Simone, discípulo de Tullio de Mauro, exprimem incómodas dúvidas sobre a base empírica de muita da investigação linguística recentemente realizada.[24]

Todavia, o humor ácido de René Thom e as perplexidades e dúvidas de Raffaele Simone têm de ser fortemente relativizados perante uma obra, por exemplo, como a monumental *Gramática descriptiva de la lengua española*, dirigida por Ignacio Bosque e Violeta Demonte, com preâmbulo do grande linguista, teorizador da literatura e crítico literário que foi Fernando Lázaro Carreter, publicada sob a égide da Real Academia Española (Madrid, Espasa-Calpe, 1999, 3 vols.). Eu não me atreveria, como Graciela Reyes, a marcar grafematicamente com aspas de suspeição a palavra "científica" na expressão "la lingüística "científica" de nuestro siglo".

---

[23] René Thom, "Préface" à obra de Wolfgang Wildgen, *De la grammaire au discours. Une approche morphodynamique*, Bern, Peter Lang, 1999, p. 1.

[24] Leia-se a "Premessa prima (per linguisti)" com que abre a obra de Raffaele Simone, *Fondamenti di linguistica* (Bari, Laterza, 1991), na qual a linguística é caracterizada como uma *scienza debole*.

No domínio dos estudos literários, como no domínio das Humanidades em geral, usam-se em demasia e sem preocupação de rigor epistemológico, as palavras "ciência" e "científico". O conhecimento construído, por exemplo, na história literária ou na hermenêutica literária – esta, segundo o meu juízo, a área mais relevante e complexa dos estudos literários – não corresponde, no plano epistemológico, às exigências da ciência tal como Saussure a entendeu, mas isso não significa que esse conhecimento não seja rigoroso, fundamentado, coerente e sistemático. O facto de a *Retórica* de Aristóteles ser uma *technē* e não uma *epistēmē* não diminui o seu rigor, a sua coerência e a sua valia.

Nesta perspectiva, sem imperialismos cientificistas da linguística e sem complexos de fragilidade por parte dos estudos literários, é possível, é importante e é necessário que exista, se desenvolva e se aprofunde entre os dois campos de conhecimento um diálogo e uma cooperação interdisciplinares, sem prejuízo da larga, legítima e indispensável autonomia que cabe a cada campo, em termos de ensino e de investigação. Perante a diversidade e a riqueza da actividade linguística e da tipologia textual, a linguística não pode estar, como é óbvio, sob pena de se amputar gravemente, ao serviço exclusivo do texto literário, mas não pode desconhecer o lugar central que o texto literário ocupa no universo da textualidade, em termos de realização e consolidação canónica das possibilidades expressivas, comunicativas e argumentativas da língua, em termos de inovação e criatividade, para não falar da relevância da memória cultural e da modelização estética do conhecimento do homem, da vida e do mundo, que os textos literários proporcionam e perduravelmente transmitem. Por seu lado, o estudo do texto literário, sem nunca renunciar ou esquecer a análise da sua *voz* ou da sua *letra*, da sua materialidade verbal, oral ou escrita, pode seguir orientações interdisciplinares distintas, à margem da linguística, desde a sociologia e a antropologia até à psicanálise e à tematologia.

Existem áreas de investigação e de ensino em que esta cooperação interdisciplinar entre o campo dos estudos literários e o campo dos estudos linguísticos é hoje estritamente necessária e particularmente fecunda.

Os estudos de estilística, após um período de relativo esquecimento ou mesmo descrédito, devido em grande parte à crise das filosofias idealistas e intuicionistas que estiveram na sua génese, renasceram nas duas últimas décadas com grande vigor, reabilitando o conceito de estilo na análise dos autores, dos textos, dos movimentos e dos períodos literários e conferindo compreensivelmente aos elementos linguísticos e à gramática uma função central.[25]

O mesmo se diga da gramática ou da linguística do texto – que não é necessariamente o texto literário, mas que o é muitas vezes –, de que a retórica foi a disciplina precursora, e que necessita de um conhecimento de mecanismos e recursos linguísticos que só a linguística poderá proporcionar: mecanismos anafóricos, mecanismos catafóricos, marcadores discursivos, conectores, etc.

A pragmática do texto literário, desde a articulação do texto com o contexto até à problemática da enunciação e às estratégias da comunicação com o leitor, não raro construídas ao arrepio do princípio de cooperação formulado por H.P.Grice, é outro domínio em que a relação interdisciplinar com a linguística é insubstituível.

Nos últimos anos, desenvolveu-se uma interessantíssima relação interdisciplinar entre a poética e o paradigma emergente da linguística cognitiva.[26] Os resultados mais prometedores situam-se nos domínios da análise estilística, com a recategorização cognitivista da

---

[25] Dentre a numerosa bibliografia ilustrativa do renascimento da estilística nos últimos anos, indico apenas dois títulos: Maarten van Buuren (ed.), *Actualité de la stylistique*, Amsterdam – Atlanta, Rodopi, 1997; Jean-Michel Adam, *Le style dans la langue. Une reconception de la stylistique*, Lausanne, Delachaux et Niestlé, 1997.

[26] É de elementar justiça sublinhar o papel pioneiro que tem tido na difusão científica deste paradigma na comunidade universitária portuguesa um pequeno núcleo de investigadores da Faculdade de Filosofia de Braga da Universidade Católica Portuguesa, com realce para os trabalhos do Prof. Augusto Soares da Silva

semântica e da pragmática, com a relevância reconhecida à linguagem figurada, em particular à metáfora e à metonímia, ao carácter difuso (*fuzzy*) das relações e das categorias linguísticas, o que conduz a uma análise muito fina dos graus e matizes dos significados, às categorias radiais léxico-semânticas com exemplares prototípicos e com exemplares periféricos – o que evita o binarismo reducionista das análises estruturalistas – e ao princípio da iconicidade. No domínio da leitura, ressalta a atenção prestada ao contexto do leitor, aos seus modelos culturais e cognitivos, numa palavra, à sua enciclopédia.

Todo o texto literário, na sua textura, na sua micrologia, como se diria há alguns séculos, nos seus significados, no seu ritmo, na sua música, é linguagem verbal, plasmada por norma numa determinada língua natural e regulada pela respectiva gramática (deixo agora de lado as regulações e convenções de ordem não gramatical). Ler, entender, explicar e interpretar um texto pressupõe necessariamente por conseguinte o conhecimento dessa língua – ou da língua das suas eventuais traduções, com as perdas e transformações que são conhecidas –, utilizando as ferramentas linguísticas ou gramaticais adequadas.

O texto literário, porém, co-envolve, na sua produção e na sua recepção, como Mikhaïl Bakhtine demonstrou, desde os anos vinte do século passado, na obra *Marxismo e filosofia da linguagem* – admitindo que Bakhtine seja o seu autor e não o seu discípulo V.N.Voloshinov –, e pôs em evidência sobretudo nos derradeiros ensaios da sua atribulada vida, consagrados ao texto e aos problemas dos estudos literários actuais, múltiplas articulações dialógicas com outros textos, com outras vozes, com outros modelos do mundo, com multiformes forças, tensões e conflitos sociais. Ora o dialogismo textual não pode ser integralmente dilucidado por nenhuma ciência linguística e por isso Bakhtine se referiu reiteradamente à *translinguística* como o horizonte necessário à leitura e à compreensão dos textos literários.[27]

---

[27] Alguns tradutores e estudiosos de Bakhtine utilizam a palavra "metalinguística", correspondente ao vocábulo russo *metalingvistika*, em vez de "trans-

O conceito de translinguística, porém, não é pensável sem o conceito de linguística. Apetece-me repetir o brado do Zaratustra de Nietzsche : "Quem tem ouvidos, que ouça!"

Braga, Junho de 2008

---

linguística". Creio que tem razão Julia Kristeva, no seu estudo introdutório à obra de Bakhtine *La poétique de Dostoievski* (Paris, Seuil, 1970), ao advogar a conveniência e a justeza da tradução do termo russo por "translinguística", com o argumento de que o prefixo *meta-* tem uma função semântica específica no léxico das teorias científicas e filosóficas contemporâneas, que não coincide com o pensamento de Bakhtine: a "translinguística" não é uma metalinguagem sobre a linguística, mas uma disciplina que estuda as *relações dialógicas* do discurso que escapam à análise da linguística e em relação às quais a linguística é inoperante. Veja-se, sobre esta questão, o capítulo V da obra acima mencionada (que é a tradução da 2ª edição, publicada em russo em 1963, com diversas alterações relativamente à 1.ª edição, datada de 1929). Outro texto fundamental de Bakhtine para a compreensão do conceito de translinguística é o ensaio "O problema do texto", datável de 1959-1961, publicado postumamente em russo em 1979 e que figura, por exemplo, em tradução francesa, na obra de M.Bakhtine *Esthétique de la création verbale* (Paris, Gallimard, 1984).
 Sublinho que também Émile Benveniste se referiu à "analyse translinguistique des textes, des œuvres", que constituiria uma semiologia de "segunda geração" (cf. *Problèmes de linguistique générale II*, Paris, Gallimard, 1974, p. 66).

7.

Língua materna e sucesso educativo

«Todo lo importante del mundo se resume en palabras, abren o cierran, atan o libran!», diz uma personagem de *La isla de los jacintos cortados* de Gonzalo Torrente Ballester.

O exemplo por excelência deste poder da palavra encontra-se num dos textos fundacionais da cultura ocidental, o *Livro do Génesis*, onde se narra como Deus criou o mundo e o homem, *falando*. Se o cosmos é assim a linguagem de Deus, a linguagem possibilita ao homem apreender simbolicamente a divindade.

Nas tradições órficas, que percorrem, ora como rio subterrâneo, ora como eflorescência fulgurante, toda a história do Ocidente, a palavra-canto atravessa o vazio e funda o ser das coisas e do mundo. Como proclama a voz incandescente de Herberto Helder, *as casas são fabulosas, quando digo: / casas. São fabulosas / as mulheres, se comovido digo: / as mulheres.*

No declinar do Iluminismo e na aurora do Romantismo, essa figura estranha de sábio e de mago que se chamou Johann Georg Hamann conciliou na língua a ciência e a metafísica, ao exaltar a língua que é «mãe da razão e da revelação, o seu alfa e o seu ómega».

Por outro lado, recentemente, a teoria dos actos linguísticos, culminando uma longa tradição racionalista na filosofia da linguagem, ensina que, com os chamados *actos ilocutivos,* se realizam acções, «se fazem coisas com palavras», só porque, em circunstâncias apropriadas, se pronunciam determinadas expressões: «Eu vos declaro marido e mulher», «eu te baptizo», «o réu está absolvido», «peço-te perdão», etc. No domínio religioso como na esfera jurídica, na convivência social como na vida íntima, a palavra que se diz, que se recusa ou que se omite, é a porta que se abre ou se fecha, a salvação ou a condenação, a paz ou a guerra, o amor ou o ódio. «Que pecado cometi por ignorância?», pergunta Desdémona a Otelo. E o mouro de Veneza responde: «Que cometestes! Cometido! (...) Se dissesse o que haveis feito, as minhas faces ficariam rubras como as forjas e reduziriam a cinzas todo o pudor».

«Os limites da minha linguagem significam os limites do meu mundo», escreve Wittgenstein no *Tractatus logico-philosophicus* (5.6). *Na* sua linguagem, *com* a sua linguagem, um homem pensa o mundo e pensa-se a si, confessa os seus afectos e emoções, manifesta a sua vontade, narra eventos históricos, argumenta, constrói teorias, julga, sonha e reza... Como sabe qualquer aprendiz de semiótica (sobretudo se tiver lido Hjelmslev...), a linguagem verbal é o mais potente, complexo e refinado sistema semiótico de que o homem dispõe – uma linguagem com capacidade omniformativa, susceptível de se volver em metalinguagem, sem a mediação da qual não é possível construir linguagens artificiais, fundamento insubstituível de qualquer comunidade humana. Fenómeno universal, ela identifica, porém, um povo ou uma nação, como *língua histórica*; ela particulariza uma região, como *dialecto*; ela caracteriza um grupo social, enquanto *sociolecto*; ela, sendo uma instituição, transindividual na sua constituição e no seu funcionamento, é a marca de uma personalidade, enquanto *idiolecto*.

Como código que é, a língua é impositiva, obriga a dizer de determinado modo, é poder e instrumento de poder. Por isso, Roland Barthes, num passo já famoso da sua *Lição*, afirma que a língua não é reaccionária nem progressista, mas que é simplesmente fascista, «porque o fascismo não é impedir de dizer, é obrigar a dizer».

Sob esta perspectiva, na língua «confundem-se inelutavelmente servidão e poder» e assim se compreende que, em todos os tempos, as instâncias do poder religioso, do poder político, do poder social, se tenham esforçado tanto por controlar o uso da língua, a produção, a circulação, a leitura e a interpretação dos textos. A cultura dos povos constrói-se, conserva-se e transmite-se fundamentalmente através de textos verbais, orais ou escritos. As Igrejas, os Estados, as Escolas sabem «o que falar quer dizer», para utilizar o título de uma conhecida obra de Pierre Bourdieu, e por conseguinte procuram disciplinar, quando não domesticar, mediante apropriados mecanismos institucionais, o capital simbólico por excelência que são a língua e os textos nela produzidos. No pórtico real da catedral de Chartres, erguido no século XII, a Gramática aparece figurada como uma severa dama armada de uma vara, tendo aos pés dois pequenos discípulos, de cabeça curvada...

As instâncias do poder religioso, político e social, sabem, desde há milénios, que uniformizar a língua, uniformizar a produção e a interpretação dos textos, equivale a assegurar a uniformização dos valores diferentes e das visões diferentes do mundo. Mesmo sem se aceitar, nos seus fundamentos e nas suas consequências, a chamada hipótese de Sapir-Whorf, segundo a qual a representação do mundo e a cultura de uma comunidade são organizadas em conformidade com a língua dessa comunidade, é indubitável que é sobretudo através do uso da língua – do discurso interior, do diálogo com o outro, da audição ou da leitura de textos religiosos, históricos, poéticos, filosóficos, jurídicos, etc. – que o homem, desde a sua infância, vai construindo o seu *modelo* do mundo, vai *modelizando,* segundo categorias e valores, o real empírico e o universo social e vai urdindo a teia do imaginário e do sonho.

«Os limites da minha linguagem significam os limites do meu mundo». Bem o sabia o Chefe, o *Big Brother* de *1984* de George Orwell, ao instituir como língua oficial a *novilíngua,* cuja finalidade era não somente «fornecer um modo de expressão às ideias gerais e aos hábitos mentais dos devotos do *angsoc,* mas também tornar impossível qualquer outro modo de pensamento. [...] O vocabulário da novilíngua era construído de tal modo que pudesse fornecer uma expressão exacta, e por vezes bastante matizada, das ideias que um membro do Partido podia, a justo título, desejar comunicar. Mas excluía todas as outras ideias e mesmo as possibilidades de chegar a elas por métodos indirectos. A invenção de palavras novas, a eliminação sobretudo de palavras indesejáveis, a supressão nas palavras restantes de qualquer significação secundária, qualquer que fosse, contribuíam para este resultado. [...] Raramente era possível, na novilíngua, seguir um pensamento não ortodoxo mais longe do que a percepção de que não era ortodoxo. Para além desse ponto, as palavras não existiam.»

Uniformizar e mineralizar a língua, os seus significados, os sentidos dos textos e assim impor a «verdade» que não sofra variações e mudanças – eis o projecto lógico e monstruoso de qualquer totalitarismo.

A língua, porém, se é código e coerção – nem doutro modo poderia funcionar –, é também *energeia*, capacidade criativa, diferença e disseminação, porosidade, fractura e transgressão. Sabiam-no bem, na aurora esplendente da cultura ocidental, na Grécia antiga, os estóicos, ao ensinarem a ler os poemas homéricos em termos de *alegoria*, procurando no texto *outro* significado, um significado *diferente* daquele que a *letra* patenteava, sublinhando a importância das translações de significados, isto é, das metáforas, dos significados indirectos, oblíquos e ocultos. E sabiam-no igualmente bem os sofistas que, no século V antes de Cristo, fundaram e desenvolveram a arte da *retórica*, isto é, a arte de usar adequadamente o discurso com o objectivo de persuadir o interlocutor, fazendo-o mudar de opinião, captando-lhe a benevolência, numa operação tanto cognoscitiva como estética e prática. A génese da retórica é indissociável da emergência da democracia grega, da vitória política do *demos* e da *educação demótica* – ἐλευθέριος παιδεία –, isto é, da educação de cidadãos livres e responsáveis que discutem, argumentam, falam ao sentimento, são sensíveis à beleza da elocução, num confronto poliédrico de ideias que é guiado pela situação de comunicação e pelos fins a alcançar.

A retórica, uma das grandes criações da cultura europeia, tinha clara consciência de que o *saber falar* co-envolve todos os factores que hoje designamos como *competência comunicativa*. *Saber falar* pressupõe necessariamente conhecer os mecanismos semióticos que configuram o sistema fonológico, o sistema léxico-gramatical e o sistema semântico de uma determinada língua, mas pressupõe também indispensavelmente conhecer os *factores pragmáticos* – situação de interlocução, os contextos sociais e culturais, os chamados universos do discurso, as envolventes ideológicas – que condicionam, orientam e sobredeterminam a produção textual. *Saber falar* é, em primeiro lugar, saber constituir ou produzir um texto – e um texto é regulado por normas e convenções sintácticas e semânticas, mas também por normas, convenções e estratégias pragmáticas. A dimensão pragmática da textualidade enraíza o *saber falar* na espessura de um tempo histórico, na memória de uma cultura, na polifonia da intertextualidade, nos conflitos de uma sociedade, na lógica, nos interesses e nas astúcias das ideologias.

A educação linguística, indissociável do estudo dos textos considerados *clássicos* – e não é por acaso que uma etimologia inexacta correlaciona *clássico* e as *classes* das instituições escolares –, foi sempre, desde a *paideia* grega, um dos fundamentos da educação no Ocidente. E essa educação, pelas razões atrás sumariamente expostas, tem sido sempre um poderosíssimo instrumento de culturalização e socialização, de desenvolvimento cognitivo, de capacidade crítica, de apuramento da sensibilidade, de potenciação da fantasia lúdica e da criatividade. A educação linguística, por isso mesmo, constituiu também sempre o alicerce e o factor sinergético da aprendizagem de outras disciplinas e de outros saberes.

É por demais sabido que hoje, em todo o Ocidente, se verifica a existência de uma grave crise no ensino e na aprendizagem da língua materna – uma crise de perniciosos efeitos, como é unanimemente reconhecido, em todo o processo educativo. É assim na Itália, é assim na França, é assim nos Estados Unidos, é assim em Portugal. Preocupam-se os professores, afligem-se os pais, interrogam-se os políticos, lamentam-se jeremias nem sempre bem-falantes...

Porquê esta crise generalizada?

Não hesito em apontar a grande razão desta crise: porque, desde há algumas décadas, *a escola dos herdeiros,* que foi a escola do século XIX e ainda, em grande medida, a escola da primeira metade do século XX, se transformou numa escola de massas, sem que tenham sido introduzidas no sistema educativo as reformas indispensáveis para evitar distúrbios, disfunções e perdas de rendimento. Esta transformação, no âmbito da educação linguístico-literária – herdeira da grande e aristocrática tradição das *humanae litterae* –, poderá ser apocalipticamente descrita e designada como a «invasão da catedral» (título de um livro, publicado em 1983, da Professora Lígia Chiappini Leite, que constitui uma estimulante reflexão sobre o ensino da literatura). Novos bárbaros, iletrados e sem respeito pela cultura, conspurcariam agora os lugares sagrados onde o professor-*clerc,* noutros tempos, celebrava, *to the happy few,* o ritual da sua liturgia...

As grandes reformas das políticas educativas operadas no Ocidente, após a guerra de 1939-1945, fizeram afluir às escolas milhões de crianças verbalmente subdesenvolvidas, procedentes de classes e grupos sociais e de regiões económica e culturalmente desfavorecidos. Estas crianças, que «a escola dos herdeiros» excluía, passaram a constituir um escândalo apenas porque a escola os acolheu. Se, como acontecia ainda no século XIX, labutassem nos campos e nas fábricas, ninguém se preocuparia com o seu *subdesenvolvimento verbal.*

Ao contrário das vozes apocalípticas que denunciam e pranteiam a «invasão da catedral», eu penso que é social, cultural e educativamente preferível esta situação de crise do que o maltusianismo imposto, como regra, pela «escola dos herdeiros». O que se torna necessário é conceber e executar políticas educativas que possibilitem que a escola de massas seja uma escola de sucesso educativo e que, em particular, permitam compensar o subdesenvolvimento verbal destas crianças, tendo em consideração que saber falar e escrever, como ficou dito, é uma competência comunicativa adquirida em demorados e complexos processos de natureza cognitiva, social e cultural. É inaceitável fazer desse subdesenvolvimento verbal o garrote que implacavelmente provocará o insucesso educativo e, muito provavelmente, o fracasso social e a irrealização pessoal. Robert de Beaugrande, lembrando que a lei punia, na América sulista, antes da guerra da secessão, quem ensinasse os escravos a ler e a escrever, afirma justamente que «the denial of literacy is a denial of freedom»[1].

Como a investigação linguística tem demonstrado, são cientificamente insustentáveis, além de política, social e eticamente perversas, as ideias de que o subdesenvolvimento verbal significa inteligência inferior ou incapacidade genética para alcançar padrões elevados de desenvolvimento cognitivo e cultural (o racismo e a xenofobia alimentam-se gulosamente de «verdades» deste tipo). Todavia, certas investigações científicas, que muito têm contribuído para denunciar e desmascarar tais ideias e mitos, podem conduzir a soluções educacionais inadequadas. Em termos de teoria linguística, poder-se-á aceitar como exacto que, por exemplo, as crianças dos *ghettos* negros de Nova Iorque, que se revelam verbalmente subdesenvolvidas nas situações comunicativas criadas pela escola ou nas interacções fortemente estruturadas por restrições sociais, usam uma variedade do inglês perfeitamente adaptada à sua experiência quotidiana, que satisfaz, com lógica imediata e eficaz, as suas necessidades de expressão e comunicação. Em nome da chamada *teoria da diversidade linguística,* deverá a escola abster-se de realizar uma educação linguística compensatória? A resposta, penso eu, não é difícil de dar: dentro e fora da escola, o *mercado linguístico,* que se configura e «se impõe como um sistema de sanções e de censuras específicas», determinará o insucesso social dessas crianças negras. A lógica do sistema social, e do seu subsistema que é o sistema educativo, não comporta soluções alternativas. Trata-se de um capital simbólico fundamental e está em jogo um problema de poder social. A *teoria da diversidade linguística,* que conduz a um liberalismo glotopolítico mais ou menos selvagem, condena a criança do *ghetto* a sobreviver no *ghetto*.

---

[1] Cf. Robert de Beaugrande, *Text production. Toward a science of composition,* Norwood, Ablex, 1984, p. 8.

A educação pré-escolar reveste-se, assim, de uma importância decisiva numa educação linguística compensatória em relação às crianças que procedem de famílias e de comunidades de baixo nível sociocultural. Em Portugal, a crise do ensino e da aprendizagem do Português não terá solução satisfatória enquanto a educação pré-escolar não atingir um razoável índice de implementação, com escolas e equipamentos de qualidade aceitável e com professores devidamente preparados.

Por outro lado, é indispensável que na educação escolar, seja qual for o nível considerado, o ensino compensatório seja devidamente elaborado, programado e realizado, isto é, sem ser uma duplicação ou uma repetição em doses reforçadas do ensino normal; sem ser punitivo; com textos e materiais inovadores e apropriados; com professores escolhidos, sempre que possível, com base numa oferta voluntária.

No ensino básico, sobretudo nos seus dois primeiros ciclos, torna-se urgente uma reestruturação curricular e programática que aumente os tempos lectivos atribuídos ao ensino da língua materna – na chamada «Reforma Chevènement» do sistema educativo francês, promulgada em Abril de 1985, o ensino do francês, na «École élémentaire», ocupa entre 8 e 10 horas semanais, cabendo à matemática 6 horas e à educação artística 2 horas –, que liberte os professores e os alunos da enxurrada pseudo-teórica de noções de linguística, de semiótica, de teoria da comunicação, etc, e que oriente o ensino, sem prejuízo e sem ofensa de uma fundamentação teórica consistente e esclarecida, para a prática e para a fruição da língua oral e escrita. Ler e interpretar textos, produzir textos de diversos tipos, resumir textos, articulando a aprendizagem linguística com a aprendizagem do mundo e da vida, inserindo essa aprendizagem no universo cultural português, alargando a capacidade dialógica, heterofónica e interdiscursiva do aluno – eis o que se deve propor como objectivo no ensino da língua materna ao longo do ensino básico. Transformar o ensino da língua materna em rebuscadas e estéreis nomenclaturas ou em pretensiosos e vazios exercícios de formalização equivale a massacrar as crianças e os adolescentes, ocultando-lhes irremediavelmente a beleza, o sortilégio, a urdidura histórica, a força pragmática, a maravilha paradoxal de ordem e de caos, que a língua é. Hoje, infelizmente, temos numerosos alunos que completam o 9.º ano de escolaridade e que saberão o que é a função fática da linguagem, o que é um actante, que saberão traçar *árvores,* mas que não sabem interpretar um artigo do código da estrada, que não sabem ouvir ou ler criticamente um *slogan* publicitário, que não sabem redigir um relatório ou sequer um requerimento, que não ganharam o gosto da leitura.

Estas mudanças de programa têm obviamente de se correlacionar com a formação renovada dos professores de Português, quer com a sua formação inicial, quer com a sua formação contínua, e com a elaboração de livros e textos, de gramáticas e de dicionários com qualidade científica e didáctica.

Apurando os conhecimentos morfossintácticos, enriquecendo o vocabulário, discriminando os matizes semânticos e as conotações das palavras, aprofundando as relações entre co-texto e contexto, corrigindo a dicção e a ortografia, sabendo, em suma, ler e produzir textos, o aluno dominará os mecanismos linguísticos indispensáveis para o seu desenvolvimento cognitivo e cultural, para assegurar o seu bom rendimento escolar e para assumir os seus direitos e deveres de cidadania.

8.

O texto literário
e o ensino da Língua Materna

Neste último quarto de século, têm-se acumulado as interrogações e as dúvidas sobre a identidade do discurso e do texto literários.

Diferentemente, porém, do que aconteceu nos anos vinte deste século, quando, por entre a agonia de uma Europa ainda oitocentista e o parto frenético de uma Europa nova, se proclamava a *morte da literatura* e se exaltava a *antiliteratura*, este processo de crise de identidade da literatura tem sido predominantemente marcado por razões e preocupações de natureza *científica*, dirão uns; de natureza *logotecnocrática*, dirão outros.

O que se tem debatido e tem estado em causa é saber, por exemplo, se é possível diferenciar, a nível fonológico, morfossintáctico, lexical, semântico e pragmático, as chamadas *linguagem literária* e *linguagem corrente*; se é possível delimitar e caracterizar uma essência transtemporal e universal, não afectada por alterações contextuais, denominada *literariedade*, a qual marcaria como "textos literários" determinados textos; se é possível alargar a outras épocas históricas – à Idade Média, por exemplo – e a outras sociedades e culturas – africanas, por exemplo –, um conceito – o conceito de *literatura* – que se constituiu a partir da segunda metade do século XVIII, nas sociedades e culturas burguesas da Europa.

Sob estas razões e preocupações científicas – ou logotecnocráticas ... –, erguem-se, ou insinuam-se, com frequência, motivações de ordem filosófica e de ordem ideológica (mas não sabemos nós, depois dos estudos de Thomas Kuhn, que a ciência e a técnica nunca são fenómenos sociologicamente assépticos?). Para alguns, o fim da literatura é uma inevitabilidade da própria marcha do processo histórico (tal como o fim da arte, em geral); para outros, o "enterro" da literatura é o "enterro" de uma época histórica e de uma determinada formação económica, social e cultural.

Penso que estes debates e polémicas sobre a identidade da literatura e do texto literário, se têm provocado cepticismo e desconforto intelectual e se têm gerado radicalismos tanto conservadores como iconoclastas, têm tido também consequências benéficas, pois ensinaram a relativizar tanto diacrónica como sincronicamente o conceito de literatura; demonstraram a relevância dos leitores, dos contextos e dos factores institucionais na identificação do texto literário; impediram que se instalasse, a nível teórico, uma "verdade normalizada" sobre a natureza e as funções do fenómeno literário.

Graças a estudos "desestabilizadores" e até "terroristas", como os de Stanley Fish, Terry Eagleton, Paul Zumthor, etc., aprendemos a conhecer melhor os mecanismos semióticos, linguísticos e discursivos do texto literário; sabemos melhor como os géneros discursivos e os textos literários se articulam, na sua produção e na sua recepção, com comunidades sociais e interpretativas; estamos mais bem informados sobre a interacção do discurso literário com outros tipos de discurso e sobre o diálogo do texto literário com outros textos, literários ou não; aprendemos, enfim, a retirar ao texto literário certa aura de sacralidade, sabendo que, sem a *nossa leitura*, ele terá sempre uma existência defectiva, pois que nenhum texto fala *por si*.

Se me pedissem para definir, numa fórmula, *texto literário*, eu não seria capaz de elaborar essa definição (e não conheço nenhuma satisfatória). Todavia, seguindo o conselho expresso por Jurij Tynjanov no seu famoso ensaio *O facto literário* (1924), eu *apontaria* como textos literários, por exemplo, a canção X de Camões, as *Viagens na minha terra* de Garrett, a *Carta a Manuel* de António Nobre, *Para sempre* de Vergílio Ferreira. E diria também, numa espécie de visão topográfica do sistema literário, que uma carta de Camilo, uma crónica de Eça e um panfleto de Fialho podem ser considerados como textos literários, mas sem se situarem no *núcleo* do sistema, e que outros textos, como um romance policial ou um romance "cor-de-rosa", se situam na *margem* do sistema. E saberia ainda dizer que não é um texto literário, que é um texto que se situa fora do sistema da literatura, o manual de *Mecânica dos materiais* que o meu filho frequentemente consulta ou a "sebenta" de *Direitos reais* que tanto preocupa a minha filha.

Eu não discordo dos que afirmam que é *literatura* o que numa comunidade de leitores ou numa comunidade interpretativa se aceita como literatura. Discordo, porém, daqueles que afirmam que, na raiz dessa aceitação, não se encontram *também* factores textuais. Por outras palavras, discordo daqueles que defendem uma definição tão-só *pragmática* do texto literário, fracturando em áreas estanques a semiose textual e subordinando total e injustificadamente a dimensão sintáctica e a dimensão semântica do texto à sua dimensão pragmática. Esta fractura põe irremediavelmente em causa a ontologia da obra de arte literária, desfigurando ou mesmo ocultando a tessitura verbal, as microestruturas linguísticas e estilísticas e as macroestruturas retóricas e discursivas do texto literário. O leitor tem de se *apropriar do texto* – não há outro modo de ler, pese embora aos defensores ortodoxos do método histórico-literário –, mas não pode nem deve *expropriar* o texto a seu bel-prazer.

Curiosa e significativamente – e isto não tem sido posto em relevo de modo adequado –, todos quantos, nestas últimas três décadas, têm atacado, corroído ou desconstruído o conceito de literatura, não têm contestado especificamente o conceito de *poesia* – um dos conceitos matriciais da nossa cultura europeia e ocidental. Sempre que, desde o Romantismo, têm sido contrapostos os conceitos de *poesia* e de *literatura*, o conceito desqualificado tem sido sistematicamente o conceito de *literatura*. E desde Aristóteles até Vico e Heidegger, desde Dante até Mallarmé, Pound e Borges, a relação entre linguagem e poesia, entre língua e poesia, tem sido referida e valorada como uma relação primordial e essencial. Uma relação erótica. Uma relação placentária.

A relativização pragmática do conceito de literatura e do conceito de texto literário – uma das mais importantes aquisições dos estudos literários nestas últimas décadas – impede a concepção clássica do texto literário como um texto atemporalmente belo e normativo na sua forma de expressão e na sua forma de conteúdo. Por outras palavras, impede a constituição de um *cânone* de textos e de autores subtraído às mudanças históricas e sociais e possuidor de uma exemplaridade absoluta (uma exemplaridade de que podem decorrer abusivamente, no plano pedagógico, "lições" de ética, de educação moral e cívica, etc). Nesta perspectiva, a pragmática do texto literário inscreve-se num horizonte de pós-modernidade que pode ser de elevado interesse pedagógico, porque é um horizonte de criatividade, de disseminação e de pluralismo de valores.

Uma concepção clássica ou classicizante do cânone de textos e de autores conjuga-se logicamente com uma concepção estritamente prescritiva e juridicista da norma linguística. Imobilizam-se o cânone textual e a norma linguística a fim de se conservarem e preservarem os "valores eternos", os "significados imperecíveis" e os "modelos permanentes". A gramaticalização rígida e inflexível da sociedade e da cultura é um desígnio e um programa ideológico-político que podem ter na escola – e, mais particularmente, na antologia e nas gramáticas da língua materna – um dos seus instrumentos mais eficazes, mais duradouros e mais perversos.

A língua, como a poesia, é *energeia*, é mobilidade, viagem e horizonte. Numa como noutra, porém, são indispensáveis mecanismos de regulação – como em toda a cultura – e o texto poético é sempre um texto altamente codificado. Ele é também, todavia, um texto capaz de jogar ironicamente com a sua própria codificação, transgressivo em relação aos mecanismos reguladores da semiose, criador e difusor de novas regras e convenções. O texto poético, em relação à língua, realiza de modo exemplar a definição transcultural de excelência proposta por Pierre Bourdieu em ensaio recente: "saber jogar com a regra do jogo até aos limites, mesmo até à transgressão, sem cair no desregramento"[1].

Em todos os tempos, por isso, o texto poético pôde ser instância prestigiada de normatividade linguística e agente relevante de criatividade linguística. "Saber jogar com a regra do jogo até aos limites, mesmo até à transgressão, sem cair no desregramento" – esse é o saber do poeta e não o do gramático. E é esse saber, urdido de memória, de inteligência, de cálculo, de imaginação e de sonho, que o texto poético comunica e irradia e que o professor e o aluno têm de recriar na(s) sua(s) leitura(s). No pórtico real da catedral de Chartres, do século XII, a Gramática aparece representada como uma severa dama armada de uma vara, tendo aos pés dois pequenos discípulos, de cabeça submissamente curvada... Mas o jogral que espalhava o seu canto na praça pública ou o trovador que, na corte senhorial, exalçava a sua amada, sabiam que o seu canto era também o seu sonho e o seu desejo e que ele não podia ser escandido ou ritmado apenas pelas ordens daquela vara.

Ordem e aventura, transgressão sem desregramento – em termos logotecnocráticos, poder-se-ia dizer que estamos perante o fenómeno da *neg-entropia* linguística. Assim caracterizou, de modo muito belo e profundo, tal fenómeno esse grande poeta e crítico que se chama Octavio Paz : "Eu creio que a atitude do criador perante a linguagem deve ser a atitude do enamorado. Uma atitude de fidelidade e, ao mesmo tempo, de falta de respeito ao objecto amado. Veneração e transgressão. O escritor deve amar a linguagem, mas deve ter a coragem de a transgredir".[2]

O texto poético, porém, não desenvolve a sua criatividade, a sua transgressão, sem desregramento, num sentido *desviacionista*. Conceber e valorar o discurso poético em termos de desvio é linguística e

---

[1] Cf. Pierre Bourdieu, "Habitus, code et codification", in *Actes de la recherche en sciences sociales*, 64 (1986), p. 41.

[2] Cf. Octavio Paz, *Pasión crítica*, Barcelona, Seix Barral, 1985, p. 126

semiosicamente infundamentado e revela-se pedagógica e didacticamente desastroso. Como diz ainda Octavio Paz, a poesia é ruptura da linguagem, ou ruptura da superfície da linguagem, para penetrar no interior da linguagem. "A arte de escrever", conclui o poeta mexicano, "parece-se com o combate e também com o amor"[3]. A ruptura da superfície é depois exploração profunda e gozosa, é indagação emocionada, é alargamento e enriquecimento, é fecundação. Isto mesmo diz Eugenio Coseriu em palavras de grande rigor teórico, nas suas admiráveis "Tesis sobre el tema "lenguaje y poesia": "A poesia não é, como amiúde se diz, um "desvio" relativamente à linguagem corrente (entendida como o "normal" da lingugem); em rigor, é antes a linguagem "corrente" que representa um desvio perante a totalidade da linguagem. Isto é válido também para as demais modalidades do "uso linguístico" (por exemplo, para a linguagem científica): com efeito, estas modalidades surgem, em cada caso, por uma drástica redução funcional da linguagem como tal, que coincide com a linguagem da poesia"[4]. A linguagem poética representa, por conseguinte, a plenitude funcional da linguagem.

Nos grandes textos da literatura portuguesa – nos poemas de Camões, de Gomes Leal, de Pessanha, de Pessoa e de Herberto Helder, nas narrativas de Garrett, de Eça, de Raul Brandão, de Aquilino e de Jorge de Sena, etc. –, reinventa-se a língua portuguesa e reinventa-se o homem e o real que nela e por ela se exprimem e se comunicam. A literatura é também jogo, catarse, evasão, terapêutica, mas é, conjuntamente com tudo isto e acima de tudo isto, forma de conhecimento. E é conhecimento porque "os limites da minha linguagem significam os limites do meu mundo" e porque o texto literário, na *minha* leitura, modifica, alarga, aprofunda, matiza os limites da *minha* linguagem.

---

[3] *Id., ibid.,* p. 76.
[4] Cf. Eugenio Coseriu, *El hombre y su lenguaje,* Madrid, Gredos, 1977, p. 203.

No texto literário, como em nenhum outro tipo de texto, entrecruzam-se múltiplos discursos e dialogam múltiplos textos. O texto literário é, por excelência, espaço de interdiscursividade, de intertextualidade e de heteroglossia. O discurso filosófico, o discurso científico, o discurso religioso percorrem *Os Lusíadas* como percorrem os sonetos de Antero, a poesia de Nemésio ou de Sena. Em reverberações e ressonâncias de multiforme matiz e timbre, a lírica de Camões *fala* em Bocage, em Garrett, em Sena, em Gedeão e tantos outros poetas; Oliveira Martins *fala* em Eça; Cesário em O'Neill. E a heteroglossia, essa multidão de linguagens diatópica e diastraticamente diversas, que encontramos em Gil Vicente, em Camilo, em Aquilino? O professor e o aluno, ao descreverem e analisarem os fenómenos interdiscursivos, intertextuais e heteroglóssicos do texto literário, estão a descobrir mecanismos e manifestações fundamentais da semiose textual. Escrever um texto, ler um texto, são actos, operações e processos que pressupõem e co-envolvem o diálogo com outros discursos, o conhecimento de outros textos, a interacção com outras vozes e outras linguagens.

Como lugar de desenvolvimento da plenitude funcional da linguagem, como espaço por excelência de manifestação da interdiscursividade, da intertextualidade e da heteroglossia, o texto literário proporciona uma consciência, uma destreza metalinguística e metatextual que nenhum outro tipo de texto pode propiciar O texto literário solicita a atenção do leitor/aluno para os níveis fonológico, sintáctico, lexical, semântico e pragmático da linguagem, para os modelos e estratégias dos diferentes géneros discursivos, para a riqeza e profundidade da memória textual (e a cultura, como memória, conserva-se, irradia e transforma-se sob a forma de textos). A aula de língua materna poderá constituir assim uma fascinante aprendizagem dos códigos que obrigam a obedecer, mas que o texto pode alterar até aos limites da transgressão; uma maravilhada e perturbante descoberta da voz dos outros; a lição que ensina, na escrita e na leitura, a construir, sob e para além das significações literais, as significações alegóricas, metafóricas e simbólicas.

A semântica dos mundos possíveis instituídos pelos textos literários proporciona como ficou dito, uma consciência e uma destreza metalinguísticas excepcionais da aprendizagem da língua materna, pois liberta o texto de um contexto comunicacional empírico e imediato e solicita a criança e o adolescente a construírem, guiados pelo co-texto e apelando para a sua enciclopédia, a sua memória e a sua imaginação, referentes e contextos ficcionais. A criança e o adolescente aprendem assim a conhecer e a utilizar melhor a língua e o discurso na modelização e no questionamento de si próprios, dos outros e do mundo.

Estas funções cognitivas, expressivas e comunicativas do texto literário só serão pedagógica e didacticamente entendidas e fruídas na aula de Português, se a criança e o adolescente não forem aterrorizados com uma formidanda panóplia de termos e conceitos de linguística e de teoria literária que se interpõe, opaca e pesadamente, entre a inteligência, a memória, a sensibilidade e a imaginação do leitor e o texto. A transferência maciça e brutal para o ensino básico de instrumentos técnicos e terminológicos de descrição e análise linguística e literária não fecunda a leitura e a interpretação dos textos, acaba inelutavelmente por afastar o aluno do texto e condena a aula de Português a ser uma das mais detestadas estações da dolorosa *via crucis* que constitui, para um elevadíssimo número de crianças e jovens, a nossa escola curricular. Se a escola obrigatória é frequentemente a escola da obrigação, do tédio e do insucesso, a disciplina de Português figura entre os seus mais eficientes e perversos instrumentos.

É necessário modificar profundamente os programas de Português. Vamos ter, em breve, essa oportunidade, pois que, dentro de alguns meses, no âmbito das actividades da Comissão de Reforma do Sistema educativo, estará elaborada uma proposta de reestruturação dos planos curriculares do ensino básico e do ensino secundário e seguir-se-lhe-á logicamente uma proposta de reestruturação das várias disciplinas. Espero que este Congresso venha a contribuir de modo relevante, com as suas comunicações, os seus debates, as suas conclusões, para os trabalhos de elaboração dos novos programas de Português.

Outra condição fundamental para que o texto literário desempenhe satisfatoriamente as suas funções no processo de ensino e aprendizagem da língua materna reside na existência de antologias de boa qualidade. Pelos autores que acolhe e que exclui, pelos estilos de época que privilegia, pelos géneros e subgéneros discursivos que escolhe, pelo modo como delimita um "texto" no texto originário, pela distribuição topológica dos seus textos, pelos títulos que impõe, pelas "linhas de leitura" que propõe, a antologia é um instrumento de fundamental importância nas estratégias e nos processos da metacomunicação literária e da aprendizagem da língua materna em texto. Como capital simbólico por excelência que é, nesta língua em textos confluem interesses diversos e antagónicos, desenvolvem-se conflitos múltiplos, e por isso as antologias escolares estão sempre sujeitas a constrições pragmáticas muito fortes. Quando essas constrições defluem explicitamente de um sistema de crenças e convicções, de uma moral ou de uma ideologia bem definidas, a lógica antológica é inescapavelmente a lógica da manipulação da imaginação e dos modelos do mundo da criança e do adolescente, através da manipulação da sua linguagem. A energia, a *liberdade livre* da língua e da poesia ficam assim drasticamente reduzidas ou mesmo anuladas e o texto, que pode e deve ser um horizonte de liberdade, converte-se num beco de servidão.

Eu sei bem que não há antologias inocentes e assépticas e que o ensino da língua materna – bem simbólico fundamental, repito – nunca pode ser neutro em termos de mundividência, de axiologia ou de ideologia. Mas esta impossibilidade de inocência e de assepsia só não se volverá num projecto ou num programa de endoutrinamento e de manipulação ideológica, se se souber reconhecer e respeitar o *outro* que é o texto e o *outro* que é o aluno; se não se procurar padronizar homogeneamente o funcionamento da língua e a produção de sentido dos textos, orientando uniformemente as respostas dos leitores/alunos. Deixem-me aqui lembrar, emocionada e agradecidamente, a lição de liberdade, de fecundo relativismo e de tolerância de valores, que recebi nas aulas de Português dos meus 6.º e 7.º anos liceais, com um grande professor, um inesquecível mestre – o Dr. Luís Simões Gomes. No seu ensino, nós, os seus alunos, reconhecíamos sem dificuldade o "homem de esquerda", mas nunca reconhecemos a vontade ou o cálculo de impor um padrão ideológico. Na língua, com os textos, ensinou-nos a procurar e a admirar a liberdade.

Com efeito, só na liberdade é possível e alcança sentido a comunicação. Como afirmou Sartre, o "fracasso da comunicação é o começo de toda a violência ... Quando cessa a comunicação não restam senão garrotes, incêndios, enforcamentos" ... Nós, professores de Português como língua materna – a língua aprendida na primeira infância, na qual exprimimos os nossos sentimentos, na qual pensamos o mundo e sonhamos a vida, a língua em que se enraíza e conserva a nossa memória individual e colectiva –, temos uma responsabilidade enorme nesta educação para a liberdade e para a comunicação. "Os limites da minha linguagem significam os limites do meu mundo". E esses limites movem-se, alargam-se, quando o poema floresce na sala de aula ...

Braga, Maio de 1987

9.
Teorização Literária

Há pouco mais de um quarto de século, em meados de Novembro de 1957, assistia eu, com a curiosidade e a timidez de um «caloiro», à primeira aula de Teoria da Literatura ministrada na Universidade de Coimbra. Tratava-se de uma disciplina nova, acabada de introduzir nos planos curriculares das chamadas licenciaturas filológicas pela reforma das Faculdades de Letras que ficou conhecida pelo nome do Ministro da Educação Nacional que a subscreveu – a reforma Leite Pinto.

Quem proferia essa primeira aula e ia reger a nova cadeira era o Professor Costa Pimpão – o grande e querido Mestre falecido no dia 6 de Janeiro de 1984 –, que acabava de regressar de uma longa estadia como Professor visitante em Universidades brasileiras. Falou-nos da sua responsabilidade ao assumir aquele encargo, das dificuldades em estabelecer um programa, da escassez de bibliografia especializada. E para que os alunos tomassem consciência dos intrincados problemas que suscitava a nova cadeira, leu e comentou fragmentos de um breve ensaio que, nas suas palavras, era um dos raros estudos que conhecia sobre o próprio conceito de Teoria da Literatura.

Foi a primeira indicação bibliográfica daquele curso. Tratava-se do ensaio intitulado precisamente «Teoria da Literatura», que faz parte do livro *Preto & Branco* da autoria de Augusto Meyer, publicado em 1956 pelo Instituto Nacional do Livro e que constituíra, em fins de 1952, uma lição realizada na Faculdade Nacional de Filosofia.

Aí se lia, logo nos primeiros parágrafos: «Se a Ciência em geral é de ontem, podemos afirmar que a Ciência da Literatura é de agora mesmo, descontado naturalmente o exagero caricato que pedia a ênfase, neste caso. Devemos avançar com a maior cautela, em terreno tão movediço, onde não faltam as areias gulosas da paralogia, nem os atoladouros da improvisação. E daí preferirmos, com relativa timidez», conclui Augusto Meyer, «a expressão "teoria da literatura", ao colorido presunçoso que sentimos na expressão "ciência da literatura", que herdamos dos alemães».

Se é certo que, em 1915, Richard Green Moulton, «Professor of Literary Theory» na Universidade de Chicago, publica a sua obra *The Modern Study of Literature,* subintitulada «An introduction to Literary Theory»; se é certo que, em 1928, Boris Tomachevskij publica o primeiro livro que ostenta o título de *Teoria da Literatura* e que, em 1941, Alfonso Reyes publica *El deslinde: apuntes para la teoría literária,* não é menos verdade que, em 1948, ao escreverem o prefácio para a 1.ª edição da sua *Theory of Literature,* René Wellek e Austin Warren, embaraçados e cautelosos, advertem: «a escolha do título a dar a este livro foi excepcionalmente difícil. [...] Escrevemos um livro que, ao que sabemos, não encontra qualquer paralelo próximo com outro». E no famoso *Dictionary of world literature* de Joseph T. Shipley, cuja 1.ª edição é de 1953, não aparece sequer a entrada «teoria da literatura».

Se pensarmos que, em 1944, publicou Soares Amora o seu livro *Teoria da Literatura;* que, em 1952, Augusto Meyer, na referida lição proferida na Faculdade Nacional de Filosofia, analisava o conceito de teoria da literatura, revelando informação especializada sobre a matéria; que, desde 1957, a cadeira de Teoria da Literatura figura nos «curricula» das Faculdades de Letras portuguesas, poder-se-á dizer que, neste domínio, o ensino universitário luso-brasileiro não se atrasou muito. E como não lembrar a acção fundacional e fecundante de mestres como Fidelino de Figueiredo e Alceu Amoroso Lima – um e outro bem representados nos meus apontamentos de aulas de «caloiro»? E como esquecer que, em 1948, foi originariamente publicada em língua portuguesa, com o título de *Fundamentos da interpretação e da análise literária*, a grande obra de Wolfgang Kayser, professor de Literatura Alemã entre 1941 e 1946 na Faculdade de Letras de Lisboa e bolseiro do Instituto de Alta Cultura entre 1946 e 1950, período em que redigiu o seu *magnum opus*, que depois, em 1958, seria afeiçoado ao génio da língua portuguesa por esse grande senhor da ciência e da arte da tradução que é Paulo Quintela?

A partir de meados da década de 60, nas Universidades europeias e americanas, o ensino e a investigação no domínio da Teoria da Literatura conheceram uma expansão célere e impetuosa, modificando profundamente a economia e a dinâmica do «campo» dos estudos literários. Constituiu-se uma comunidade académica e científica internacional que, como demonstrou Thomas Kuhn, é condição institucional indispensável para o desenvolvimento da «ciência normal» e para a emergência de «revoluções científicas». Multiplicaram-se as cátedras, os programas e os departamentos de Teoria da Literatura (ou com designações equivalentes); apareceram, ganharam prestígio e autoridade as revistas *New Literary History, Poetics, Poétique, Littérature, Poetika, Strumenti Critici, Lingua e Stile, Critical Inquiry, Diacritics, PTL, Poetics Today*, etc. Muitas revistas não especializadas acolheram e concederam particular relevância a ensaios de teoria literária, como sucede desde 1971 com a revista *Colóquio/Letras*, que a clarividência, a generosidade e o espírito universal do Professor Jacinto do Prado Coelho transformaram no mais importante *forum* dos intelectuais portugueses e brasileiros que se dedicam aos estudos literários. Até uma revista quase centenária, com um passado escrupulosamente histórico-filológico, como *Modern Language Notes*, abriu largamente as suas páginas a artigos de teoria literária. E, reconhecimento pleno da relevância do novo campo disciplinar por um dos mais influentes órgãos do *establishment* académico mundial, a bibliografia anual da *Modern Language Association* fixou, desde 1967, uma rubrica específica para a teoria literária, registando de ano para ano um espectacular aumento percentual dos estudos publicados.

Em duas décadas, a Teoria da Literatura alterou profundamente a fisionomia – eu diria mesmo a fisiologia – de todos os estudos literários, modificando também, em consequência, a actividade dos respectivos docentes e investigadores. Como sempre acontece, aquando da emergência e do desenvolvimento acelerado de um campo disciplinar que provoca extensas repercussões no sistema escolar, que origina disputas de lugares nas instituições de ensino, mormente nas Universidades, que envolve promoções e despromoções (reais ou aparentes) no meio académico, que implica, tácita ou explicitamente, mudanças e rupturas numa ordem simbólica existente, a confusão, o barulho e a fúria foram grandes.

Importantes obras de história e de crítica literárias publicadas ainda há relativamente pouco tempo, entre os anos 30 e 60, apareceram subitamente envelhecidas, exigindo dos seus autores, em caso de reedição, prefácios justificativos ou operações de «cosmética», pelo menos terminológica; métodos de investigação aplicados com aplauso em dissertações doutorais nas décadas de 40 e 50 foram desqualificados sem remédio. Novos quadros teóricos, novos métodos e novos conceitos conduziram a novas descrições, análises e interpretações da semiose literária e de textos literários concretos. Muitos professores de vários níveis de ensino foram gradualmente experimentando o mal-estar intelectual, psicológico e profissional da desactualização científico-pedagógica; alguns, atordoados pelo ritmo da sucessão das novidades, algumas vezes mal entendidas, apostaram sempre, num proteísmo entre patético e cómico, na crista da onda, com catastróficos resultados pedagógicos e didácticos, sobretudo no ensino básico e secundário; outros, ainda, fecharam-se numa hostilidade surda ou tonitruante, contra as novas teorias e até contra toda a teoria, ou pior ainda, apegaram-se dogmaticamente – e por vezes tacanhamente – a uma única novidade.

Muitos professores e investigadores, todavia, entenderam as razões e os objectivos de um novo rigor terminológico-conceptual, descritivo e analítico, descobriram a necessidade e a fecundidade de um ensino e de uma investigação interdisciplinares, compreenderam que a racionalidade científica só nas falácias de um humanismo e de um esteticismo hedonísticos ou desesperadamente de costas voltadas para a história é que se contrapõe à arte e à fruição estética.

 O próprio crescimento, porém, do campo disciplinar, serenadas muitas das polémicas e das paixões próprias de toda a génese e de toda a ruptura, impôs intrínseca e extrinsecamente a clarificação do campo, moderando radicalismos, denunciando amadorismos, obrigando a examinar e a avaliar as incoerências, as contradições e as lacunas ou, pelo contrário, a consistência, o elevado índice de convalidação e a produtividade das várias teorias disponíveis. Os deslumbramentos de neófito e as fidelidades de catecismo não se compaginam com a lógica, a ética e a psicologia da investigação científica, podendo apenas, quando muito, propiciar ou facilitar «carreiras». A «tensão essencial» implícita na investigação científica, analisada por Thomas Kuhn num famoso ensaio, exige que essa investigação se enraíze firmemente na tradição científica contemporânea, conhecendo-a, nos seus pressupostos, nos seus fundamentos, nos seus programas e estratégias, para que exista a possibilidade de modificar essa mesma tradição. Por isso mesmo, segundo Kuhn, o cientista que logra o êxito deve possuir simultaneamente as características do tradicionalista e do iconoclasta. O desenvolvimento do campo disciplinar, o «debate racional entre teorias fundamentais alternativas», a existência de uma comunidade científica, configuram hoje um estatuto epistemológico e um quadro institucional muito diferentes daqueles com que se defrontavam, vinte e cinco anos atrás, o professor e o estudante de Teoria da Literatura.

 Em virtude, principalmente, das suas características interdisciplinares, a Teoria da Literatura perturbou fortemente o equilíbrio do instituto (no sentido jurídico) dos estudos literários nas Universidades europeias e americanas – um instituto que, há vinte anos atrás, reflectia em geral os fundamentos, a organização e a taxinomia do saber histórico-filológico-positivista, constituído ao longo do século XIX. Pelo seu objecto formal de conhecimento, pelas suas relações interdisciplinares privilegiadas com a epistemologia, com a linguística geral, com a semiótica, com a teoria da comunicação e com a sociologia do conhecimento, a Teoria da Literatura não é integrável no quadro oitocentista das chamadas ciências filológicas, sejam elas clássicas, românicas ou eslavas, nem no quadro dos subdomínios linguístico-literários e étnico-culturais discrimináveis nesse quadro das ciências filológicas: estudos portugueses, estudos franceses, estudos ingleses, etc. Na Universidade de tipo anglo-saxónico, tem sido mais fácil adequar os mecanismos institucionais à transformação e à emergência dos campos disciplinares, quer através da constituição de novos departamentos ou de novas áreas de departamentos, quer, sobretudo, como acontece nas Universidades norte-americanas, através de projectos interdepartamentais de ensino e investigação institucionalizados nos chamados «programas». Noutro tipo de Universidade, como a portuguesa, independentemente de serem «clássicas» ou «novas, e nas quais os departamentos, quando existem, constituem quase sempre apenas uma alteração nominal e regulamentar de unidades científico-pedagógicas de talhe tradicional, a situação torna-se de mais difícil modificação. Bastará dizer que nas Faculdades de Letras das chamadas Universidades «clássicas», enredadas desde há vários anos numa reformite apodrecida, não existe ainda uma especialidade de doutoramento em Teoria da Literatura. Quando, há cerca de um ano, Eduardo Prado Coelho se apresentou a doutoramento com a sua magnífica dissertação *Os universos da crítica* obteve, segundo os preceitos jurídico-administrativos, o grau de doutor em Literatura Portuguesa – uma especialidade que, obviamente, não condiz com o teor da dissertação. Com o seu senso da modernidade, com a relativa flexibilidade das suas instituições universitárias, com o crescimento, desde há vários anos, dos seus cursos de mestrado – cursos de concretização escandalosamente tardia em Portugal –, o Brasil apresenta, neste domínio, segundo creio, um estado de coisas bem diferente.

    As resistências ao reconhecimento da Teoria da Literatura e aos seus objectivos bem definidos e autónomos, se bem que tenham vindo a atenuar-se progressivamente, como revelam, por exemplo, os numerosos depoimentos publicados recentemente nas revistas *New Literary History* e *Critical Inquiry*, não deixam de se manifestar ainda, ora frontal, ora obliquamente.

Eu classificaria e caracterizaria assim essas resistências:

a) Em primeiro lugar, a atitude grosseiramente empirista e positivista de que apenas valem e interessam os «factos». Argumentos deste tipo só são possíveis porque, no âmbito dos estudos literários, se tem cultivado um cuidadoso desconhecimento dos problemas epistemológicos, em claro contraste com o que se verifica, desde há muitas décadas, nos domínios da Linguística e da História. Não vou aqui repisar o lugar-comum da epistemologia contemporânea, de Karl Popper a Feyerabend, Lakatos e Kuhn, de que não há «factos» em si, de que não existem dados observacionais que não dependem de uma teoria ou de uma pré-teoria tácitas ou explícitas. Ver, percepcionar o mundo empírico, é necessariamente construir a visão, categorizar, modelizar, numa operação de semiotização dependente do sistema linguístico e de outros sistemas culturais. Como John Searle demonstrou em *Meaning and expression*, não existem significado literais que não sejam suportados por suposições subjacentes («background assumptions»). Os textos literários só existem como textos em processos de comunicação e em qualquer processo de comunicação, diferentemente do que representa o diagrama da comunicação linguística extraído por Roman Jakobson do modelo matemático da comunicação, os significados são sempre necessariamente co-produzidos pelo receptor. Alguns anos antes do aparecimento da «Escola de Constança», já Julio Cortázar tinha exposto esta função do leitor – é certo que apenas do leitor que não fosse «el lector hembra»... –, no célebre capítulo 79.º da *Rayuela;* e três séculos e meio antes de Cortázar, já Cervantes assim o entendia, ao escrever a obra-prima da metanarrativa ocidental que é *El ingenioso hidalgo D. Quijote de la Mancha.* Uma teoria científica, com os seus modelos de descrição, de explicação e de compreensão, com os seus construtos, com as suas hipóteses e conjecturas, representa o desenvolvimento e a culminação, no plano da racionalidade, de todo o processo cognitivo do Homem.

b) Em segundo lugar, entre as resistências que estou a classificar e caracterizar, o princípio idealista, de origem romântica, de que a obra de arte literária é misteriosa e irredutivelmente singular, irrepetível, etc. Esta sacralização do texto literário, ideada e difundida por escritores, filósofos e críticos que transferem para a arte a transcendência das religiões em crise e que nessa transcendência vicária buscam a legitimação ou o exílio perante uma ordem social que os marginaliza ou ignora, não tem qualquer fundamento racional. De Saussure aos formalistas russos, aos estruturalistas de Praga, de Hjelmslev a Wittgenstein, de Jurij Lotman a Jürgen Habermas, da teoria da comunicação à semiótica, não sofre contestação o axioma de que a produção e o entendimento do significado – podemos dizer, do texto – pressupõem e exigem um sistema, códigos, em suma, *transcendentalia* entendidos num sentido kantiano mitigado (por conseguinte, universais epistémicos e não metafísicos *dei ex-machina*). Exprimir, comunicar, escrever, ler são processos e actos originária e fundacionalmente socializados, porque só são realizáveis pela mediação da língua graças à natureza *pública, institucional,* dos significados linguísticos. Como afirmava recentemente Wayne Booth, todo o revolucionário depende muito do seu passado e o escritor «revolucionário» não se exime a esta dependência: só pode dizer o que *pode* dizer e isso será, em grande medida, o que aprendeu a dizer com os «reis» que irá depor.

É certo que nenhum texto literário é inteiramente subsumível num sistema – ou, noutra perspectiva, nenhum texto literário é inteiramente deduzível, no seu significado, de um sistema –, mas só foi escrito e só será legível e pluralmente interpretado pela mediação do sistema literário. Por esta razão, existe uma diferença epistemológica fundamental entre a Teoria da Literatura e as suas subteorias, como, por exemplo, a narratologia, que podem justificadamente ser consideradas como teorias científicas, e a crítica literária, que não pode – em nenhum caso, e não apenas no caso da chamada crítica impressionista –, ter o estatuto de disciplina científica (e nisso reside, julgo eu, a sua grandeza e a sua miséria). No limiar do seu último livro, *Nouveau discours sur le récit*, Gérard Genette desenvolve uma reflexão que me parece esclarecer bem estas questões e que, por isso mesmo, peço licença para traduzir: «Um ilustre sábio declarava em jeito humorístico, se não me engano no princípio deste século: «Existe a física, depois há a química, que é uma espécie de física; depois, há as colecções de selos». Inútil precisar que Rutherford era ele próprio um físico e cidadão britânico. Depois, como é sabido», continua Genette, «a biologia tornou-se também uma espécie de química e até (se li bem Monod) uma espécie de mecânica. Se (digo *se*) toda a forma de conhecimento se situa algures entre esses dois pólos que são simbolizados pela rigorosa mecânica e por essa mistura de empirismo e de especulação representada pela filatelia, pode-se sem dúvida observar que os estudos literários oscilam hoje entre o filatelismo da crítica interpretativa e o mecanicismo da narratologia».

c) Em terceiro lugar, aponto a atitude dos que, em nome do prazer estético ou do «prazer do texto», desqualificam ou ignoram a Teoria da Literatura. Cita-se frequentemente o *Fausto* de Goethe – «Cinzenta caro amigo, é toda a teoria e verde é a deliciosa árvore da vida» –, cita-se inevitavelmente Barthes e, mais raramente, invoca-se a poética da desconstrução. A ideia de que uma teoria científica é necessariamente «cinzenta», refractária à imaginação e à metáfora e fechada à beleza, deriva de uma concepção anacrónica, inteiramente positivista, da ciência. Por outro lado, a concepção da experiência estética como jogo e como deleite não exclui a inteligência e a racionalidade. É certo que, no imaginário ocidental, os sábios são austeros, e daí que Baudelaire, causando alguns engulhos aos sábios estruturalistas que esquadrinharam a gramática da sua poesia, tivesse contraposto a esse rigor austero a voluptuosidade dos gatos... Mas a Teoria da Literatura não tem obviamente como objectivo nem, penso eu, como consequência, reduzir ou anular o deleite da experiência estética do leitor. Aliás, as concepções eróticas do texto literário e da leitura literária, tanto em Barthes como na poética da desconstrução, têm subjacente uma complexa teorização. E não acontecerá assim com todas as modalidades refinadas do erotismo? Nietzsche, o desconstrutivista por excelência, aproxima metaforicamente a mulher e a escrita, em ambas descobrindo a sedução da inacessibilidade tropológica, a promessa de uma transcendência provocativa, a dissolução das distinções conceptuais e categoriais. Em Barthes, a sexualização da língua, a erotização do texto constituem um desafio e uma fuga à autoridade do pai, tendo-se intensificado obsidiantemente na última fase da sua vida, marcada, como ele próprio confessou, pelo niilismo gnosiológico e, como revelam testemunhos de íntimos amigos, dominada pelo amor devorante consagrado à mãe. E não afirmam alguns sectores da «crítica feminista», tão florescente nos Estados Unidos, os quais advogam alternativas libertárias e descentradas, que a teoria literária, pelo seu carácter sistemático, representa o *macho* e a sua opressão? Ler um texto como um corpo e, reversamente, ler um corpo como um texto, aventura de semiotização erótica tão belamente narrada – melhor se diria metaficcionalizada – por Italo Calvino em Se *um viajante numa noite de Inverno,* pressupõe uma teoria do texto, do corpo, da leitura e do amor. Afinal de contas, o Mefistófeles goethiano não contrapunha a teoria à arte ou à literatura, mas à vida...

Por vezes, a exaltação do prazer do texto exprime-se em termos de preservação da «virgindade» da leitura. Este tropo da «virgindade», que implica em rigor a rejeição de qualquer metalinguagem e não apenas da metalinguagem da teoria literária, tem de ser interpretado como significando uma virgindade simulada ou postiça, pois todo o leitor – e não falo sequer do «leitor competente», do «leitor informado», do «arquileitor» e quejandos– transporta consigo uma biblioteca imaginária, lê um texto à luz de outros textos, em diálogo com outros textos, mobilizando a sua «enciclopédia», utilizando códigos múltiplos. Como observa ironicamente Costa Lima num dos ensaios do seu livro *Dispersa demanda,* «a virgindade deixou de ser praticada para ser agora teoricamente valorizada». No exército em marcha dos tropos, como advertia Nietzsche, as verdades são ilusões que se desconhecem enquanto ilusões, moedas com o anverso apagado e que já não valem como moedas...

Uma inquietante e expedita forma de liquidar a Teoria da Literatura, com alguma voga nos últimos anos, consiste em relativizar ao máximo o conceito de literatura, dissolvendo-o e abolindo-o. Se não há literatura, como há-de existir uma Teoria da Literatura? É claro que, com esta drástica operação, ficam igualmente abolidos o ensino da literatura, a crítica literária, a história literária, etc. Terry Eagleton, professor em Oxford, ao terminar o seu livro paradoxalmente intitulado *Literary Theory: An introduction*, escreve: «Devemos concluir, então, que este livro é menos uma introdução do que um necrológio e que acabámos por enterrar o objecto que procurávamos exumar».

No capítulo I da 4.ª edição da minha *Teoria da Literatura*, analisei com delonga o problema da relativização histórica e intercultural do conceito de literatura e não quero aqui retomar os argumentos aí expendidos com o propósito, que me parece teorética e historicamente correcto, de relativizar essa relativização. Este problema, porém, é de extrema gravidade e tem de nos preocupar especialmente a nós, professores de literatura. Confrontado com ele, com este problema, René Wellek intitulou o seu mais recente livro *The attack on literature* e um grupo de professores ingleses e americanos acaba de publicar uma provocativa colectânea de ensaios sob o título *Reconstructing literature*. A verdade, como inquéritos e estatísticas responsáveis revelam, é que os jovens, os estudantes, mesmo quando oriundos de meios sociais e económicos de nível médio ou superior, manifestam escasso interesse pela literatura, lêem pouco, raramente adquirem livros, não compreendem qual o proveito em estudar literatura. É assim na Alemanha Federal, é assim na França, é assim nos Estados Unidos... E de nada valem as objurgatórias do exaltado humanismo contra a ciência e a tecnologia, contra a televisão e o cinema, como diria o doutor Maurício Caires da telenovela *Gabriela*...

É urgente repensar a didáctica da literatura, com o auxílio e a orientação prestados pela Teoria da Literatura e por outras disciplinas, mas sem cair na tentação de transferir simplistamente a Teoria da Literatura para a didáctica da literatura, metralhando crianças e adolescentes com termos e conceitos que eles não podem entender e submetendo os textos literários a torturas analíticas ou pseudo-analíticas tão estéreis e entediantes como os sinapismos gramaticais aplicados aos versos d'*Os Lusíadas*. O programa de Português do nosso ensino preparatório constitui, a este respeito, uma monstruosidade dificilmente igualável. Há muitos jovens inteligentes que estudam com gosto a física nuclear, a genética, a informática, a sociologia, mas que, por exemplo, consideram «uma chumbada» ler Os *Maias*, intragável quase toda a literatura contemporânea, um inútil suplício a análise de sinédoques em sermões do Padre Vieira, ou dos actantes num romance de Carlos de Oliveira ou Vergílio Ferreira. Novos bárbaros que assim se excluem da áurea tradição do Humanismo? Se muitos dos grandes bárbaros do nosso tempo, os nazis exterminadores de milhões de judeus, eram homens saturados de cultura humanística, literatura, música, artes plásticas, terá qualquer sentido falar, a respeito destes jovens, de «bárbaros»? E o mais intrigante é que estes jovens têm frequentemente um imaginário muito rico e manifestam um profundo e até apaixonado interesse por outras modalidades de expressão artística como o cinema, a pintura e a música (sobretudo a música, que me parece ser um dos grandes e fascinantes fenómenos da cultura de massa do nosso tempo).

A leitura dos textos literários, o estudo da literatura e até a produção literária têm-se concentrado – ou confinado... – progressivamente na escola e sobretudo na Universidade. É este um espaço de liberdade e de energia criadora ou será um *ghetto,* senão um cárcere? Temos de nos preocupar, e por isso aqui nos congregamos, com o ensino da literatura portuguesa nas escolas do Brasil, temos de nos preocupar com o ensino da literatura brasileira nas escolas de Portugal, mas temos também de nos preocupar, *tout court,* com o ensino da literatura.

Ora, neste domínio, afigura-se-me que pode ter consequências muito fecundas a transformação de paradigmas que nestes últimos anos têm ocorrido na Teoria da Literatura. O paradigma formalista-estruturalista, que se vinha conformando, com avanços e recuos, desde finais do século XVIII e que alcançou a sua formulação mais rigorosamente elaborada no arquifamoso estudo de Roman Jakobson «Linguistics and poetics», entrou em desagregação desde o início da década de 70. A intransitividade da experiência estético-literária, a obra de arte autotélica, a *clôture* semântica do texto literário, a literariedade, a função poética da linguagem verbal, a análise imanente do texto literário, etc., são termos, conceitos e construções teóricas do paradigma formalista-estruturalista que hoje se têm de considerar como cientificamente indefensáveis (o que não significa que não tenham constituído elementos nucleares da metalinguagem do sistema semiótico literário desde há cerca de dois séculos). Só quem erroneamente identifica ciência com a posse da verdade inalterável, absoluta, é que se escandalizará com estas rupturas de paradigmas científicos. A história de qualquer ciência é um vasto cemitério ou armazém de teorias mortas, envelhecidas ou inutilizadas, mas que tiveram a sua justificação intrateórica ou interteórica, que desempenharam a sua função mais ou menos relevante na infindável sucessão de conjecturas e refutações que é todo o conhecimento científico e que, tal como as metáforas desactivadas, podem eventualmente ser recuperadas. Para os crentes, há todo o fundamento e toda a razão para que os Mandamentos da Lei de Deus continuem *ad aeternum* a ser dez, mas para os estudantes de linguística não há necessariamente razão, no âmbito da lógica científica, para que as funções da linguagem verbal continuem a ser as seis que figuram no modelo jakobsoniano.

    A desagregação do paradigma formalista-estruturalista e a emergência de um novo paradigma, que designarei e caracterizarei como semiótico-comunicacional, resultaram da confluência e da interacção de diversos factores, dentre os quais saliento:

    – O reconhecimento da relevância da pragmática na semiose literária, na linha da semiótica peirciana e da filosofia da linguagem de Wittgenstein (esse reconhecimento manifesta-se na

estética da recepção, na teoria do texto, na aplicação da teoria dos *speech acts* ao domínio da teoria literária, etc.); a redescoberta do referente, pois que, nas palavras de Edward Said, um grande teorizador da literatura quase desconhecido entre nós, os textos são irredutivelmente «mundanos» *(worldly)*, não podendo o discurso funcionar e sustentar-se «num universo textual hermético, alexandrino, sem conexões com a actualidade»; a afirmação da indissociabilidade do *co-texto* e do *contexto*, particularmente enfatizada na gramática do texto de János Petöfi e na semiótica soviética;
– O reconhecimento, enfim, da natureza institucional, histórica e social da literatura.

O paradigma que designei como semiótico-comunicacional conserva, embora com modificações de vária ordem, termos, conceitos e construtos do paradigma formalista-estruturalista. A tese de Thomas Kuhn sobre a incomensurabilidade dos paradigmas científicos, como demonstrou, entre outros, Wolfgang Steggmüller, implica de modo inaceitável fissuras na racionalidade científica e não dá conta satisfatoriamente do progresso científico. Os construtos de sistema e de código constituem os elementos mais importantes que transitaram do paradigma formalista-estruturalista para o paradigma semiótico-comunicacional, mas profundamente modificados, devido ao novo quadro teórico em que se integram. A parametrização histórica e sociológica dos conceitos de sistema e de código, de fundamental importância na semiótica soviética e nos mais recentes desenvolvimentos da semiótica italiana (em Eco, Segre, Maria Corti), é sem dúvida uma das modificações nucleares. Outras modificações de vulto consistem no entendimento diverso, no plano da produção, das relações entre o sistema e o texto e, no plano da recepção, dos mecanismos de decodificação. A constituição de uma semiótica histórica do fenómeno literário representa o grande objectivo e a grande ambição do paradigma semiótico-comunicacional, reinserindo a história e a sociologia da literatura num novo quadro epistemológico e metodológico.

Penso que, à luz do paradigma semiótico-comunicacional, o ensino da literatura nas escolas secundárias e superiores irá ser substancialmente modificado. Os «demónios» da semiose literária, que o paradigma formalista-estruturalista se esforçou por exorcismar, evacuando-os – a história, o referente, o autor, o leitor, a intencionalidade, a ideologia, o poder simbólico...–, reemergem, mas teoreticamente trabalhados, digamos assim, pela contribuição do formalismo russo, do *newcriticism* anglo-norte-americano, do estruturalismo francês e da poética da desconstrução. O estudante reencontrará no texto literário a memória de uma cultura, a tensão da história, os conflitos ou as harmonizações de ordem ideológica, as estratégias discursivas que legitimam ou corroem o poder, a criação dos mundos possíveis que representam a modelização, na língua e para além da língua, de alternativas de projectos de vida. O jovem reconhecerá assim na literatura de todos os tempos, com as marcas particulares de cada tempo, de cada cultura e de cada sociedade, a função insubstituível dos textos literários: a reinvenção da língua, a reinvenção do homem, a reinvenção do mundo. E o estudante compreenderá então a razão por que o *Big Brother* de *1984* de Orwell ordenou que fossem reescritos na nova língua do *angsoc* todos os textos literários do passado: ao uniformizar, ao mineralizar a língua e os textos, o *Big Brother* cancelava a memória, abolia o dissenso, proibia a aventura, a imaginação e o prazer, mas também fechava o futuro.

10.
Teses sobre o ensino do texto literário na aula de Português

Como o tempo de que disponho para realizar esta intervenção é relativamente curto, não permitindo explanar e dilucidar argumentativamente as proposições e as propostas que vou apresentar, construirei o meu texto como uma sequência de teses sobre o tema que, em conformidade com o programa deste Encontro, me cabe tratar, formulando cada tese de modo conciso, sem tecnicismos teoréticos e terminológicos e fazendo acompanhar cada tese de sucintos esclarecimentos e comentários.

E porque a linguagem é número, no sentido originário desta palavra, e porque os números se inscrevem no mais fundo da sabedoria dos deuses e dos homens, vou propor e enumerar dez teses, numa espécie de decálogo ou de via-sacra com dez estações para meditar e ganhar esperança.

TESE I

O texto literário – mais propriamente, o texto poético – desempenhou, ao longo de toda a história do Ocidente, um papel preeminente na formação escolar, educativa e cultural dos jovens e não existem razões substantivas para que se altere significativamente, e muito menos para que se abandone, essa herança multissecular.

Entre a linguagem verbal, entre cada língua histórica, e a poesia existe uma primordial e permanente relação ontológica, semiótica, social e cultural. Os textos poéticos orais e escritos foram e são por excelência os espaços e os organismos da constituição, do desenvolvimento e da ilustração das línguas históricas. Neles coexistem, em tensão criadora, a exemplaridade e a normatividade linguísticas e a inovação, a inventividade e a fantasia verbais, muitas vezes bordejando mesmo a transgressividade e nessa fronteira de aventura e risco abrindo novos horizontes de expressão e comunicação. Os textos poéticos – e neles incluo muitos dos textos fundacionais das mitogonias e das religiões, como é o caso da Bíblia – são os textos mais perduráveis, mais vivos e mais fecundantes, de todas as culturas.

Não se pode ensinar a língua sem o estudo da poesia, não se pode ensinar a poesia sem o estudo da língua. A gramática, a retórica e a poética, três artes fundamentais da cultura e da escola do Ocidente, têm como um dos seus pilares mais sólidos a indissociabilidade da língua e da poesia. A grande filologia romântica e pós-romântica conservou e renovou essa tradição, que foi prosseguida e aprofundada, em quadros teóricos e metodológicos diversos, pela Estilística idealista, pelo Formalismo russo e pelo Estruturalismo da Escola de Praga. Infelizmente, grande parte da Linguística contemporânea, em especial a Linguística gerativa e a Linguística derivada da filosofia analítica, operou uma cisão terrivelmente empobrecedora entre língua e poesia, reduzindo a língua a uma esfarrapada manta de retalhos cognitivistas e rasamente semântico-pragmáticos e perdendo de todo o entendimento da língua como *energeia* discursiva, como produtividade textual, como modelação do mundo e do homem e como epifania das potências, dos voos e das funduras da fantasia e da imaginação.

TESE II

Em todos os segmentos do sistema educativo, desde o 1.º ciclo do ensino básico até ao ensino secundário, o texto literário não deve ser considerado como uma área apendicular ou como uma área perifericamente aristocrática da disciplina de Português, como uma espécie de quinta senhorial escondida nos arredores da grande cidade da língua, mas como o *núcleo* da disciplina de Português, como a *praça maior* dessa cidade, como a manifestação por excelência da memória, do funcionamento e da criatividade da língua portuguesa.

Quando digo «núcleo» e «praça maior», estou a afirmar obviamente a necessidade de estudar, nos diversos segmentos do sistema educativo, outros tipos ou outras classes de textos, numa polifonia, consonante e contrastiva, de vozes, de estratégias e de arquitecturas discursivas. Retomando e afeiçoando ao meu propósito e argumento um famoso símile de Wittgenstein, direi que, na cidade da língua, os subúrbios proletários, as vielas dos bairros antigos, as ruas de azafamada actividade do comércio e dos serviços, as avenidas e os largos residenciais, as practetas de elegante e discreto remanso, afluem à «praça maior», talvez o único lugar possível de encontro, de cruzamento e de mescla, das variedades diatópicas e diastráticas do tecido linguístico da urbe.

TESE III

Os textos literários lidos e estudados na disciplina de Português do ensino básico e do ensino secundário devem ser escolhidos tendo em consideração os estádios de desenvolvimento linguístico, psicológico, cognitivo, cultural e estético dos alunos, mas devem ser sempre textos de grande qualidade literária, isto é, no sentido mais lídimo da expressão, *textos canónicos*: textos modelares pela utilização da língua portuguesa, pela beleza das formas, pela densidade semântica, pela originalidade, pela riqueza e pela sedução dos mundos representados.

É urgente recuperar para os livros escolares de Português os significados originários, tantas vezes esquecidos e desfigurados, das palavras *antologia* e *florilégio:* colheita e colecção de *flores,* conjunto dos mais belos, gráceis e esplendorosos textos. Dentro da relatividade e da pluralidade diacrónicas e sincrónicas dos gostos, há que escolher com *gosto* os textos a ler e a estudar.

Defendo, em particular, a ideia de que, ao longo dos três anos do ensino secundário, deviam ser estudados o que denomino núcleos de *textualidade canónica,* em número não muito elevado por cada ano. Denomino «núcleos de textualidade canónica» textos ou *corpora* de textos cuja qualidade estético-literária, cuja relevância linguística e cultural e cuja capacidade de irradiação criadora sejam inequivocamente reconhecidas no campo da literatura portuguesa, e que sejam adequadamente representativos dos diversos períodos ou estilos epocais e dos diversos modos, géneros e subgéneros literários.

Reconheço que o conceito de *cânone literário,* presente na expressão e na ideia de «núcleos de textualidade canónica», pode gerar dificuldades e até dissensos de vária ordem. Penso, todavia, que no ensino da literatura o conceito de *cânone* é fecundo e mesmo indispensável, se não for construído como um conceito imóvel, fechado, fundamentalista e ideologicamente manipulado.

TESE IV

Ao longo do ensino básico e do ensino secundário, a disciplina de Português, tendo o texto literário como área nuclear, na perspectiva atrás delineada, deve desempenhar um papel central na educação das crianças, dos jovens e dos adolescentes, com o adequado aproveitamento das possíveis articulações dos textos literários com textos pictóricos, com textos musicais e com textos fílmicos, por exemplo.

A formação e o desenvolvimento da sensibilidade e do gosto estéticos não são um luxo, um privilégio ou um adorno supérfluos, aristocráticos ou burgueses, pois que constituem uma dimensão primordial e constante, antropológica e socialmente, do homem. A escola de massas, que acolhe nos nossos dias crianças e jovens de múltiplos estratos sociais, alguns deles culturalmente muito desfavorecidos, deve desempenhar também neste domínio um papel emancipatório, proporcionando a todos, a partir das suas diversidades culturais de origem e sem as humilhar ou rasurar, o acesso a um capital simbólico que transcende as clivagens das classes e dos grupos sociais. Os autores *clássicos* não pertencem, enquanto tais, a nenhuma classe social.

Não se deve cair na tentação de ocultar aos jovens e adolescentes, em nome de uma pedagogia catequeticamente optimista, os universos sombrios, trágicos, cruéis e perversos da literatura de todos os tempos. A representação poética dos sofrimentos, dos horrores e abismos da vida humana, como ensina Aristóteles, tem um efeito catártico, regulador do equilíbrio das paixões e convulsões da alma. É este um domínio particularmente complexo e melindroso, com implicações e consequências psicológicas, éticas e sociais muito importantes. Se são de condenar um entendimento e um programa angelistas da educação estética, reduzindo esta a um catecismo beatificamente *kitsch* de virtudes privadas e públicas, cabe igualmente rejeitar, no âmbito da escola, uma educação estética dominada pelo negativismo corrosivo, pelo pessimismo antropológico, pelo niilismo desesperado.

TESE V

Uma língua e uma literatura e, por conseguinte, os textos, em geral, e os textos literários, em particular, constituem-se e desenvolvem-se na temporalidade histórica de uma comunidade social e de uma cultura, mas o reconhecimento da sua historicidade não impõe que o estudo do texto literário, sobretudo no ensino básico, seja dominado pela história literária.

O texto literário, nas suas estruturas formais, retóricas, estilísticas, semânticas e pragmáticas, deve ser o fulcro do processo de ensino-aprendizagem e será a partir da descrição, da análise, da interpretação e da valorização dessas estruturas que se efectuarão as aconselháveis ou indispensáveis correlações e articulações com a história da língua e da literatura, com os períodos literários e com os contextos histórico-sociais.

É urgente, é terapeuticamente urgente, que os programas de Português do ensino secundário, nas diversas áreas, deixem de impor o ensino abrangente da história da literatura portuguesa, desde a poesia trovadoresca até ao romance de Vergílio Ferreira ou à poesia de Manuel Alegre. Não é com o ensino da história literária – e, sobretudo, não é com o ensino de uma esquelética, esquemática e dogmática história literária – que se seduzem e formam leitores e que se educa o gosto estético-literário.

Os programas de Português do ensino secundário devem possuir portanto uma coluna vertebral, digamos assim, *textocêntrica,* mas não devem confinar-se a um *textocentrismo* extreme ou clausurado sobre si mesmo. A partir de cada «núcleo de textualidade canónica», com sustentação nas estruturas verbais, retóricas, estilísticas, sémicas e pragmáticas dos próprios textos, deverá ser produzida e transmitida a informação *transtextual* considerada como indispensável e apropriada para tornar mais rica, mais fascinante e mais rigorosa também a construção do sentido de cada texto. Partir do texto e regressar sempre ao texto, mas tendo adquirido, antes e ao largo do périplo textual, saberes e instrumentos de análise e compreensão que permitam perfazer com segurança, mas sem destruir o mistério e a emoção da descoberta, a viagem textual. A hermenêutica do texto literário co-envolve a inteligência, a intuição, a sensibilidade, a emoção e o desejo, mas não dispensa os saberes especializados, as regras metodológicas, as técnicas de análise pertinente.

Nos programas de Literatura Portuguesa do ensino secundário, os «núcleos de textualidade canónica» devem ser equilibradamente representativos dos diversos estádios da história da língua e da literatura. Quando digo «equilibradamente representativos», estou a excluir evidentemente hiatos, rasgões ou vazios, quer em unidades cronológicas relativamente bem delimitadas como os séculos literários, quer em entidades com fronteiras temporais mais difusas como as épocas e os períodos literários, visto que tais vazios, rasgões ou hiatos tornariam opaca ou mesmo impossível a compreensão da dinâmica dos processos histórico-literários. Todavia, quando digo «equilibradamente representativos», também não estou a advogar qualquer critério aritmético de igualitária repartição diacrónica dos «núcleos de textualidade canónica». A representação equilibrada deve assegurar a compreensão da mencionada dinâmica, mas deve também, e principalmente, manter uma relação de proporcionalidade com o *valor* reconhecido e atribuído aos autores e aos textos (a referência a *cânone* implica a referência a *valor)*. Nesta perspectiva, não vejo qualquer razão impeditiva de que tais «núcleos de textualidade canónica» pertençam predominantemente ao século XVI e à época moderna e contemporânea – desde o Romantismo até aos nossos dias –, em especial no que diz respeito aos programas destinados aos alunos das áreas de Ciências Exactas e Naturais e de Tecnologias. Estes últimos programas, sem descurarem a articulação do estudo dos textos literários com a consolidação e o apuro do conhecimento da língua portuguesa – este deve constituir um objectivo primordial e permanente de qualquer programa de Literatura Portuguesa –, devem conceder sobretudo relevância às dimensões antropológicas, éticas e sociais da literatura, de modo a enraizar e a fazer florescer nos alunos uma formação humanística que dialogue, como sabedoria, com a sua formação científica e tecnológica.

O modelo de programa de Literatura Portuguesa que proponho para o ensino secundário tem fundamentalmente os seguintes objectivos: reduzir a extensão dos programas; diminuir a massa de informação histórico-literária a transmitir e a decorar; formar leitores que leiam com gosto, com emoção e com discernimento, na escola, fora da escola e para além da escola. Se se quiser, um modelo de programa com o objectivo de formar leitores *para a vida,* no sentido plural desta expressão: leitores para toda a vida e leitores que buscam nos textos literários um conhecimento, uma sabedoria, um prazer e uma consolação indispensáveis à vida.

TESE VI

É importante que, desde o 3.º ciclo do ensino básico e ao longo do ensino secundário, se preste a devida atenção às estruturas formais e semânticas que no texto literário relevam dos modos, dos géneros e dos subgéneros literários, pois que as determinações e os condicionalismos arquitextuais são factores relevantes para a didáctica do texto literário. Um texto lírico, por exemplo, não pode ser estudado à luz de modelos de análise aplicáveis a textos narrativos.

Os modelos de descrição e análise textuais de matriz arquitextual não podem, todavia, ser utilizados mecanicamente, como se o sentido de um texto fosse inteiramente subsumível naqueles modelos. Em última instância, o professor e o aluno têm de ler e interpretar um texto literário concreto e irredutivelmente individual, num diálogo hermenêutico entre as estruturas textuais e a memória, a informação, a sensibilidade e a imaginação do leitor-intérprete. O acto interpretativo deve ser sólida, rigorosa e coerentemente apoiado na forma do texto, na forma da expressão e na forma do conteúdo, e na informação linguística, literária e cultural do leitor, mas não é cientificamente determinável. Ler e interpretar um texto literário é um acto crítico, ou seja, é um acto que envolve e comporta hipóteses e juízos que não são cientificamente controláveis. Por isso mesmo, não há uma interpretação *ne varietur* de um texto literário, o que não significa que toda e qualquer interpretação seja legítima e admissível e que não existam critérios para distinguir as interpretações fundamentadas das interpretações forçadas, arbitrárias ou até aberrantes. O professor tem de saber traçar cuidadosa e prudentemente a fronteira entre a legítima e saudável, a todos os títulos, liberdade crítica e hermenêutica e a confusão e o laxismo interpretativos.

TESE VII

A leitura e a interpretação dos textos literários devem ser para os alunos uma viagem guiada pelo professor com segurança, mas com delicadeza e com discreção, de modo que o aluno seja efectivamente um leitor com identidade própria, isto é, um leitor que lê com a sua memória, a sua imaginação, a sua experiência vital, as suas expectativas e os seus conhecimentos linguísticos-literários. É necessário que as emoções – a alegria, a tristeza, a angústia, a piedade, a indignação, a revolta... –, fundamentais nos jovens e nos adolescentes, não sejam asfixiadas ou esterilizadas no acto de leitura por impositivas grelhas de leitura ou por modelos analítico-interpretativos de aplicação mecânica.

Na educação estético-literária, é indispensável alcançar o que alguns especialistas da ciência cognitiva designam por «conhecimento quente» *(hot cognition)*, ou seja, um conhecimento que está profundamente ligado às emoções e aos afectos. As emoções não são um factor de perturbação ou um resíduo impuro da experiência estético-literária, pois constituem a resposta natural e insubstituível do leitor às representações do mundo, da vida e do homem que o texto literário lhe proporciona. Nesta perspectiva, as emoções e os afectos são indissociáveis do conhecimento do mundo e da vida e do conhecimento de si próprio que o texto literário possibilita e desenvolve no leitor. As opiniões, as crenças e os valores do leitor são interpelados pelo texto literário a nível da inteligência e a nível da sensibilidade e dos afectos, num diálogo em que a inteligência clarifica e depura as emoções e em que estas vivificam e fertilizam a inteligência. Este processo interactivo da razão e das emoções, mediado pelas formas linguístico-textuais, constitui uma das mais valiosas contribuições das Humanidades para a educação da criança, do jovem e do adolescente.

TESE VIII

Os textos literários, pelo modo como utilizam, reinventam e potenciam, sob todos os pontos de vista, a língua portuguesa e pela sua ligação memorial ao destino e à aventura de uma terra, de um povo e de uma cultura, constituem o *thesaurus* por excelência da identidade nacional. Desde a poesia trovadoresca, porém, até à obra de Fernando Pessoa, de Vergílio Ferreira ou de Carlos de Oliveira, os textos literários têm sido também o lugar de diálogo criativo com outros textos de outros povos, de outras terras, de outras culturas. A identidade nacional não é uma ilha, uma cidadela ou uma prisão. Tal como a identidade individual se constrói no diálogo com o(s) outro(s), assim a identidade de um povo e de uma nação se vai plasmando, num processo interminável, no diálogo com as culturas de outros povos e de outras nações. Camões, Garrett, Eça ou Fernando Pessoa não teriam escrito a obra que escreveram sem o diálogo intertextual que mantiveram com Petrarca, com Sterne, com Flaubert, com Walt Whitman. Os grandes textos literários nunca nos clausuram num nacionalismo míope e bafiento: religam-nos à Europa e ao mundo.

TESE IX

Na análise e na interpretação dos textos literários, deve ser utilizada com parcimónia, com clareza e com rigor, a terminologia das metalinguagens linguísticas e literárias. Sublinho *com parcimónia,* porque a inflação de tais terminologias terá um efeito devastador na relação dos alunos com os textos. No 3.º ciclo do ensino básico e sobretudo no ensino secundário, torna-se indispensável, porém, fornecer aos alunos termos e conceitos fundamentais da gramática, da linguística, da retórica e da poética, mostrando, a partir dos textos e com os textos, a sua utilidade heurística, cognitiva e hermenêutica.

TESE X

Os textos literários no Ocidente são, desde há cerca de vinte e cinco séculos, predominantemente textos escritos. Nas suas macroestruturas técnico-compositivas e nas suas microestruturas retóricas e estilísticas, os grandes textos literários são as mais belas, as mais complexas e as mais rigorosas manifestações da língua escrita. Por isso mesmo, deve o estudo dos textos literários ser orientado *poieticamente,* isto é, a arte de ler e interpretar deve induzir e incentivar nos alunos o desejo e o gosto de escrever.

O texto literário escrito, se é um objecto percepcionado e apreendido visualmente, possui uma corporeidade verbal em que o ritmo, a música, o rosto fónico das vogais, das consoantes, das sílabas, das palavras e dos sintagmas desempenham uma função nuclear. O corpo do texto só pode ser conhecido e apreciado em todo o seu esplendor, em todos os seus segredos, mistérios e fascínios, se for literalmente *incorporado* pelo leitor, se o leitor dele amorosamente se apoderar pela leitura em voz alta. Dizer um poema é uma forma soberana de entender um poema.

11.
As relações entre a Teoria da Literatura e a Didáctica da Literatura: filtros, máscaras e torniquetes

Ao longo de uma carreira universitária, já banhada pela luz fina e oblíqua do Outono, consagrada em grande parte ao ensino e à investigação na área da Teoria da Literatura, sempre me preocuparam, embora com especial empenhamento nos últimos dez anos, os problemas do ensino da literatura (e digo *ensino* intencionalmente, porque esta palavra se me afigura mais rica, mais livre, mais generosa, diria, do que o vocábulo *didáctica,* em torno do qual vejo e sinto uma espécie de álgido halo tecnicista...). Como professor universitário, nunca dissociei a actividade teorética do seu entorno institucional, da sua lógica curricular, das suas incidências práticas, das suas responsabilidades na formação pedagógica e profissional dos alunos e nas suas articulações com a lógica, a dinâmica e os objectivos dos diversos segmentos do sistema educativo.

Nunca aceitarei a ideia de uma Universidade submetida, e até subserviente, às conveniências e aos imperativos voláteis do mercado de trabalho, mas também nunca defendi, nem defenderei, a ideia de uma Universidade imperialmente autárcica, depositária aurática de uma missão sacerdotal, cidadela utópica e quixotesca de saberes desencarnados ou espectadora distante dos trabalhos e dos dias dos homens que constroem cidades novas, se libertam de limites e servidões, soçobram em cruentos desastres ou subvivem e sobrevivem em obscuras misérias. Por isso aceitei, com particular gosto, o convite que me foi endereçado pelo Professor Carlos Reis para falar neste Congresso das relações existentes, das relações possíveis e desejáveis, entre a Teoria da Literatura e a Didáctica da Literatura.

Quero, em primeiro lugar, proceder ao esclarecimento de certos problemas que designarei por «algumas questões prévias». Como preâmbulo a este esclarecimento, direi, correndo o risco de me acusarem de egolatrismo justificatório, que fui sempre opositor dos caminhos, dos modelos e dos moldes reducionistas, trivializantes ou de sentido único, rejeitando por isso mesmo cartilhas, receituários, formulários e similares rimários. Fui sempre também opositor, porém, do discurso meandroso, pretensamente complexo, ambíguo e furta-cores que, numa expressão popular cunhada por quem nada entende de epistemologia, mas decerto possui muita sabedoria, é um discurso que não se sabe «aonde quer chegar». O conhecimento científico, teórico e crítico, dos fenómenos mais complexos pode e deve ser vertido e comunicado num discurso claro, rigoroso e coerente. E avancemos agora para o prometido esclarecimento.

Primeira questão prévia – Não partilho de qualquer conceito difuso, disciplinarmente esborratado e errático, de *teoria*. Uma teoria deve ser uma construção sistemática de conceitos, de proposições e de hipóteses que proporcionam uma descrição e uma explicação globais e coerentes de uma determinada área de fenómenos. A interdisciplinaridade e a transdisciplinaridade, para serem fecundas, para abrirem novas fronteiras do conhecimento, pressupõem a disciplinaridade.

Segunda questão prévia – A teoria da literatura, como área disciplinar – intencionalmente, não digo área disciplinar científica –, só tem sentido em termos de conhecimento e só alcança legitimidade institucional, se for a teoria de uma área de fenómenos que se designa por *literatura:* uma área de que considero o texto literário como o elemento nuclear, mas que compreende muitos outros fenómenos, como o autor, o leitor, os modos e os géneros literários, a memória literária, etc. Sem se cair em definições ontológicas ingénuas, simplistas ou dogmáticas, nem se ser atraído – e traído – por tentações de erigir em categorias universais fenómenos de uma determinada cultura e de um determinado tempo histórico, é necessário romper com o circo de posições cépticas, anarquizantes e miopemente vanguardistas, e com as pulsões auto-destrutivas e suicidárias que, desde há um quarto de século, têm transformado, sobretudo nos Estados Unidos da América, o campo dos estudos literários numa *waste land,* sem fronteiras, sem horizontes, sem ar respirável. O terrorismo teórico, filho bastardo da teoria da literatura e aliado natural de todos os radicalismos ideológicos e políticos, já causou demasiados estragos ao campo dos estudos literários em geral, ao ensino da literatura e à própria literatura. Com que ironia e tristeza li, no último número publicado da revista *Poetics* (1998, 25, i-ii), um laborioso e empenhado estudo que procura demonstrar, através de convalidações empíricas, que, afinal de contas, a categoria da literatura não é uma ilusão ou uma mistificação!...

Terceira questão prévia – Desde o início da década de setenta, após o colapso da grande metanarrativa da Teoria da Literatura contemporânea – o estruturalismo –, sucedeu-se uma proliferação incontinente de teorias, numa competição violenta e desordenada, que veio provocar a descredibilização de qualquer teoria, o enfraquecimento, em geral, dos departamentos de literatura das Universidades e a emergência, sobretudo na Grã-Bretanha e nos Estados Unidos da América, de uma pseudo-área disciplinar, sem objecto epistémico e cultivando uma instável *bricolage* de metodologias, denominada *cultural studies.* Sem pôr em causa um fundamentado e saudável pluralismo teórico e metodológico, sem pretender estancar o aparecimento e o desenvolvimento de novas orientações e de novos filões na área da Teoria da Literatura, penso que é indispensável, em termos de racionalidade cognitiva, em termos da lógica e da economia internas do próprio campo dos estudos literários e em termos da sua legitimação institucional no âmbito dos sistemas educativos, pôr cobro à canibalização de teorias por outras teorias, à intolerância de umas teorias em relação a outras, às promoções ruidosas de novas teorias e aos saldos humilhadores e revanchistas impostos às teorias consideradas como caducas. É chegado o tempo das sínteses criativas e estabilizadoras, como tem persuasivamente defendido o Professor Antonio García Berrio; é chegado tempo de superar os radicalismos arrogantes dos -*ismos* teóricos, sem que se venha a cair, porém, numa amálgama ou num eclectismo incongruente de termos, de conceitos e de métodos.

Após o esclarecimento destas «questões prévias», cujo teor levará alguns a classificarem-me como um «fundamentalista da terceira idade», vou começar a desenredar os fios das metáforas com que urdi o título da minha comunicação.

Na cartografia do campo dos estudos literários, tal como o entendo, a teoria da literatura é a disciplina matricial que identifica e caracteriza os fenómenos literários categoriais, que fundamenta as outras disciplinas do campo, que assinala as articulações interdisciplinares, que proporciona utensilagem terminológica, conceptual e metodológica para descrever, explicar e interpretar os fenómenos literários concretos. Não há olhar inocente anterior e exterior à teoria, tal como não há factos puros anteriores e exteriores à teoria (que pode ser, porém, uma teoria fragmentária, uma teoria não explicitada ou até uma teoria ocultada).

Contra a posição neopragmática de Steven Knapp e de Walter Benn Michaels, corroborada paradoxalmente numa argutíssima construção teórica por esse sofista maior do nosso tempo que é Stanley

Fish, segundo a qual as teorias são irrelevantes em relação às práticas, considero que uma teoria da literatura bem fundamentada, congruentemente desenvolvida e dotada de apropriados instrumentos heurísticos, descritivos e analíticos, tem múltiplas incidências e aplicações na crítica literária, na leitura e interpretação dos textos, no estudo das relações do texto com o seu autor e com os seus contextos, e obviamente também, mais especificamente, no ensino da literatura e do texto literário. A utilização, explícita ou não, de teorias literárias diferentes – digamos, uma teoria literária marxista, ou uma teoria literária estruturalista, ou uma teoria literária desconstrutivista – conduz necessariamente a práticas diferentes.

Entre o dispositivo de conhecimento constituído por uma teoria da literatura e as suas aplicações didácticas têm de funcionar *filtros* que regulem adequadamente a transferência de informação do discurso teórico para o discurso didáctico, em função dos objectivos, dos destinatários, do contexto institucional e de específicos mecanismos orientadores, ou mesmo conformadores, do discurso didáctico (por exemplo, programas, modalidades e critérios de avaliação). Estes filtros deverão ser diferentes e funcionarão diferentemente consoante os segmentos do sistema educativo, desde o ensino básico até ao ensino superior, consoante o desenvolvimento cognitivo e cultural dos alunos e consoante os textos literários a estudar.

A função primordial dos *filtros* consiste na adaptação *pragmática,* no sentido técnico e no sentido corrente do termo, da teoria da literatura, entendida quer em sentido forte como ciência da literatura, quer em sentido débil como conhecimento organizado e coerente do fenómeno literário, às necessidades e aos objectivos próprios da didáctica da literatura. O erro clamoroso de muitos professores de literatura e de muitos programas de literatura reside na ausência ou no funcionamento deficiente de tais filtros, conduzindo à transferência e à aplicação desajustadas, por inflação ou por reducionismo, de termos, conceitos e métodos da teoria para a didáctica. A teoria da literatura é uma *epistēmē* e a didáctica da literatura, área disciplinar na qual se cruzam as ciências da literatura, as ciências da linguagem e as ciências da educação, é uma *technē*. Os critérios de relevância e de pertinência da *epistēmē* não são necessariamente os conceitos de relevância e de pertinência da *technē*.

Penso que, na Escola contemporânea e em particular na Universidade, se invoca em demasia – e muitas vezes em vão... – o nome da ciência, esquecendo-se que existe conhecimento de primeira importância construído e transmitido na Escola que não é redutível à ciência, se bem que possa apresentar múltiplas articulações com a esfera da racionalidade científica. Como se só a ciência tivesse direito de cidadania na Escola, procura-se transformar tudo em ciência de tudo, quanto mais não seja mediante manipulações de cosmética terminológica do tipo de fazer anteceder qualquer domínio ou parcela da realidade física, social ou cultural, da miraculosa expressão *ciência de...* ou *teoria de...* Ora, a gramática não é uma ciência, mas uma *technē*; a retórica não é uma ciência, mas uma *technē*; a hermenêutica, a meu ver, não é uma ciência, mas uma *technē*.

Na teoria da literatura do século XX, desde o Formalismo russo até este incerto fim de século, a construção de teorias da literatura científicas tem sido uma longa, complexa e acidentada aventura. Se há um grande cemitério de teorias literárias, não é menos verdade que existem gigantescas necrópoles de todas as ciências e também é verdade que, pelo menos em certos domínios, a teoria da literatura alcançou uma consistência e um rigor científicos tais que levaram ciências humanas e sociais como a psicologia e a sociologia a dela se aproximarem estreitamente.

Todavia, a teoria da literatura tem sido um terreno particularmente fértil para a proliferação de *máscaras* de cientificidade, desde a ciência da literatura marxista – mais estalinista e zdanovista do que marxista, verdade seja dita – até à ciência dos universais narratológicos exposta por Todorov em *Grammaire du Décaméron*. A aura da ciência conduz frequentemente às *máscaras* da ciência. As ideologias políticas e sociais afivelam com frequência a máscara da ciência no campo das teorias literárias, desde o *new historicism* até às teorias fundadas no género, na raça e na etnicidade.

A didáctica da literatura, pela sua responsabilidade cultural, social e institucional no âmbito dos sistemas educativos, deve assumir uma posição de rigorosa prudência em relação a estas *máscaras* da teoria literária. Há uma dimensão ética e política incontornável em toda a literatura, como sabemos desde Platão e Aristóteles, e a teoria da literatura e a didáctica da literatura não podem nem devem rasurar ou ocultar essas dimensões textuais e contextuais, sob pena de empobrecerem e desfigurarem irremediavelmente os textos literários, mas também não devem hipócrita, insidiosa e fraudulentamente, propor – e ainda menos impor –, sob a invocada autoridade da ciência, quaisquer ideologias, valores ou padrões de comportamento, seja a libertação lésbica, seja o puritanismo ultraconservador. O ensino da literatura, há que reconhecê-lo, foi sempre instrumentalizado pelos poderes fácticos dominantes e tem sido ostensiva e agressivamente instrumentalizado, desde os anos 60, pelos grupos e actores que se assumem, na cena social e na Escola, como contra-poder. Eu, que sob vários aspectos sou um anti-iluminista – como poderia um amante da poesia desposar a visão do mundo da *Aufklärung?* –, penso que este é um domínio em que o projecto inacabado das Luzes deve ser retomado e prosseguido, de modo que nem a teoria da literatura seja a *máscara* científica das ideologias, nem que a didáctica da literatura seja a voz duplamente hipócrita, máscara de uma máscara, das ideologias acobertadas pelas teorias literárias.

Por último, detenhamo-nos na metáfora dos *torniquetes,* a segunda metáfora disfórica do título da minha comunicação.

O discurso teórico pode ser um *torniquete,* um factor de estrangulamento para o discurso da didáctica da literatura, se for um discurso radicalmente monista, dogmático e arrogante. Este discurso teórico tem prestado um péssimo serviço aos estudos literários e ao ensino da literatura nas Universidades e nas Escolas do ensino básico e secundário, pelos conflitos institucionais que gera, porque impõe uma visão unidimensional do fenómeno literário, porque não forma espíritos críticos e livres. Deve haver no ensino da literatura uma arte de sedução e um subtil espírito de subversão que não são compagináveis com o terrorismo teórico, com a cartilha e com o caminho único. Num outro sentido, pode o discurso da teoria da literatura constituir um *torniquete* extremamente molesto para a didáctica da literatura e, em especial, para a didáctica do texto literário. É o que acontece quando o discurso da teoria da literatura não tem consciência dos seus limites e das suas limitações. O discurso da teoria da literatura, como sabemos desde o Formalismo russo, não se ocupa da *parole* literária, não tem como objectivo formal de estudo o texto literário individual e concreto. Proporciona utensilagem terminológica, conceptual e metodológica para a análise e a interpretação do texto literário individual e concreto, mas, perante este texto, o leitor, o intérprete e o crítico têm de empreender uma viagem em última instância solitária, com a experiência vital de cada um, com a memória literária própria e intransferível, com as emoções, os sonhos e os fantasmas de cada um. A teoria da literatura e, em particular, a teoria do texto literário ensinam a não ler de qualquer modo, ensinam a reconhecer e a respeitar a *ratio textus,* ensinam a evitar e a controlar as derivas hiper-interpretativas, ensinam a inscrever o texto nas convenções dos modos e dos géneros literários, nos horizontes, nas injunções e nas errâncias da história, etc., etc., mas não possibilitam que a construção do significado de um texto, objectivo por excelência dos estudos literários, seja uma espécie de epifenómeno automático da utensilagem teórica e metodológica utilizada. O acto interpretativo e o acto crítico não são determináveis ou computáveis cientificamente. Eles exprimem e encarnam o diálogo das competências, das constrições e da liberdade do intérprete com as estruturas, as constrições e a indeterminação do texto. A didáctica da literatura tem de prestar cuidada atenção a esta vertente hermenêutica e crítica, sob pena de se tornar refém dos *torniquetes* da teoria e de se confinar a esquemas ou receituários mecânica e improdutivamente aplicáveis a toda uma classe de textos ou mesmo a todos os textos literários.

Na Escola contemporânea, no limiar do século XXI, é uma urgente necessidade escolar, social e cultural, saber formar e educar leitores e, em especial, leitores de textos literários.

O diálogo entre a teoria da literatura e a didáctica da literatura é fundamental para alicerçar, desenvolver e fecundar essa formação e educação, mas para tanto é indispensável que a teoria não se converta numa Bisâncio esotérica ou numa barricada permanente e que entenda que a sua cooperação com a didáctica da literatura não é uma condescendência ou uma desqualificação, mas que é antes uma das suas mais exigentes convalidações e até, possivelmente, uma das suas mais credíveis provas de legitimação.

12.
A 'leitura' de Deus e as leituras dos homens

No volume 1, n.º 3 (1975), da *Critical Inquiry* – uma das mais importantes revistas de teoria e crítica literárias do *post-new criticism*, herdeira, em parte, das teorias estéticas e críticas dos neo-aristotélicos de Chicago –, Edward Wasiolek publicava um artigo de título ressonantemente polémico e programático: «Wanted: A new contextualism». No *new criticism* anglo-norte-americano, escrevia o autor, «The literary work stood alone in a contradictory and wholly untenable purity, separated from its creator, and if one were to be consistent, from the reader too» (p. 628).

Quando Wasiolek se referia à necessidade de um *novo* contextualismo, tinha decerto em mente o conceito de contextualismo que, em conformidade com a estética neokantiana do *new criticism*, Murray Krieger explanara em diversos ensaios, desde o início da década de 60. Segundo Krieger, o contextualismo define-se pela aceitação de que «the verbal structure of the properly literary work itself becomes the autonomous context that generates meanings which become self-referential»[1]. Esta concepção contextualista, levando às suas últimas

---

[1] Cf. Murray Krieger, «Contextualism», in Alex Preminger *et al.* (eds.), *Princeton Encyclopedia of poetry and poetics*, London, ²1975, p. 929. Sobre a relevância e o significado da obra de Murray Krieger nos estudos literários contemporâneos, veja-se Bruce Henricksen (ed.), *Murray Krieger and contemporary critical theory*, New York, 1986.

consequências a metáfora da organicidade do poema, funda-se no princípio da descontinuidade entre a *estrutura intramuros* do texto literário e todos os elementos que, em relação a ela, são *extramurais*. A metáfora da *muralha* exprime a separação entre o que está *dentro* – que é intrinsecamente valioso – e o que está *fora* – que pode e deve ser ignorado, pois não tem 'direito de cidade'. A *muralha* assinala e afirma que o *interior* (o poema) não é uma metáfora, uma sinédoque, uma metonímia, uma anastomose ou uma anamorfose do *exterior* (o mundo). A delimitação topográfica identifica e salvaguarda uma especificidade ontológica.

Com efeito, as famosas falácias do *new criticism* – a falácia da intenção, a falácia patética ou emotiva, a heresia da paráfrase – defluíam logicamente de um forte neokantianismo que erigia a obra de arte em entidade ontológica e semicamente autónoma: um heterocosmo com a sua própria e intransferível *ratio*, alheio às convulsões da história, às intenções dos autores e às emoções dos leitores. *Back to the text*, o celebrado pregão do *new criticism*, significou também – além, obviamente, de significar uma reacção contra a história literária biografista e factualista – a busca de uma *stasis* da história, a procura de uma Arcádia em que as tensões, os paradoxos e as ambiguidades se resolviam, em jogo harmonioso, na organicidade esplendorosa e sem fractura do «significado textual intrínseco».

No desabar do seu longo reinado, pelos fins da década de 60, e apesar dos esforços de alguns epígonos brilhantes como Murray Krieger, o *new criticism* sofria ataques heterogéneos cujo denominador comum se cifrava no regresso ao contexto latamente entendido como conjunto de factores 'extramurais': a intenção do autor na hermenêutica recognitiva de Hirsch, a reacção do leitor na estilística afectiva de Stanley Fish, o 'mundo' na crítica sociológica de Edward Said... Abriam-se as portas e derribavam-se os muros da *prisão da linguagem* e, nos conflitos da polaridade *dentro/fora*, era o exterior que ganhava preponderância. Com laivos de serena melancolia, Paul de Man reconhecia, em 1973, que, a avaliar por diversas publicações recentes, «the spirit of times is not blowing in the direction of formalist and intrinsic criticism»[2].

Também no crepúsculo dos vários formalismos europeus, sobretudo depois do grande pânico desencadeado por Maio de 68, se assistiu ao triunfal retorno do contexto, embora com fundamentos, caminhos e objectivos incoincidentes: desde a estética da recepção à teoria do texto, passando pela semiótica soviética e pela chamada ciência empírica da literatura, texto e contexto, *co-texto* e *con-texto*, converteram-se em termos e conceitos fundamentais e indissociáveis na descrição e na análise da semiose e da textualidade literárias.

Tal como houve quem pressurosa e consoladamente confundisse o estudo do fenómeno da intertextualidade com a positivística inventariação de fontes, assim houve quem jubilosamente saudasse no 'regresso' do contexto não tanto o fim de uma concepção do texto literário como entidade existente, para usar palavras de Edward Said, «num universo textual alexandrino», mas, sobretudo, o reconhecimento da necessidade e da pertinência metodológicas de regular e controlar a proliferação dos significados textuais. Recuperar em sentido historicista, filologista ou sociologizante, a nova aura do termo 'contexto', tem constituído uma obsessiva empresa de muitos leitores, críticos e investigadores, ansiosos por encontrarem mecanismos metodológicos que assegurem a interpretação tida como correcta, objectiva e estável do significado do texto literário. Se o texto é *context-bound*, a sua leitura pode ser realizada segundo o rumo certo marcado pelos cartógrafos e aferido pelos instrumentos-guias da navegação... E assim, filólogos e historiadores, renovando uma antiga e sólida aliança, intentam alcançar o que Boeckh designou por compreensão «das condições *objectivas* da comunicação»: uma compreensão fundada no *significado literal* das palavras e no significado literal considerado na sua articulação com as *relações reais*[3]. Como

---

[2] Cf. Paul de Man, «Semiology and rhetoric», *Diacritics*, 3: 3 (1973), p. 27. Estudo republicado na obra de Paul de Man, *Allegories of reading*, New Haven, 1979, p. 3 e ss.

afirma Schleiermacher, numa das proposições que melhor revelam os seus receios ante os abismos da imaginação e da criatividade românticas, «tudo necessita de uma determinação precisa e não a recebe senão num contexto»[4].

Conhecendo o contexto das «relações reais» referidas por Boeckh, isto é, o conjunto de elementos extratextuais que constituiria a origem, a causa e a *ratio* do texto, o leitor pode, nesta perspectiva, delimitar e estabilizar o sentido do texto. A objectividade textual do *new criticism* funda-se no cancelamento de tudo o que, *de fora,* vem perturbar, ou mesmo dilacerar, a lógica e a harmonia autotélicas do texto/ícone verbal; a objectividade textual contextualista de raiz histórico-filológica funda-se no princípio de que o que está *fora* do texto – a língua, a situação histórica, o entorno cultural e social, a biografia... – explica, sem falhas nem resíduos, o que está *dentro* do texto. Num e noutro caso, ficam exorcismados os 'agnósticos' e os 'neuróticos' textuais.

Por conseguinte, a objectividade textual contextualista, pelo menos na sua versão forte, postula duas 'verdades' de natureza ontológica e cognitiva: em primeiro lugar, que o contexto é delimitável e analiticamente exaurível; em segundo lugar, que o leitor/filólogo/historiador tem a possibilidade de operar numa *sincronia alocêntrica*, na qual se inscreverá «através de um processo (diacrónico) de aquisição de conhecimentos, de 'estranhamento' de si mesmo, de reincarnação»[5]. Na sua lógica convergente, o oxímoro técnico-científico da «sincronia alocêntrica» e a metáfora metempsicótica da «reincarnação» ocultam e desvelam um ponto fulcral de *blindness* teorética.

Com efeito, se a semiótica soviética, a teoria do texto, a pragmática da literatura, etc, têm acumulado argumentos fortes no sentido

---

[3] *Apud* Marco Ravera (ed.), *Il pensiero ermeneutico. Testi e materiali*, Genova, 1986, p. 148.

[4] Cf. Friedrich Schleiermacher, *Herméneutique*, Genève, 1987, p. 118.

[5] Cf. Luciana Stegagno Picchio, *A Lição do Texto. Filologia e Literatura. I – Idade Média*, Lisboa, 1979, pp. 233-234.

de demonstrar que o texto é *context-bound*, isto é, que a semiose textual é sobredeterminada, na sua produção e na sua recepção, por factores contextuais, não conheço argumentos pertinentes, ou sequer de mediana razoabilidade, que infirmem a afirmação de Gadamer, de Derrida, de Paul de Man, de Hillis Miller e outros 'heresiarcas' da desconstrução, segundo a qual o conceito de contexto é *context-free:* nenhum contexto pode ser cerrado ou rigidamente delimitado, nenhuma descrição de contexto pode ser saturada. Qualquer factor contextual remete, em reverberações e difracções intérminas, para outros factores contextuais (e o mesmo se diga dos factores intertextuais). A grande ilusão do contextualismo ingénuo e dogmático consiste em conceber o autor e o leitor como vazios operadores cibernéticos programáveis homogeneamente por contextos rigidamente configurados, embora com uma diferença capital: enquanto o autor não se pode libertar do *seu* contexto – e só assim o historiador/filólogo encontra fundamento para o seu estudo... –, o leitor/filólogo/historiador usufrui da capacidade proteiforme de 'habitar' contextos múltiplos, numa experiência de alteridade radical. Ora, como escreve Herman Parret, «contexts of understanding do not exist as static and highly finished data» [6], não constituem conjuntos, estados ou situações, rigorosa e imovelmente constituídos antes e para além do uso da linguagem. Os contextos, semiosicamente, são sempre *contextualizações* construídas pelos *intérpretes,* ou seja, pelo autor e pelo leitor, no âmbito da criatividade dos jogos linguísticos e da sua interacção com formas de vida. E estas contextualizações só existem e funcionam para os intérpretes através de *interpretantes,* isto é, de signos que nunca são substitutos equipolentes de outros signos, pois que, em relação aos signos que representam e traduzem, eles são sempre uma *diferença.*

Os interpretantes de qualquer leitor enraízam-se e constituem-se necessariamente na sua linguagem, na tradição e na historicidade da sua língua, no caudal informativo da sua enciclopédia e na sua experiência de leitura(s). Em relação ao texto lido, o leitor não pode

---

[6] Cf. Herman Parret, *Contexts of understanding,* Amsterdam, 1981, p. 79.

elidir, ou colocar entre parênteses, a sua *exotopia* e a sua *exocronia*, pois que é nelas e mediante elas que existe como leitor. A compreensão de um texto é sempre um evento histórico e por isso a iteração de um texto (ou de um fragmento textual) gera forçosamente significados distintos. Foi por isso que Pierre Ménard, transcrevendo fielmente o *Quijote,* escreveu um texto sintáctica, semântica e pragmaticamente novo; e foi por isso também que, como conta Borges noutra narrativa, *Los teólogos,* o mesmo texto – um texto «límpido, universal; não parecia redigido por uma pessoa concreta, mas por qualquer homem ou, talvez, por todos os homens» – exprimiu, num contexto, a ortodoxia e, noutro, encarnou a heresia. O 'mesmo' texto, num contexto, fez exaltar o seu autor como guardião da fé e, noutro contexto, condenou-o a morrer na fogueira purificadora. De nada valeu ao autor do texto apelar, em jeito de filólogo, para o contexto originário do texto, para o contexto que, em seu entender, objectivava e imobilizava o significado textual: os seus juízes, leitores constituídos na historicidade de outros jogos de linguagem, de outro tempo e de outra situação, construíram a sua contextualização do texto e leram-no como um texto herético. Ao pertencerem à história, na sua finitude, os juízes não podiam interpretar senão em termos históricos. No Céu, onde não há tempo – e onde, por conseguinte, não há contextos –, Deus não distinguiu o autor do texto daquele outro teólogo que, lendo-o como autor de um texto herético, fora o seu acusador encarniçado e implacável. Esta confusão do Deus borgesiano, se exprime a unidade profunda que, para a sua insondável divindade, existe entre os contrários, entre o ortodoxo e o herege, o acusador e a vítima, significa também que a semiose textual é um fenómeno histórico. E por isso a palavra de Deus só pode subtrair--se às mutações e às rupturas interpretativas se for em absoluto *descontextualizada,* isto é, se for unívoca, universal e intemporalmente interpretada por uma autoridade inalterável que se exime à finitude da consciência e da razão históricas.

Os homens, porém, mesmo os filólogos mais eruditos, de mais alto rigor exegético e de mais acurada acribia, não lêem assim...

13.
Texto e contexto na história literária

A constituição e a difusão do *historicismo (Historismus)*, no âmbito do Romantismo alemão, representaram uma autêntica revolução no pensamento e na cultura ocidentais. Ante a razão universal, atópica e acrónica, do Classicismo – desde a sua génese no Renascimento italiano até ao seu ocaso com o Neoclassicismo setecentista, passando pelo seu ponto zenital com o chamado Classicismo francês – e perante a radical a-historicidade do racionalismo da *Aufklärung*, o historicismo teorizado e praticado por autores como Herder, Humboldt, Hegel, Schleiermacher, Boeck, Droysen, etc., abriu um novo horizonte antropológico, epistemológico e hermenêutico para explicar e compreender o homem, a sua cultura e os seus valores. Os conceitos de génese, de desenvolvimento, de continuidade, de mudança, de descontinuidade e de progresso tornam-se fulcrais para a formação da consciência histórica do homem e para a compreensão da historicidade dos fenómenos sociais, políticos, religiosos, culturais, artísticos, etc.

É óbvio que anteriormente ao *Historicismo* romântico existia um sentido e um conhecimento da *cronologia* e da *diacronia* dos eventos, mas não existia o sentido do desenvolvimento *(Entwicklung)* como carácter essencial do mundo histórico e muito menos a ideia da história universal – embora eurocêntrica, anote-se – como a realização paulatina e progressiva de um processo total e teleológico como o que Hegel, nas suas *Lições sobre a Filosofia da História Universal*, assinalou: "A história universal é a exposição do processo divino e absoluto do espírito nas suas formas supremas; a exposição da série de fases através das quais o espírito alcança a sua verdade, a consciência de si mesmo. As formas destas fases são os espíritos dos povos históricos, as determinações da sua vida moral, da sua constituição, da sua arte, da sua religião e da sua ciência"[1]. À luz deste conceito romântico-idealista de história, em que avulta a referência ao *espírito dos povos históricos,* a cronologia é tão-só um dos fios com que se tece a tela complexa do homem e das sociedades.

Uma das definições de historicismo mais frequentemente formuladas pelos seus estudiosos é a de que se trata de um movimento filosófico-crítico que atribui uma relevância central ao *contexto* histórico na explicação e na interpretação de toda a espécie de textos ou que preceitua que os materiais ou os eventos históricos devem ser compreendidos no seu próprio *contexto*[2].

A palavra "contexto", proveniente do vocábulo latino *contextus,* significou primeiramente "conjunto das relações organizadas entre os elementos significativos de um discurso". Nesta acepção, o contexto é o contexto verbal ou o contexto textual, estreitamente ligado aos conceitos de coesão e de coerência textuais e que a linguística contemporânea, em particular a linguística do texto, denomina *co-texto*. Na cadeia sintagmática, um elemento textual funciona, sob os pontos de vistas sintáctico, semântico e pragmático, em relação ao que o precede *(co-texto* anterior) e em relação ao que lhe sucede *(co-texto* posterior), podendo esta relação co-textual ter um âmbito muito dilatado.

Já ao longo da segunda metade do século XIX, porém, a palavra "contexto" passou a ser utilizada sobretudo com o significado de

---

[1] Cf. G. W. F. Hegel, *Lecciones sobre la filosofía de la historia universal,* Madrid, Editorial Tecnos, 2005, p. 140. Esta obra de Hegel, de publicação póstuma, resultou de vários cursos académicos realizados entre 1824 e 1831, ano do falecimento do filósofo.

[2] Cf. Paul Hamilton, *Historicism,* London, 1996, p. 2 e Robert D. Hume, *Reconstructing contexts. The aims and principles of archaeo-historicism,* Oxford, 1999, p. VII.

"conjunto de circunstâncias nas quais se insere um texto". Nesta acepção mais alargada, "contexto" pode significar: a) conjunto de factores comunicativo-situacionais à luz dos quais devem ser interpretados os enunciados de um texto; b) o "contexto idiomático", para utilizar a terminologia de Eugenio Coseriu, ou seja, a própria língua como contexto, como fundo de saber a partir do qual e sobre o qual se constrói qualquer enunciado; c) em sentido mais especificamente literário, o *interdiscurso*, o *intertexto* e o *arquitexto*; d) finalmente, o contexto *extraverbal, extratextual e extradiscursivo*, isto é, o conjunto das circunstâncias sociais, políticas, religiosas, económicas, culturais, etc., que condicionam ou orientam a produção e a interpretação de textos.

É nesta última acepção, de grande latitude semântica, que todo o historicismo utiliza o conceito de *contexto*, mesmo quando não emprega o termo. A história literária romântica, indissoluvelmente ligada à filosofia, à ideologia e à mitologia do nacionalismo, atribui aos factores étnicos, aos factores políticos, aos factores religiosos e aos factores sociais uma relevância central na explicação e na compreensão dos fenómenos literários em geral, em particular dos textos literários.

Sob a influência das teorias expressivistas da criação literária defendidas pelo Romantismo, a história literária aceitou como factores contextuais de primeira ordem para a explicação das obras literárias as biografias dos respectivos autores. O factualismo biográfico e a sua interpretação psicologista cruzam-se frequentemente, na metodologia da história literária romântica, com os factores contextuais de natureza supra-individual atrás mencionados: os factores políticos, étnicos, religiosos, sociais, etc.

Esta herança do historicismo romântico marcou perduravelmente toda a história literária posterior, em especial a denominada história literária positivista e a história literária de matriz marxista, uma e outra empenhadas em demonstrar, utilizando utensilagens conceptuais e teóricas diversas, a validade do princípio do historicismo segundo o qual os textos literários devem ser explicados e interpretados à luz dos seus contextos históricos. Taine, como é sabido, em obras como *Philosophie de l'art* e a *Histoire la littérature anglaise*, elaborou explicações, em seu entender científicas, da génese e do significado das obras artísticas e literárias, recorrendo aos factores contextuais da raça, "com as suas qualidades fundamentais e indeléveis tais como persistem através de todas as circunstâncias e em todos os climas", do meio físico e social, que congloba categorias físicas como o solo e o clima e categorias institucionais como o governo, a sociedade, a família, a religião, etc., e do momento, que introduz parâmetros temporais e históricos nos factores antes referidos[3]. Marx explicou causalmente as obras literárias como uma superestrutura determinada por uma base sócio-económica, mas tendo sempre presente a ideia de que as conexões histórico-sociais da obra de arte não a condicionam mecanicamente ou do exterior[4]. Gustave Lanson, que foi extremamente sensível, deve ser sublinhado, à análise interna, à análise formal dos textos literários, não hesitou em afirmar que a história literária deve levar a cabo um trabalho que comporta "une masse de recherches autour des oeuvres, de l'emploi de toutes sortes de documents et de faits par lesquels s'éclairent la personnalité véritable et le rôle historique d'un livre, et qui ont pour effet de le détacher de nous, de le retirer de notre vie intérieuse où la simple lecture l'a souvent mêlé"[5]. Como se depreende, Gustave Lanson, o mestre por antonomásia da história literária, estabelece como princípio metodológico que são as investigações *à volta* do texto literário, que é a recolecção de documentos e de factos que têm algo a ver com o

---

[3] É frequente a acusação de que Taine aplicaria mecanicamente estes factores. A verdade é que Taine, como pensador inteligentíssimo e culto que era, nunca trivializou mecanicamente a aplicação da famosa tríade. Veja-se, a propósito, Jean-Thomas Nordmann, *Taine et la critique scientifique*, Paris, 1992, pp. 177 ss.

[4] Cf. K. Marx e F. Engels, *Scritti sull'arte*. A cura di Carlo Salinari. Roma – Bari, 1974, pp. 55-56.

[5] Cf. Gustave Lanson, *Essais de méthode, de critique et d'histoire littéraire*. Rassemblés et presentés par Henri Peyre. Paris, 1965, p. 62.

texto, que é, enfim, o conhecimento do contexto que habilitam o historiador literário a conhecer com objectividade "a personalidade verdadeira" e "o papel histórico" do texto literário.

O factualismo acumulativo, muitas vezes caótico e arbitrário, que levou Nietzsche a referir-se desdenhosamente ao reino "dessa força cega dos factos" e Walter Benjamin a falar corrosivamente do "bordel do historicismo", o psicologismo biografista desenfreado e o determinismo mecanicista de grande parte da história literária positivista e da história literária marxista – os pequenos discípulos e seguidores de Taine, Marx e Lanson trivializaram redutoramente, como sempre acontece, a complexidade do pensamento dos mestres – constituíram algumas das razões importantes do descrédito em que caiu a história literária desde as primeiras décadas do século XX e da emergência correlativa de orientações formalistas e neoformalistas nos estudos literários, desde a estilística idealista e o formalismo russo até ao *new criticism,* ao estruturalismo e, mais recentemente, à teoria e à prática da desconstrução. Embora com diferenças teóricas e metodológicas não desprezíveis, pode-se afirmar que estas orientações e estes movimentos de signo formalista, estruturalista e pós-estruturalista recusam o princípio do *historicismo* – ou talvez devêssemos dizer antes do *velho historicismo* – segundo o qual o texto literário depende, na sua produção e na sua recepção, do seu contexto. Com excepção, porém, de algumas posições teóricas e metodológicas radicais, encontramos naquelas orientações e naqueles movimentos valiosas e, diria mesmo, capitais revisões da relação entre texto e contexto, que representam inestimáveis contributos para os estudos literários contemporâneos. Passo a enumerar e a analisar sucintamente esses contributos.

Em primeiro lugar, a ideia de que não existem contextos dados, perfeitamente delimitados e conclusos. Todo o contexto é uma construção do investigador e por isso constitui por definição uma construção *im-perfeita,* no sentido etimológico desta palavra, e *aberta,* que depende do capital de informação, da enciclopédia, da capacidade heurística e das aptidões hermenêuticas do investigador. Este tem de saber eleger, à luz da sua leitura e da sua interpretação do texto, os elementos configuradores e pertinentes do contexto, vendo quais os factores contextuais que o texto exclui e os quais os factores contextuais que o texto pode acolher, mesmo – e até talvez sobretudo – se os contesta, se os subverte, se lhes resiste. A acumulação elefantíaca de factores contextuais, a erudição maciça, a hipercontextualização são contraproducentes e estéreis. Transviadamente, a história literária reivindica muitas vezes o estatuto de rigor científico em nome desta hipercontextualização, como se a acumulação de dados e informações fosse garantia de racionalidade científica. A consciência de que o contexto é uma construção *im-perfeita* e *aberta*, longe de ser um convite à licença contextualizante, deve constituir um apelo e um incentivo ao rigor, deixando de lado os "achismos", as aproximações vagas, amorfas e improdutivas (como acontece tantas vezes, por exemplo, nas análises intertextuais).

Em segundo lugar, a ideia de que o conhecimento do contexto horizontal – as ideias e as ideologias da época, os acontecimentos políticos, sociais, religiosos, etc., as poéticas e a produção literária da sincronia em que se inscreve o texto literário – não pode nem deve excluir a indagação do *contexto vertical* a que uma obra literária também pertence[6]. O tempo contextual de um texto literário não é apenas necessariamente o seu tempo coetâneo. A genealogia e a topogonia de um texto literário podem remeter para um passado longínquo, para textos secularmente distantes que fecundam os textos *modernos,* isto é, etimologicamente, os textos temporalmente mais próximos, os textos que acabam de ser escritos. A memória literária não tem uma natureza evolutiva linear, transitando de elo para elo, e por isso a tradição literária, como T. S. Eliot a concebe e define, não se confina a um contexto horizontal.

---

[6] Cf. Luis Beltrán Almería, "Horizontalidad y verticalidad en la historia literaria", Leonardo Romero Tobar (ed.), *Historia literaria / Historia de la Literatura,* Zaragoza, 2004, pp. 13-29.

Em terceiro lugar, a ideia de que nenhum contexto permite determinar as características estéticas, os predicados formais, estilísticos e retóricos e os predicados temáticos de um texto. Um contexto, seja no plano do contexto idiomático, seja no plano do pensamento poetológico, seja nos planos do arquitexto e do intertexto, seja em qualquer outro plano, é um repositório de virtualidades e de possibilidades que *permite dizer*, mas que *não obriga a dizer* de modo único, sendo ilegítimo deduzir da possibilidade geral uma forma particular. A cartografia do contexto possibilita várias rotas, mas não traça nem impõe de antemão uma rota. Empiricamente, esta tese é convalidada pela diversidade dos textos literários produzidos na mesma sincronia do campo literário, no âmbito de um contexto substancialmente idêntico. Relembra-se, por exemplo, o modo mortiferamente irónico como Péguy atacou as explicações cronológicas e contextuais de Lanson, que fora seu professor, sobre a história do teatro francês clássico:

"Era uma história que se desenrolava como um fio. O acontecimento tinha os dois braços presos ao longo do corpo, as pernas ao comprido, os dois punhos bem ligados e os tornozelos bem amarrados. Aconteceu uma catástrofe. Foi Corneille"[7].

A lógica cronológica e contextual de Lanson rompe-se, entra em crise, mostra-se inoperante, quando entra em cena o génio, neste caso Corneille. Tem sido com dificuldades teóricas semelhantes que se têm defrontado diversos pensadores marxistas como Lukács, Goldmann e Macherey, compelidos por isso mesmo a defender uma autonomia relativa da produção literária relativamente à sua base económica e social.

Numa perspectiva marxista mais radical sobre a autonomia da obra artística, um filósofo como Adorno pensa a obra de arte, em termos leibnizianos, como uma entidade monadológica que se sub-

---

[7] Cf. Claude Pichois, "De l'histoire littéraire", *in Revue d'histoire littéraire de la France*, 1995, sup. n.º 6, pp. 24-25.

trai ao determinismo mecanicista do contexto, mas que se abre à historicidade e que, nessa medida, não é uma mónada perfeita, uma *enteléquia* no sentido aristotélico ou goethiano, mas uma espécie de mónada relativa ou de mónada histórica, por oximórica que se afigure esta expressão (no fundo, a mesma problemática com que se debateu Eugenio d'Ors ao formular o seu conceito de *eón*). Foi com esta mesma problemática, mas no quadro de outro sistema filosófico, que se confrontou Benedetto Croce, ao pensar a *literatura* como um contexto cultural e civilizacional que deixa sempre as suas marcas no artefacto que o poema é e ao pensar a *poesia* como uma intuição/expressão única, irrepetível, que cristaliza num poema de natureza monadológica.

Em quarto lugar, a ideia de que o contexto extraverbal e extraliterário, como os formalistas russos, na última fase do seu movimento, e como os estruturalistas checos explicaram, não actua directa e mecanicamente no campo e no sistema literários e, *a fortiori,* no texto literário, tornando-se necessário inscrevê-lo na autonomia relativa, na auto-organização e na complexidade do sistema e do campo literários. Por outras palavras, a relação entre o contexto e o texto é mediatizada pela lógica e pela dinâmica do campo e do sistema literários e se não se tiver em consideração o "coeficiente de refracção", para utilizar um conceito de Pierre Bourdieu, do campo literário relativamente às determinações externas, não se alcançará uma análise apropriada daquela relação[8]. Esta articulação de uma perspectiva sistémica com uma perspectiva histórica constituiu uma das propostas mais fecundas do último formalismo russo e do estruturalismo checo, esclarecendo os mecanismos da evolução literária, as relações entre a *série* literária e as outras *séries* sociais e, por conseguinte, as relações entre a história da literatura e as outras séries históricas. Como escreveram Tynjanov e Jakobson, no seu ensaio programático intitulado *Os problemas dos estudos literários e linguísticos,* o sincro-

---

8 Cf. Pierre Bourdieu, *Raisons pratiques,* Paris, 1994, p. 68.

nismo puro é uma ilusão, pois cada sistema comporta necessariamente uma evolução e, por outro lado, a evolução apresenta inevitavelmente um carácter sistémico.

A análise histórica do campo literário, da instituição literária e do polissistema literário, desvelando as suas dinâmicas, as suas transformações, as suas tensões e os seus conflitos de ordem intrasistémica e de ordem extra-sistémica, recoloca de modo novo a problemática das relações entre textos e contextos e permite ultrapassar, em grande medida, as antinomias entre o estudo imanente e o estudo histórico-contextual dos textos literários. Por outras palavras, as mudanças operadas no sistema literário dependem sem dúvida da influência e da pressão de factores sociais, mas dependem também da lógica interna, da funcionalidade própria e da memória do sistema, que são mecanismos de selecção e de modelização semiótica dos eventos e dos factores de evolução procedentes do exterior do sistema. Até os elementos caógenos que penetram no sistema provenientes de um meio marcado por elevada turbulência só serão produtivos, e não apenas entrópicos, fracturantes ou destrutivos, se se integrarem na auto-organização do sistema. Este, aliás, é dotado de um grau elevadíssimo de resiliência, como ficou demonstrado com a revolução das vanguardas.

A história do campo literário, da instituição literária e do sistema literário, como atrás ficou dito, permite ultrapassar, em grande medida, as antinomias entre o estudo imanente e o estudo histórico--contextual dos textos literários. Em grande medida, mas não totalmente, porque aqueles elementos do texto literário que, com Adorno e com o Walter Benjamin da 17.ª tese de filosofia da história, denominarei monadológicos, aqueles significados da poesia que, com Yves Bonnefoy, direi que são uma transgressão e uma transcensão da história, serão sempre refractários às explicações histórico-contextuais, mesmo se metamorfoseadas numa intertextualidade da cultura como a que tem sido praticada pelo *New Historicism*.

14.
Variações sobre o cânone literário

O cânone literário, entendido como um conjunto de autores e de textos preeminentes e modelares, cuja "riqueza" os torna dignos de serem lidos e estudados nas "classes" das escolas – ideias presentes na verdadeira e na falsa etimologia da palavra *classicus* –, não é uma invenção voluntarista de quaisquer instituições ou indivíduos com capacidade de intervenção e de prescrição em matéria de gosto estético-literário. O cânone literário corresponde à necessidade, sentida e expressa em todos os tempos, de cada comunidade cultural preservar, organizar e ordenar a sua memória, o seu passado e a sua herança linguístico-literária. O cânone é por isso mesmo uma selecção de autores e de textos aos quais se atribui um elevado valor intrínseco e patrimonial e uma correlativa autoridade nos planos do uso da língua, dos critérios do gosto estético e das representações simbólico-imaginárias. Por outras palavras, o cânone literário co-envolve sempre, de modo implícito ou explícito, uma dimensão valorativa e uma dimensão normativa (dimensões que estão ambas presentes no significado etimológico de *kanōn*).

A escolha dos autores e dos textos julgados como *aristoi*, como os melhores, é um mecanismo regulador mediante o qual se configuram e se definem o *centro* e a *periferia* de uma cultura linguística e literária, entendida metonimicamente como a manifestação mais relevante da cultura de uma comunidade. Na representação cartográfica proposta pelas teorias sistémicas da cultura, os autores e os textos que ocupam o *centro* detêm a preeminência do valor e exercem por isso mesmo a autoridade inerente a esse valor, ao passo que os autores e os textos periféricos, marginais ou *ex-cêntricos*, ficam reduzidos a um estatuto de subalternidade – o que não significa que estes autores e textos *minores* não tenham relevância sistémica, histórica e sociológica (a história da literatura e a sociologia da literatura dedicam justamente, embora muitas vezes de modo avulso e heteróclito, a merecida atenção a tais autores e textos).

A regulação canónica da cultura linguístico-literária de uma comunidade exerceu-se em todos os tempos através de *metatextos* – tratados de gramática, de retórica e de poética, comentários, ensaios de crítica literária, manuais de história literária, antologias, etc. – produzidos por agentes institucionais e individuais aos quais se reconhece autoridade e legitimidade para tanto: academias, universidades e escolas em geral, filólogos, críticos e teorizadores literários, historiadores da literatura, etc. Os manuais de história literária e as antologias têm constituído, ao longo dos séculos XIX e XX, instrumentos poderosos de canonização, ora projectando uma luz brilhante sobre alguns autores, ora obscurecendo outros, ora esquecendo-se de uns tantos ... Toda a história literária pressupõe uma antologia e toda a antologia repousa sobre uma história da literatura.

A construção do cânone literário é sempre efectuada a partir dos valores, dos critérios e dos juízos de um tempo presente, o que implica necessariamente a contingência e a mobilidade de qualquer cânone. A "verdade" do cânone é sempre *filia temporis* e por isso a sua contingência e a sua mobilidade são de ordem diacrónica, podendo o ritmo da variação e da mudança ser muito lento e quase imperceptível, como sucede numa literatura fortemente codificada, regida por normas e modelos concebidos como intemporais – *e.g.*, no chamado Classicismo francês –, ou ser célere, gerando-se alterações frequentes e profundas, como sucedeu nas literaturas europeias desde o final do século XIX. Quando num sistema literário adquirem preponderância factores de crise, factores caógenos, o cânone torna-se oscilante e até fungível. Com o Modernismo e sobretudo com as Vanguardas, a temporalidade ganhou uma importância central na constituição do cânone: o esquema topográfico centro/periferia foi temporalizado, digamos assim, através das oposições *antigo/ /moderno, velho/novo, ontem/hoje*. Sublinhe-se, porém, que a ânsia do *novo* dos modernistas e dos vanguardistas não destruiu ou anulou o conceito de cânone literário, antes conduziu à radical alteração dos autores e dos textos reconhecidos e proclamados como canónicos, reordenando-se a memória do sistema literário em conformidade com as poéticas do Modernismo e das Vanguardas. E assim os autores marginais, periféricos, malditos, herméticos, subversivos e iconoclastas, que no passado tinham sido "modernos" e "vanguardistas", passaram a ocupar o centro do sistema e a irradiar uma nova energia criativa como inéditos focos de dinâmicas intertextuais. O cânone como genealogia foi uma estratégia de legitimação das rupturas e das subversões do tempo presente.

A contingência e a mobilidade do cânone são também de ordem diatópica, isto é, dependem também das fronteiras que delimitam cada comunidade cultural, das fronteiras que ao mesmo tempo demarcam uma identidade e sinalizam o estrangeiro. Cada literatura nacional constrói o seu próprio cânone, alicerçado muitas vezes, a partir do Romantismo, em teorias e interpretações nacionalistas, segundo as quais, por um lado, a língua e a literatura revelam o espírito autêntico da nação e, por outra parte, o *ethos* da nação modela profundamente a língua e a literatura. O cânone nacionalista de cada literatura nacional é a manifestação por excelência da dimensão etnocêntrica do cânone. O cosmopolitismo literário supera o horizonte nacional e nacionalista do cânone, num diálogo interliterário e intercultural que abarca áreas e comunidades transnacionais – "literatura do norte" e "literatura do sul" da Europa, para retomarmos a famosa distinção de Mme de Staël, comunidades interliterárias centro-europeias e comunidades literárias mediterrânicas, etc. –, que se estende ao mega--espaço transcontinental de uma civilização – o cânone proposto por Harold Bloom é o *cânone ocidental* – e que alcança, no seu limite máximo, a dimensão da *literatura mundial*, da *Weltliteratur* de goethiana memória. As modernas literaturas europeias, aliás, desenvolveram-se sempre em diálogo umas com as outras, em função de factores como a proximidade linguística, a vizinhança geográfica e as relações culturais, religiosas, políticas e económicas.

A construção do cânone de uma literatura nacional – e *a fortiori* de um cânone transversal a várias literaturas nacionais – pressupõe uma relativa homogeneidade cultural da respectiva comunidade e a existência de um escol culturalmente hegemónico que, em cada período da história, partilha valores e critérios de gosto estético-literário substancialmente comuns – a alteração geracional deste escol projecta-se em geral na variação do cânone – e que detém o prestígio e a autoridade bastantes para estabelecer um cânone. Quando uma comunidade nacional se caracteriza por um fortíssimo poliglotismo cultural, com dinâmicas identitárias múltiplas e conflitivas, centradas em factores étnicos, sexuais, sociológicos, políticos e religiosos, o consenso sobre o cânone literário torna-se difícil, muito frágil ou mesmo impossível. Os conflitos que se geraram em torno do cânone, nas últimas três décadas, nos Estados Unidos da América, têm a sua origem e as suas causas no facto de comunidades minoritárias condenadas multissecularmente à subalternidade e ao silêncio pelo poder hegemónico – afro-americanos, *chicanos*, mulheres, homossexuais, etc. – terem tomado consciência da sua marginalidade e da sua exclusão em relação ao cânone construído por aquele mesmo poder e no facto de terem ganho uma voz crítica com peso nas universidades, nas escolas e na comunicação social. Numa sociedade multi-étnica e multicultural como a norte-americana, a emergência de posições e atitudes comunitaristas radicais, que rejeitam o pseudo-universalismo unicultural do poder hegemónico, conduz inelutavelmente à erosão e à crise do cânone ocidental e das suas formulações nacionais.

Se o liberalismo imperialista, em nome de valores universais, rasura a diversidade e a diferença das culturas, o comunitarismo agressivo e ressentido repete e até agrava o que de pior existe no nacionalismo: a incapacidade de compreender e de aceitar o outro, a intolerância, a mistura sinistra do orgulho e do ódio. Só o diálogo intercultural que reconhece a igual dignidade de todas as culturas, que aceita, incentiva e promove a osmose e a hibridação das culturas, que não exclui nem demoniza o outro, o estrangeiro, o "bárbaro", pode impedir a catástrofe do rolo compressor da globalização imperialista e a explosão de um mundo fracturado por ódios e ressentimentos comunitaristas. Todas as comunidades culturais têm direito à sua memória e ao seu passado para construírem o seu presente e projectarem o seu futuro e por conseguinte cada comunidade cultural tem direito ao seu cânone literário e tem o direito de não aceitar o cânone construído e imposto por outra(s) comunidade(s), mas não pode reivindicar o direito de denegrir, desfigurar e, no limite, excluir ou anatematizar o cânone de outra comunidade cultural. O diálogo intercultural, como qualquer diálogo, é uma negociação e um esforço de boa vontade e de inteligência para que se compreendam, respeitem e, se possível, estimem reciprocamente interlocutores com identidades diferentes. Não pode ser portanto uma transigência expiatória de quaisquer culpas históricas e ainda menos uma abdicação niilista de quem se sente excedentário na história.

Braga, Novembro de 2004

15.
O "naufrágio" de *Os Lusíadas* no ensino secundário

O ruído e a fúria que, em plena época estival e ferial, desencadeou o "caso" do lugar de *Os Lusíadas* no novo programa da disciplina de Língua Portuguesa do ensino secundário não são explicáveis apenas pela habitual escassez, em tal período, de informação relativa ao "país" político e pela consequente necessidade de os órgãos da comunicação social encontrarem temas substitutivos com ampla ressonância pública. Que o "caso" tenha incluído as primeiras páginas de jornais influentes; que tenha sido pábulo e condimento de crónicas e comentários de analistas, fazedores e estrategos da opinião pública; que tenha obrigado o Ministro da Educação e um dos seus Secretários de Estado, recém-chegados ao Governo, a procurarem acalmar, num fim de semana de regresso aos penates nortenhos, a tempestade provocada; que tenha despertado, enfim, o interesse e a paixão de tanta gente, tudo isto não é explicável pela necessidade e pela ambição mesquinhas, calculistas e suspeitas, de vender "papel" quando o "país" político vai a banhos...

O que se *passou e está a passar é* bem mais complexo e preocupante. Desde há algum tempo, Portugal está a *sofrer* um processo grave de deterioração global e difusa. Convocando a famosa constatação de Marx ante a emergência da modernidade, tem de se reconhecer que tudo o que parecia sólido se desfez no ar – a prosperidade económica, o dinheiro abundante e fácil, a aproximação segura aos indicadores do desenvolvimento económico, social e cultural da

Europa florescente, os padrões de honestidade e *transparência* políticas, o sonho sempre novo de uma escola capaz de redimir séculos de ignorância e atraso, a construção de uma casa comum mais justa e solidária... A insatisfação, a insegurança e o receio perante o futuro instalaram-se e têm medrado na sociedade portuguesa, afectando perigosamente algumas das suas instituições e dos seus estamentos mais importantes. Há cada vez mais portugueses que pensam que não se pode navegar indefinidamente à vista, tapando buracos financeiros com a venda do património da casa ancestral, negociando à margem da ética política orçamentos "limianos", adiando com pastilhas de mentol a terapêutica profunda, em muitos casos cirúrgica, de que o país carece. O que gera mal-estar social, político e cívico, é a falta de um projecto colectivo – credível, consistente, mobilizador, realista mas com um golpe de asa –, seja ele colocado sob o signo da esquerda ou sob o signo da direita. Uma das palavras mais terríveis e mais ominosas da semântica da vida política portuguesa, desde há vários séculos, é a palavra adiar (como a voz pungente de Ruy Belo cantou desesperadamente este país adiado, a história trágico--terrestre deste país de vencidos e desistentes, deste país que é o que o mar não quer...).

Ora bem, o "caso" de *Os Lusíadas* explodiu na primeira página de "O Independente" como a metáfora da crise do "Portugal ameaçado" de que falava há poucas *semanas,* em sinédoque de ressonância profética, Manuel Alegre. Desde há dois séculos, pelo menos, que o significado mítico-simbólico de *Os Lusíadas* é indissociável do destino de Portugal. Sempre que esse destino está, ou parece estar, sob ameaça, externa ou interna, *Os Lusíadas* resplendem como estrela polar da comunidade nacional, ressoam como o canto sagrado da pequena casa lusitana, quer na sua dimensão épico-memorial, quer na sua dimensão épico-futurante. Os aproveitamentos ideológicos e político--partidários, algumas vezes sob o signo da hipocrisia, da ignorância e do oportunismo, do capital mítico-simbólico de *Os Lusíadas* são o subproduto inevitável da grandeza sem par, na língua, na memória e no imaginário dos portugueses, do poema.

Penso, por conseguinte, que este "caso" de Os Lusíadas só alcançou a ressonância que alcançou, porque existe no país uma crise difusa no plano político, uma óbvia crise financeira e uma grave crise de confiança quanto ao futuro de Portugal. Compreensivelmente, diversos sectores da direita sociológica, política e cultural, dramatizaram e instrumentalizaram ideológica e partidariamente o "caso". A esquerda que ocupa o poder teria decerto comportamentos similares se não fosse poder...

Em meu entender, a indignação, as críticas e as objurgatórias contra a alegada marginalização, ou mesmo expulsão, de Os Lusíadas dos programas do ensino secundário são hiperbólicas e em boa parte infundamentadas e injustas. E começo por me referir às acusações injustas que algumas vozes mais ácidas lançaram sobre "os reformadores despóticos" da 5 de Outubro (metonímia que deveria talvez ser substituída pela 24 de Julho...). O director-geral do Departamento do Ensino Secundário, Prof. Domingos Fernandes, hoje Secretário de Estado da Administração Escolar, conduziu o processo da elaboração dos novos programas de Língua Portuguesa do ensino secundário, como tive oportunidade de testemunhar, com um grande sentido de responsabilidade institucional, mostrando-se bem consciente da complexidade e da relevância central desses programas e revelando uma louvável abertura, tal como o grupo de trabalho que os elaborou, às críticas extensas e profundas que recebeu de alguns especialistas. Penso, todavia, que teria sido mais avisado e produtivo ter estabelecido sobre a elaboração dos programas um diálogo formal com as instituições do ensino universitário que formam professores de Português para o ensino secundário.

A disciplina de Língua Portuguesa no ensino secundário é exactamente uma disciplina de Língua Portuguesa, comum aos alunos de todas as áreas (julgo que foi acertado criar uma disciplina única, acabando com a distinção entre Português A e Português B). Compreende logicamente uma componente gramatical e linguística, atribuindo-se – e bem – uma particular atenção à semântica e à pragmática, uma vez que a morfossintaxe ocupa lugar de destaque nos programas do 3.º ciclo do ensino básico, e à linguística do texto. É fundamental que os alunos do ensino secundário consolidem teórica e praticamente o seu conhecimento do funcionamento da língua plasmada em múltiplos tipos de discurso, com os seus mecanismos retórico-comunicacionais e estilísticos peculiares, de modo a disporem de competências que lhes permitam compreender, interpretar e produzir textos de diversa natureza. Em diálogo criador com a componente gramatical e linguística, o programa compreende necessariamente uma componente literária, com noções de poética ou teoria literária, de história literária e de hermenêutica literária que iluminarão e fecundarão a leitura e o estudo de diversas obras da literatura portuguesa. Sou dos que pensam que a componente literária dos programas devia ser mais densa e mais rica, porque é nos textos literários que as línguas históricas manifestam toda a sua riqueza, toda a sua criatividade, toda a sua beleza, e porque os textos literários, exactamente por serem construídos na língua e com a língua, proporcionam uma modelização e um conhecimento insubstituível do homem, da vida e do mundo. Alguns linguistas, convencidos que cultivam uma ciência "dura" e convencidos de que a produção e a compreensão dos textos devem ser reguladas por essa ciência, desejariam expulsar dos programas a componente literária. Se isso algum dia acontecer e quando isso acontecer, a logotecnocracia esterilizará o conhecimento da língua, tornando ainda mais árido e empobrecedor o estudo da língua do que o gramaticalismo dogmático, seco e fero, de tempos não distantes.

Os novos programas rompem, porém, e a meu ver justificadamente, sob todos os pontos de vista, com a orientação historicista dos programas anteriores e ainda vigentes, os quais impõem aos alunos doses maciças de história literária, desde os cancioneiros trovadorescos até Manuel Alegre, afogando-os num rol interminável de autores, de obras, de escolas e movimentos, obrigando-os a uma memorização psitacista e tornando inevitável que o texto literário, enquanto criação linguística, enquanto objecto estético, enquanto objecto de leituras e interpretações, enquanto objecto de prazer cognitivo, emotivo e sensorial, seja o grande ausente da sala de aula. A história literária está contaminada ideologicamente pelo nacionalismo romântico e eivada como está pelo biografismo e pelo determinismo positivistas dificulta a compreensão da dinâmica do campo literário e pouco ou nada contribui para o conhecimento do texto literário como objecto artístico que, inscrito na historicidade, transcende essa inscrição. Desde há vários anos que venho defendendo a necessidade de pôr termo a este imperialismo anacrónico e estéril da história literária nos programas de Português do ensino secundário e por isso vejo com bons olhos as alterações agora introduzidas. Como vejo com olhar francamente favorável, e assim o tenho reiteradamente defendido, o peso relevante atribuído nos programas à literatura contemporânea.

Não posso concordar com os autores dos programas e com os responsáveis políticos pela sua aprovação com a ausência de certos autores e de certas obras nos núcleos de *textualidade canónica* que tenho advogado como nós vertebradores da rede dos programas e a partir de cuja leitura irradiariam as informações de poética, de retórica, de hermenêutica, de história literária, de literatura comparada, etc., que configurariam um périplo transtextual ao serviço da viagem textual. Há diversas ausências intoleráveis e algumas presenças dispensáveis. Neste ponto, como aliás noutros, estou inteiramente de acordo com Vasco Graça Moura.

Ora bem, tudo ponderado, pode-se afirmar que, em relação a Camões e aos *Lusíadas,* do mal o menos. Como não podia deixar de ser, o programa de Português do 9.º ano, que é o último ano de escolaridade obrigatória, contempla o estudo aprofundado de *Os Lusíadas.* Que não seja obrigatória a leitura integral nem no 9.º ano, nem no ensino secundário, não me parece sacrilégio. Há partes do poema irremediavelmente envelhecidas, nas quais é débil o sopro da poesia e cuja leitura se torna penosa. O próprio poema épico, pelo seu estatuto genológico, esplende num certo número de episódios, cujas ligações são andaimes com muita argamassa à vista. No programa do 10.º ano, os alunos irão conhecer e estudar alguns aspectos da lírica camoniana, para mim a parte mais sortílega da obra do Poeta. Só espero que a formulação dos tópicos do programa não dê ensejo a divagações e fantasias romanescas sobre a biografia de Camões, sobre as suas amadas e sobre os seus infortúnios. A presença, no programa do 12.º ano, do estudo de *Os Lusíadas* em diálogo com a *Mensagem* de Pessoa pode proporcionar, se os professores e os autores dos manuais para tanto tiverem engenho e arte, uma leitura intertextual nova do poema de Camões.

Não, não creio que Camões e *Os Lusíadas* tenham sofrido um naufrágio irresgatável nos novos programas da Língua Portuguesa do ensino secundário. Mas é significativo sobre "o estado da nação" o abalo provocado em grande parte da opinião pública pela notícia de tal naufrágio...

Moledo, 27 de Agosto de 2001

16.
A poesia no ensino

1
Pode ensinar-se a ler poesia? Como fazê-lo sem que a obrigatoriedade da leitura e do estudo se transformem em obstáculo à plena fruição do poema?

2
Haverá uma incompatibilidade insuperável entre a liberdade, que é a própria essência da linguagem poética, e as exigências de racionalidade e disciplina, em que se alicerça uma instituição como a escola?

3
Como possibilitar o acesso à poesia moderna e contemporânea, tendo em conta a sua resistência aos modelos de abordagem convencionais?

4
Que lugar deverão ocupar *Os Lusíadas* e a lírica de Camões nos programas de português?

5
Em seu entender, que poetas deveriam constar desses programas?

1

Pode ensinar-se a ler poesia – no sentido translato e mais profundo de *ler* e aceitando que *poesia* não é um termo hipónimo de *literatura* – desde que se verifiquem duas condições prévias: quem aprende tem de ser capaz de receber, fecundar e desenvolver a semente; quem ensina tem de saber o quê, quando e como semear. Estas metáforas agrárias e sexuais dizem o que há de primordialmente *natural* e *orgânico* e de subsidiariamente *artístico* e *técnico* na aprendizagem e no ensino da poesia (por detrás destas metáforas circulam evidentemente os conceitos aristotélicos de *physis* e de *technē* e os correlatos horacianos de *natura* e de *ars*). Por outras palavras, tal como há terra irreparavelmente sáfara, onde nem o cardo de Junqueiro logrará brotar, tal como há mulheres e homens irremediavelmente estéreis, assim há alunos e professores que nunca saberão aprender nem ensinar a ler poesia. Tal, porém, como a biotecnologia, a engenharia genética e a medicina podem alterar as condições das terras sáfaras e dos ventres estéreis, assim a *arte* de ensinar e a *arte* de aprender poderão proporcionar, em graus variáveis de intensidade e profundidade, a alguns ou até a muitos "deserdados" da natureza, a construção de um certo conhecimento da poesia. Todavia, o conhecimento, em sentido bíblico, da poesia – um conhecimento que é amor, que é fulguração, que é êxtase e comunhão – nunca será fruto apenas da *arte* de ensinar e da *arte* de aprender, embora estas possam e devam enriquecer e iluminar esse conhecimento insubstituível.

Quem, aluno ou professor, entender, sentir e sofrer como obrigação a leitura do poema está transviado no seu caminho. E a desgraça do ensino é que há alunos assim transviados no seu caminho que ingressam nos cursos de licenciatura de Línguas e Literaturas e que depois vão ser professores irremissivelmente transviados no seu caminho... Mas é também necessário que o poema não seja um texto rasteiro, entediante e sem fulgor. Daí a relevância da escolha, nos programas e nos livros escolares, dos autores e dos textos.

A "plena fruição" mencionada na pergunta é um estereótipo deploravelmente *kitsch,* porque "plena" absolutiza o que é busca, aproximação e tentativa e porque "fruição" empobrece as dimensões antropológicas, hermenêuticas e cognitivas da leitura.

2

Não estou seguro de que a liberdade, desde os primórdios da poesia grega até hoje, seja a própria essência da linguagem poética, tanto do ponto de vista semântico como do ponto de vista formal. O poema, como sentido e como forma, é um compromisso e um equilíbrio difícil e admirável entre constrições e convenções de vária ordem e a liberdade e a criatividade do poeta... Por outro lado, a escola não deve ser uma instituição alicerçada apenas na racionalidade e na disciplina. A escola deve ter uma dimensão *poiética* e estética, sob pena de se reduzir a uma instituição perversamente autoritária e até tendencialmente carcerária. A escola, seja qual for o nível do ensino, não pode viver exclusivamente sob o signo da racionalidade, seja ela teórica ou prática.

3

Não sei bem quais serão os modelos de abordagem convencionais que são referidos na pergunta (explicação biografista? explicação histórico-literária?). Penso que os estudos literários, ao longo do século XX, construíram e aplicaram modelos de grande rigor, complexidade e subtileza, para a análise semântica e formal do poema, muitas vezes em estreita articulação com a poesia e as poéticas modernas e contemporâneas: o formalismo russo, tão profundamente ligado ao cubo-futurismo, ensinou a ler as audácias formais da poesia vanguardista; o *new criticism* produziu admiráveis leituras imanentes dos organismos ou dos "animais" que são os poemas, à luz da poética do modernismo; a estilística iluminou inovadoramente o funcionamento dos mecanismos verbais que são os poemas; a psicanálise, a psicocrítica e a mitocrítica desvelaram os sentidos ocultos, secretos e mais perturbantes dos textos poéticos; as teorias da intertextualidade proporcionaram novas visões e experiências hermenêuticas dos poemas como textos eminentemente dialógicos e memoriais. Etc., etc. Teórica e metodologicamente, as vias de acesso à poesia moderna e contemporânea são plurais, mas na escola, antes de tudo, os jovens e adolescentes devem sentir e entender como os poemas reinventam a linguagem verbal e como nessa reinvenção lêem e dão a ler de modo inédito o homem e o mundo e transformam o homem e o mundo. A grande poesia – e só essa vale a pena ler na escola, deixando a pequena poesia para refocilação de eruditos historiadores literários... – é como um relâmpago: uma enorme e súbita libertação de energia, uma fulguração, uma fascinação, um choque...

4

No último ano (9.º ano) da escolaridade obrigatória e no ensino secundário, Camões deve ser uma presença relevante nos programas de Português, por múltiplas razões: porque Camões é o maior poeta da língua portuguesa; porque a língua portuguesa não seria como é sem a poesia camoniana; porque Camões tem um significado mítico--simbólico fundamental no imaginário, na memória e na cultura do povo português; porque Camões é uma voz que, desde há mais de quatro séculos, fecunda como nenhuma outra a poesia portuguesa. É indispensável, porém, ter em atenção que *Os Lusíadas,* como todos os poemas épicos, são um género poético que envelheceu após o Romantismo e de leitura árdua, na sua globalidade, para um leitor de hoje. Os grandes episódios do poema, porém, são fulgurações únicas no céu da poesia portuguesa. E que não se caia na tentação celebratória de estafados nacionalismos lusitanos... A lírica é, para mim, o grande canto camoniano – canto de amor, canto de desejo, canto de ausência, canto de morte. Cuidado, porém, com as fantasias biografistas de hábeis tecelões de equívocos...

5

Não vou cair na tentação de enumerar aqui os poetas do *meu* cânone, que, exactamente por ser *meu,* não seria em rigor um cânone.

17.
Os programas de literatura portuguesa no ensino secundário

A análise do programa por que se tem regido, há mais de quinze anos, o ensino da literatura portuguesa nos liceus, põe a nu múltiplas deficiências de diversa índole, mas que, em nosso entender, se podem reduzir a três pontos fundamentais:

a) extensão demasiada do programa;
b) orientação metodológica precária;
c) lacunas graves no que tange aos períodos literários e aos autores a estudar.

A leitura do programa homólogo do ensino profissional industrial e comercial mostra que estas críticas, com exceção da contida na alínea *c)*, são igualmente pertinentes em relação ao programa de literatura portuguesa vigente neste sector do ensino.

Analisemos brevemente cada um daqueles pontos e as suas implicações e consequências.

1. Extensão demasiada do programa

O actual programa dos liceus impõe o conhecimento da história da literatura portuguesa desde o período auroral do lirismo trovadoresco até o fim do século XIX; o programa do ensino profissional assinala o mesmo termo *a quo*, mas estende o limite *ad quem* até o século XX (Aquilino, José Régio, Francisco Costa). Entre as matérias de ensino cronologicamente delimitadas por estes marcos, figuram autores e obras que só marginalmente se situam no domínio da literatura e que, por isso mesmo, são legítima e preferentemente objecto formal de estudo de disciplinas diversas dos estudos literários. Mencionem-se, como exemplos do que dizemos, as obras historiográficas, moralísticas, ascéticas, filosóficas, cujo estudo compete fundamentalmente à história das ideias ou à história da cultura.

Semelhante programa, pela sua extensão, condena professores e alunos a um ensino divorciado, com poucas excepções, da leitura das obras referidas no próprio programa. O ensino funda-se deste modo na memorização de alguns conhecimentos, quase sempre dispersos e heterogéneos, acerca de uma realidade desconhecida do aluno – e, *hélas!*, quantas vezes também do professor... –, podendo com toda a propriedade afirmar-se que assim os textos literários se reduzem a pretextos. Sabe-se como é dolorosamente frequente, no nosso ensino secundário, o resumo de uma obra como recurso, ou expediente, para substituir a leitura das obras literárias e o conhecimento daí decorrente, não faltando sequer os manuais de história que fomentam a incúria e a preguiça do aluno, fornecendo resumos de obras incluídas no programa.

Se a paráfrase, no dizer de Cleanth Brooks, constitui uma *heresia* no domínio da crítica literária, o resumo como substituinte da leitura de uma obra representa um verdadeiro atentado em relação aos fundamentos e objectivos dos estudos literários, seja qual for a sua orientação metodológica. Um programa que, pela sua extensão e pelos seus propósitos enciclopedistas, solicita – ou condena ... – os alunos a enveredarem por semelhante caminho, contém em si as razões bastantes para a sua reprovação.

2. Orientação metodológica precária

As *Observações* que acompanham o programa liceal propriamente dito revelam da parte do seu autor uma lastimosa confusão de ideias sobre a orientação metodológica e a finalidade dos estudos literários.

No que diz respeito à orientação metodológica, tanto no programa como nas *Observações* se fala explicitamente de história literária, embora sejam inexistentes quaisquer esclarecimentos ou comentários acerca das características do método desta disciplina. O que avulta nas *Observações* é um psicologismo de raiz impressionista que se revela abertamente na formulação de alguns comentários ou se trai na escolha dos lexemas utilizados: acerca de Bernardim Ribeiro, fala-se das *tonalidades maviosas* do seu estilo, aconselha-se o professor a «acompanhar os alunos em exploração pelas regiões profundas da alma do poeta» e a esforçar-se no sentido de o curso «sentir a melodia deliciosa daquela voz dolente a desfiar ternuras e saudades num mundo de sonho»; as composições poéticas de Camões «serão lidas, comentadas e sentidas», devendo o aluno «vibrar com as ressonâncias da agitada vida interior do poeta»; acerca de Camilo, aconselha-se a estudar «o homem na sua psicose e nas suas interessantíssimas reacções»; e de Antero deve o professor dar ao aluno uma «ideia apreciável das ansiedades de um espírito sincero e nobre, rico de finas sensibilidades».

A estas preocupações psicologistas acrescem um moralismo capaz de devastar a obra de um escritor como Eça de Queirós e uma cautelosa desconfiança perante obras literárias de substância predominantemente filosófica ou social – desconfiança que conduz o autor das *Observações* a valorizar «trechos de tonalidade lírica suave». Acrescente-se ainda, porque bem reveladora da precariedade metodológica das *Observações*, aquela indicação peregrinamente acaciana segundo a qual o aluno, do estudo d'*Os Lusíadas*, deve ficar a saber localizar «os versos lapidares mais comummente citados»...

Sobre os objetivos do ensino da literatura portuguesa, o autor das *Observações* é extremamente pródigo em palavras e em equívocos: tal ensino habituará «o aluno ao uso correcto e elegante da linguagem», disciplinará o pensamento, desenvolverá o gosto literário, o espírito crítico, a «aptidão para formar juízos de valor no campo estético, lógico e moral» *(sic!)*, estimulará as nascentes vocações literárias, promoverá «a ilustração do espírito e também a educação cívica dos alunos»! Tal preceituário, miscelânea de boas intenções e de vistas distorcidas em matéria de teoria literária, sofre de uma deplorável confusão entre valores estéticos e valores morais, cívicos, etc., e autoriza um ensino da literatura em que de todo se esvai a consciência da especificidade do fenómeno literário.

Os comentários que antecedem o programa de literatura portuguesa do ensino profissional revelam preocupações que são de aplaudir: que os textos a estudar *pulsem* ainda; que não se troque a revivência da história pela hirta catalogação; que se não ceda à tentação das ideias feitas; que o aluno ganhe o apetite de ler; que o ensino, enfim, seja profundamente vivo. Estas observações e directrizes são excelentes do ponto de vista pedagógico, mas não constituem uma sólida orientação metodológica para os estudos literários, pois mostram-se demasiado insistentes no entusiasmo que se há de suscitar entre os alunos e menos atentas aos específicos problemas de método do ensino e estudo da literatura.

3. Lacunas graves no que tange aos períodos literários e aos autores a estudar

Poderá parecer que esta crítica contradiz o que escrevemos no parágrafo 2. Não existe, todavia, qualquer contradição, pois que o programa liceal é efectivamente demasiado extenso, englobando muitos assuntos, muitos autores e muitas obras – em diversos casos, como já anotámos, de natureza só marginalmente literária –, mas queda-se receoso pelo fim do século XIX, desconhecendo em absoluto o século XX e cavando mesmo estranhos hiatos na literatura da segunda metade do século XIX. Com efeito, um programa que dá lugar a tantos cronistas e historiadores medievais, de Quinhentos e da *Monarquia Lusitana*, não menciona sequer Oliveira Martins; faz avultar João de Lemos e Soares de Passos, mas desconhece Ramalho Ortigão, Fialho de Almeida e Trindade Coelho. Depois, para além do termo do século XIX, é como se se tivesse exaurido a literatura portuguesa e se penetrasse em terreno deserto. E assim os alunos estudarão uma história da literatura portuguesa onde não figuram Camilo Pessanha e Pascoaes, o saudosismo e o movimento de *Orpheu,* Pessoa e Sá-Carneiro, Aquilino e Raul Brandão, a *Presença* e o neo-realismo...

O programa do ensino profissional mostra-se mais equilibrado neste domínio, pois não só elimina os hiatos que acima apontámos em relação à literatura da segunda metade do século XIX, como concede um amplo lugar à literatura do século XX. Quanto aos autores escolhidos e aos esquemas em que são integrados, os critérios adoptados parecem-nos muito discutíveis.

4. Perante tais defeitos e carências, que novos rumos apontar e escolher?

Em primeiro lugar, cremos que se impõe reduzir em extensão o programa, porque só assim será possível um estudo mais aprofundado e mais consciente dos autores e obras esteticamente mais importantes e valiosos. Dirão alguns que assim se deixará de verificar aquela característica do programa liceal que o autor das *Observações* define tão filauciosa como ingenuamente: «A história da literatura segue uma linha ininterrupta desde os mais antigos documentos literários...». Confessamos, todavia, não saber bem o que significam tais palavras, pois nem em história literária há linhas ininterruptas, já que as rupturas desempenham função primacial na transformação dos sistemas literários, nem o programa, tal como está estabelecido, pode ter pretensão de abarcar em toda a sua trama o processo de desenvolvimento da literatura portuguesa.

A redução do programa, porém, não se realizaria com prejuízo de uma informação suficientemente ampla sobre as grandes linhas de desenvolvimento da literatura portuguesa, pois nos parece indispensável que o aluno conheça, na sua poliédrica configuração, os sistemas transindividuais de valores e padrões estético-literários que, em profunda correlação com outras séries históricas, predominam em lapsos temporais mais ou menos longos. Quer isto dizer que, em nosso juízo, se deve conceder lugar importante ao estudo da periodização literária, evitando conceber os períodos literários, quer como entidades metafísicas quer como meros e falazes rótulos, de modo que o aluno alcance uma visão adequada da interação existente entre tradição e mudança literárias e da inserção da literatura nas grandes linhas de força do processo histórico global. Conceitos periodológicos como Renascimento, Maneirismo, Barroco, Classicismo e Neoclassicismo, Pré-Romantismo, Romantismo, Realismo, Simbolismo, etc., devem ser suficientemente dilucidados em relação à literatura portuguesa, embora, como se torna necessário e desejável, não deva estar ausente uma apropriada perspectiva europeia destes problemas.

Os autores e as obras a figurar no programa deverão ser escolhidos segundo uma adequada conceituação de literatura, de maneira a excluir autores e obras que pouco ou nada possuem de especificamente literário, e segundo critérios de valoração predominantemente estética. Os autores de segunda ordem, tão importantes em história literária, não devem constituir objecto de estudo no ensino secundário: coloque-se o adolescente perante obras que, seja qual for a sua idade, permanecem esteticamente válidas, solicitando novas interpretações de cada época e de cada geração, e deixem-se de lado aquelas obras que apresentam tão-só valor histórico ou documental.

Não será necessário, cremos, desaconselhar a explicação biografista das obras literárias, de tal modo, após o aparecimento do formalismo russo, do *new criticism* anglo-americano e da estilística, se generalizou o seu descrédito. Observe-se, todavia, que a *falácia biografista* não reside no conhecimento da biografia de um autor – conhecimento em si sempre aconselhável –, mas sim na explicação ingénua e linearmente causalista da obra literária a partir da biografia *externa*, digamos assim, do seu autor, como se as raízes profundas da criação artística não mergulhassem num *eu* que não é captado através dos acontecimentos e das aventuras constantes das biografias factualistas e in-cientificamente psicologistas. É esse outro *eu*, e as suas relações com a génese e a contextura das obras literárias, que se esforçam por apreender e interpretar disciplinas como a psicocrítica, a análise temática, a crítica dos arquétipos e outros processos de indagação de matriz psicanalítica. Tais estudos, malgrado a sua importância e o seu interesse, têm poucas probabilidades de ser comunicados e assimilados no ensino secundário, pois correr-se-ia o risco de uma perigosa vulgarização.

A atenção do professor e do aluno deve incidir preponderantemente na análise da obra literária como objecto estético, como artefacto verbal configurador de um universo imaginário e em cujas estruturas estão presentes valores estéticos discrimináveis pelo leitor. Por esta razão, deve-se evitar a todo o custo um conhecimento antológico das obras literárias, pois tal conhecimento despedaça logo *ab initio* a unidade e a coerência do *fundo* e da *forma*, da *estrutura* e da *textura* constituintes do objecto literário. Tal análise deve abranger o domínio das microestruturas formais e estilísticas – e teremos então uma análise de *microcontextos* –, como costuma acontecer, melhor ou pior, com os chamados comentários ou explicações de textos; mas é fundamental que a análise abarque também as macro-estruturas formais e temáticas – e teremos então uma análise de *macrocontextos* –, de modo a conhecer-se a obra literária como totalidade, como sistema, e não como simples agregado de significantes e significados parciais. Assim, acerca de obras como *Frei Luís de Sousa*, *Os Maias* ou a *Clepsidra*, analisar-se-ão as estruturas dramáticas, narrativas e líricas de cada uma delas, procurando, por exemplo, conhecer a técnica narrativa utilizada n'*Os Maias*, o ponto de vista adoptado, o modo como a acção se desenvolve, o processo de configurar as personagens, a função do tempo, etc.

Tais formas de análise, quer microscópica, quer macroscópica, não podem nem devem ficar dependentes apenas da sensibilidade e da intuição do aluno, o que conduziria a uma forma de conhecimento pré-crítico e irremediavelmente impressionista. Tal análise tem de ser dirigida por aquilo que S. E. Hyman chamou *visão armada*, tem de ser orientada e sustentada por um conjunto de princípios hermenêuticos, de conhecimentos especializados e por um léxico adequado – elementos postos à disposição do estudioso por disciplinas como a poética, a teoria de literatura, a estilística, etc. Será da maior conveniência, por conseguinte, que o professor inicie o aluno no conhecimento e uso dos instrumentos conceptuais e terminológicos indispensáveis ao exame crítico de um texto literário considerado na sua literariedade. Pedir-se-ia assim que o professor, concomitantemente com o ensino da literatura portuguesa, fosse apresentando aos alunos alguns elementos de uma introdução aos estudos literários.

Na análise das obras literárias, sobretudo no que tange às suas grandes *estruturas formais e temáticas,* pode constituir valioso fundamento uma adequada teoria dos géneros literários. Após a severa condenação dos géneros formulados na primeira metade do século XX, por Benedetto Croce e pelos seus discípulos, bem como por todos aqueles que entendiam a obra literária como unidade pura, pode dizer-se que se verificou, nos últimos anos, um renovado interesse pela teoria dos géneros literários, com frutuosos resultados tanto no domínio da crítica como do ensino literário (na América do Norte, por exemplo, difundiu-se largamente o chamado *types approach to literature,* isto é, um método de ensino literário com base nos géneros). Para esta revalorização actual do conceito de género literário contribuíram diversas correntes e personalidades da estética e da crítica literária contemporâneas: os neo-aristotélicos de Chicago – recorde-se a obra fundamental de Wayne Booth, *The rhetoric of fiction* –, o *new criticism,* Luckács, Staiger, o estruturalismo (veja-se, por exemplo, a obra de Tzvetan Todorov, *Introduction à la littérature fantastique,* Paris, Éditions du Seuil, 1970; e o ensaio de Hans-Robert Jauss, «Littérature médiévale et théorie des genres littéraires», in *Poétique. Revue de théorie et d'analyse littéraires,* 1970, 1).

Definitivamente liberta do dogmatismo neoclássico e das pretensões científico-naturalistas da crítica positivista, a moderna teoria dos géneros literários não adopta nenhum ponto de vista normativo *(ante rem),* nem classificador ou taxinómico *(post rem),* mas histórico *(in re)* (cf. Hans-Robert Jauss, *op. cit.,* p. 82) e simultaneamente estrutural, procurando descrever e definir as categorias formais, estilísticas e temáticas que configuram, no fluir da temporalidade, os diversos géneros literários. Tal perspectiva permite examinar adequadamente as relações sincrónicas existentes entre as obras literárias, estabelecendo as identidades e/ou as semelhanças verificáveis nas estruturas de uma multiplicidade de obras, mas permite também, ao recusar a intemporalidade, analisar as relações diacrónicas existentes entre essas obras, pois nenhuma obra literária é individualidade e originalidade extremes ou epifania miraculosa. Como acentua Todorov, «ne pas reconnaître l'existence des genres équivaut à prétendre que l'oeuvre littéraire n'entretient pas de relation avec les oeuvres déjà existantes. Les genres sont précisément ces relais par lesquels l'oeuvre se met en rapport avec l'univers de la littérature» *(op. cit.,* p. 12).

Quer dizer, o ensino de uma literatura nacional inteligentemente coordenado com o estudo dos géneros literários será duplamente frutuoso: prepara o aluno para uma análise sincrónica das estruturas estético-literárias da obra, ao mesmo tempo que lhe proporciona meios para situar essa obra em relação à dinâmica de uma literatura, sob o seu duplo aspecto de continuidade e mudança. Como exemplo do que poderá ser o ensino da literatura programado segundo esta perspectiva, pode ver-se a *Antologia brasileira de literatura,* organizada por Afrânio Coutinho (2.ª ed., Rio de Janeiro, Editora Distribuidora de Livros Escolares Ltda., 1967).

De quanto atrás dissemos, sem dificuldade se conclui que, em nosso entender, no ensino da literatura não deve existir conflito ou oposição entre história e estrutura, entre diacronia e sincronia. A análise sincrónica de uma obra literária pressupõe sempre, de modo mais ou menos tangível, conhecimentos históricos, já que qualquer obra literária mantém relações com sistemas ou conjuntos literários mais vastos (estilos epocais, géneros literários, etc.); a análise exclusivamente diacrónica é incapaz de dilucidar a obra literária enquanto objecto estético e será impotente para descrever e interpretar correctamente a mudança literária. Uma coisa é reconhecer as limitações e as incapacidades da história literária – sobretudo dos seus desvios e abusos – e outra, muito diferente, considerar os estudos históricos como indesejáveis, a perspectiva histórica como perturbadora no domínio da análise literária e, enfim, considerar a própria obra literária subtraída à historicidade. Curiosa e paradoxalmente, alguns que advogam esta última atitude em relação a literatura do passado, sublinhando que essa literatura, quando válida, é intemporal e portanto não explicável historicamente, são os mesmos que sobrevalorizam a literatura contemporânea simplesmente pela sua condição de contemporaneidade, por ser a literatura do nosso tempo, por ser a literatura que exprime os problemas da nossa época, etc. Neste caso, põe-se em evidência a historicidade, faz-se depender directa e estreitamente o critério de valoração dessa mesma historicidade; no outro caso, pretende-se anular ou desconhecer a historicidade das obras literárias e, sob pretexto de as analisar na sua intemporalidade, procura-se reduzi-las aos padrões e valores da coetaneidade.

Bem sabemos que a obra literária de valor não é um documento, algo de morto ou exangue inexoravelmente cristalizado num tempo pretérito; bem sabemos que a obra de arte transcende o tempo concreto em que surgiu e que se intemporaliza; bem sabemos que a obra literária é *abertura* e que a sua linguagem é intrinsecamente plurissignificativa; e bem sabemos, por tudo isto, que o seu estudo não pode ser arqueológico, que a sua análise resulta necessariamente de um encontro – ou confronto – entre a *letra* e o *leitor,* para utilizarmos o significativo título de uma obra do Prof. Prado Coelho, pelo que, de certo modo, «definir na história é sempre definir na nossa história» (cf. G. Contini, «Preliminari sulla lingua del Petrarca», in F. Petrarca, *Canzoniere,* Torino, 1964, p. VIII). Mas nada disso anula este princípio fundamental: o valor e a qualidade estética de uma obra literária estão visceralmente ligados à historicidade, porque estão encarnados em elementos formais e temáticos de natureza histórica. A apreensão e a compreensão desse valor e dessa qualidade passam irremediavelmente pelo conhecimento desses elementos históricos, sob pena de a crítica se transformar em criadora de aberrações literárias através de uma espécie de partenogénese.

O que é necessário é que o conhecimento histórico de uma obra literária não se exaura em documentação acerca e em torno da obra, em pormenores de erudição, em factos concernentes ao autor, etc. O que importa, nas palavras de um grande professor e crítico literário italiano, Walter Binni, é «definire concretamente la situazione del poeta nel proprio tempo e nella propria società, e della sua coscienza della propria posizione in quelli, della profondità e qualità diversa del suo impegno nella realtà storica, nel suo accordo e disaccordo con le direzioni vive del tempo concreto in cui vive, nei suoi rapporti con il pubblico e con le direttive culturali della classe e del potere dominante» (*Poetica, critica e storia letteraria*, Bari, Laterza, 1963, p. 69). Ao definir-se assim a visão do mundo de um escritor, em todas as suas implicações existenciais, sociológicas e culturais, estabelece-se a génese histórica da poesia, o húmus de experiências humanas concretas, de tensões de vária ordem, donde nascerá o canto que, sendo voz de um tempo, poderá depois ser uma voz intemporal. Estes aspectos históricos da literatura, tão importantes para a análise estilística tal como ela é entendida por Erich Auerbach e Carlos Bousoño, devem ocupar lugar de relevo no ensino secundário da literatura, pois eles revelarão ao aluno como a criação literária não é essencialmente jogo, divertimento, flor de luxo ou planta decorativa.

Quanto à literatura do nosso século, entendemos que se torna imperiosamente urgente que o programa do ensino liceal lhe conceda uma condigna representação. No ano de 1970, impõe-se que nas nossas escolas secundárias se leiam e estudem os autores que na primeira metade deste século, sendo vozes do seu tempo, criaram obras de alto valor estético (embora reconheçamos como é difícil e melindroso o problema da valoração). É preciso que a escola também diga ao aluno que a literatura portuguesa não findou em Nobre e Eugénio de Castro, que para além da *Purinha* e da *Salomé* há a *Ode marítima* e o *Cântico negro*, os romances de Aquilino e os contos de Torga... E o aluno entenderá que num país que quer permanecer culturalmente vivo – ou simplesmente vivo – a literatura continua a ser um insubstituível meio de respiração.

18.
Portugal, país de poetas?
Revisitação da poesia dos séculos XVII, XVIII e XIX

1. Mitos e estereótipos: o corno da abundância no Parnaso português

Todas as culturas, nacionais ou regionais, constroem (ou segregam) sobre si próprias – sobre a sua natureza, sobre os seus valores peculiares, sobre as suas oposições distintivas – os seus mitos fundacionais, as suas auto-representações exaltadoras ou compensatórias, os seus estereótipos legitimadores ou justificativos.

Na cultura portuguesa, um desses mitos, uma dessas representações e um desses estereótipos consistem na afirmação que o título deste ensaio modaliza interrogativamente: Portugal é um país de poetas, é um país no qual a poesia brota límpida, espontânea e abundante, como linfa a correr de fonte inexaurível.

Esta crença, chamemos-lhe também assim, enraíza-se ou enxerta-se noutros estereótipos sobre o *ethos* do povo português: os portugueses são gente com o sentimento, a emoção e a ternura à flor da pele; é um povo com o coração ao pé da boca; é um povo de namorados fiéis, melancólicos e saudosos; é um povo que nasceu a rezar e a cantar... Os mitos pré-românticos e românticos sobre o *Volksgeist*, sobre o génio do povo, sobre a poesia como eflorescência das forças criadoras primigénias e mais profundas de uma nação, sobre a poesia como expressão pura e autêntica do coração, dos sentimentos vividos, vieram fecundar e potenciar muitos destes estereótipos, já com uma genealogia secular nos alvores do Romantismo.

A redescoberta, ao longo do século XIX, dos cancioneiros trovadorescos galego-portugueses e a revelação, em particular, das cantigas de amigo contribuíram decisivamente para corroborar e autenticar, com a autoridade de filólogos e historiadores literários, herdeiros directos ou indirectos do historicismo nacionalista do Romantismo alemão, aqueles estereótipos sobre o *ethos* nacional: logo no seu dealbar, a língua portuguesa é a língua da poesia, uma poesia ingénua, fresca e natural; a poesia das cantigas de amigo é a primeira, a mais pura e espontânea expressão da cultura de um povo que reza e folga nas peregrinações e romarias, que trabalha e canta nos campos, que luta nas expedições contra o inimigo sarraceno, que padece e morre de saudades de amor... *Ai, flores, ai, flores do verde pino...*

António Feliciano de Castilho, poeta e prosador que hoje ninguém lê – até porque das suas obras, como acontece também com tantos outros escritores portugueses antigos e modernos, não existe qualquer edição disponível nas livrarias -, mas que foi uma figura de primeira importância no *campo literário* em Portugal entre 1820 e 1870, no prefácio que escreveu, com data de 1835, para a primeira edição do seu poema *A Noite do Castelo*, acumula e esparze litanias para fazer crer que Portugal é o berço eleito da poesia:

"Terra, aonde a natureza a [a poesia] está por si derramando; onde céu amoroso, como o de Grécia e Itália, a inspira; onde engenho e imaginação vêm nativos e espontâneos como as boninas cheirosas aos prados na primavera; terra, onde se fala tão formosa língua e tão sonora como esta portuguesa, tão fluente, tão matizada de figuras, tão viçosa de graças, tão arrojada em pompas, tão refeita e abundosa de antiga seiva, tão flexível para todos os usos (...)".

O mito do corno da abundância está aqui transferido para o Parnaso português: a terra abençoada de Portugal derrama prodigamente a poesia; o céu, amorável e luminoso como o da Itália e da Grécia – esta comparação cria uma relação de congenialidade entre

Portugal e as duas esplendorosas pátrias da poesia clássica –, simboliza a divina inspiração poética; em terra assim fecunda e sob tal influição amorosa dos céus, o engenho e a imaginação brotam puros e naturais, como odoríferas boninas primaveris; a língua portuguesa, corpo, música e memória da poesia, é um instrumento expressivo de beleza, vigor, riqueza e plasticidade singulares!

2. A poesia portuguesa posterior a Camões: Uma viúva do Indostão?

Dir-se-ia que daquela conjunção da natureza, do céu, do engenho, da imaginação e da língua havia necessariamente de nascer – e florir perduravelmente – uma poesia esplêndida, natural, límpida, profunda e harmoniosa. Todavia, Castilho, num lance retórico em que era mestre consumado, faz-se eco, com eles concordando, de severos juízos expressos por estrangeiros soberbos: "A vossa poesia [a poesia portuguesa] morreu como viúva do Indostão, com o vosso Camões". Na metamorfose e na reversibilidade dos mitos e das lendas, já não é Camões que morre com Portugal, mas é Portugal que morre com Camões: a poesia portuguesa, alma da nação e do povo, não sobrevivera ao seu maior poeta ...

De quem a culpa? Então a terra, o céu, o povo e a língua não são em permanência agentes propiciadores, fecundadores e garantes de uma poesia florescente? Castilho, denegando aparentemente a sua argumentação acerca dos factores naturais e permanentes que concorreriam de modo determinante para a beleza, o lustre, o viço e a opulência da poesia lusitana, acaba por reconhecer que esta findara com Camões, acompanhando-o na sua morte como uma viúva do Indostão e aponta os responsáveis pela imolação desta simbólica viúva: "A culpa é só dos que a seus [de Portugal] destinos presidem que sempre hão sido o que foram em tempo de Camões". Quer dizer, os políticos, os governantes, o Estado é que têm a culpa, porque não incentivam, porque não reconhecem e não premeiam o labor dos poetas, em 1835 como nessa hora crepuscular em que Camões escrevera o seu canto de agonia colectiva:

> "Nô mais, Musa, nô mais que a Lira tenho
> Destemperada e a voz enrouquecida,
> E não do canto, mas de ver que venho
> Cantar a gente surda e endurecida.
> O favor com que mais se acende o engenho
> Não no dá a pátria, não, que está metida
> No gosto da cobiça e na rudeza
> Dũa austera, apagada e vil tristeza"
>
> (*Os Lusíadas*, X, 145)

Arrimando-se à desesperada lamentação e denúncia de Camões e dentro da lógica – e da economia... – do seu Neoclassicismo epigonal, Castilho parece atribuir às recompensas e honrarias mecenáticas maior importância do que à terra, ao céu, às gentes e à língua!

Entendo que é possível ler de modo congruente e enriquecedor o texto de Castilho, superando as suas aparentes ou reais contradições, se o interpretarmos, à luz de um generoso "princípio de caridade" hermenêutico, como significando que a poesia depende da *natureza* e depende da *cultura* e se interpretarmos a referência aos governantes como uma metáfora da *cultura* da *cidade*, ou seja, do conjunto de valores simbólicos, de valores morais e de valores cívicos que consubstanciam, iluminam e orientam a vida de uma comunidade e sem os quais perdem sentido a voz e a acção individuais. A bondade da terra, a luz benigna dos céus, a imaginação e o engenho das gentes, a riqueza, a sonoridade e a fluência da língua são a *natureza*, são os elementos congénitos necessários, mas não suficientes, para a eclosão e o desenvolvimento da poesia. Castilho, como bom discípulo de Horácio, sabia que à *natureza*, aos elementos congénitos, era indispensável associar o estudo, a reflexão, a *arte*, no sentido latino da palavra, isto é, a *cultura*. E Castilho sabia também – esse é um aspecto hoje esquecido da personalidade, do pensamento e da obra deste tão maltratado "árcade póstumo" – que a cultura tem uma insubstituível dimensão transindividual, que a cultura é um projecto comunitário que passa pela escola, pela educação, pela vivência cívica, pelo desenvolvimento económico e social. Por outras palavras, não bastava que Portugal fosse uma *terra* de poetas; era necessário que Portugal criasse uma *cultura* da poesia. E uma cultura da poesia são autores e leitores, é a letra e a voz, são livros, revistas e jornais, são escolas, bibliotecas e teatros, é hoje também a rádio, o cinema, a televisão e o computador, é, acima de tudo, hoje como no tempo de Homero, um modo de dizer, sentir e iluminar o homem, a vida, as coisas, as casas, as florestas e os rios, os gestos quotidianos, o fascínio do amor, o mistério da morte... A *cultura* da poesia é o jogo, ora jubiloso, ora desesperado, da língua e na língua, é desvelamento, reinvenção e metamorfose do mundo, através dos sentidos, das formas e da música da língua, é memória e adivinhação, é consolação e é revolta ...

Assim entendido, o texto de Castilho pode iluminar de modo talvez novo a revisitação da poesia portuguesa dos séculos XVII, XVIII e XIX que se proponha realizar um leitor que não seja ignorante da história da literatura portuguesa, mas que não sofra das limitações, dos antolhos e dos pecados típicos dos historiadores literários; um leitor que não confunda o interesse filológico, social, ideológico e histórico-cultural de um texto com a sua qualidade estética; um leitor que, com a sua inteligência, a sua sensibilidade e a sua cultura, formule juízos de valor e distinga o poema fulgurante do poema pedestre; um leitor que leia, que interprete e que avalie a poesia desses três séculos como um leitor *vivo* destes anos finais do século XX, isto é, como um leitor *construído* também – também, mas não apenas... – pela poesia do Modernismo, pela poesia das Vanguardas, pela poesia pós-modernista.

Vou procurar ser esse leitor, sem as preocupações do rigor dito científico, sem os formalismos e sem as complicações terminológicas de um *scholar* que cultive orgulhosamente os seus pergaminhos e o seu dialecto, mas também sem a licença anarquizante ou a fúria iconoclástica de um franco-atirador que apenas satisfaz os seus desejos, as suas embirrações e os seus caprichos. Após trinta e tal anos universitários de espartilhos teóricos e metodológicos, após trinta e tal anos de dissertações académicas, próprias e alheias, já não se pode ser o franco-atirador anarquizante e caprichoso, mas já apetece deixar de ser, por momentos embora, o *scholar* irrepreensivelmente exacto, objectivo, equilibrado e sofrivelmente aborrecido. Procurarei tão-só ser um *leitor bem informado* a viajar pela poesia portuguesa dos séculos XVII, XVIII e XIX. Convido-o, anónimo e talvez desconfiado leitor, a fazer-me companhia nesta desenfadada viagem, para me socorrer da bengala sempre elegante do divino Garrett ...

3. Em busca das pérolas barrocas

Como que simbolicamente, na última década do século XVI os prelos davam à luz as primeiras edições da obra poética dos grandes poetas portugueses dessa centúria áurea da história, da cultura e da literatura portuguesas: em 1595, as *Rimas* de Camões e as *Obras* de Sá de Miranda; em 1597, as *Rimas Várias. Flores do Lima* de Diogo Bernardes; em 1598, os *Poemas Lusitanos* de António Ferreira. A circulação da poesia, no século XVI como ainda depois no século XVII, fazia-se sobretudo através de cancioneiros manuscritos e de cópias manuscritas avulsas. Foi assim que a poesia lírica de Camões e a poesia de Sá de Miranda foram lidas durante décadas e décadas. A fama crescente dos mencionados poetas, a existência de um público leitor mais alargado e também decerto a necessidade sentida por alguns sectores representativos da cultura portuguesa de dar a conhecer, sob a forma de livro impresso, a obra dos mais importantes escritores, explicam aquela magnificente sucessão de edições de poesia na derradeira década do século XVI.

A obra épica e a obra lírica de Camões – a 2.ª edição, aumentada e corrigida, das *Rimas* foi publicada em 1598 – dominam esplendorosamente esse fim de século, mas a imagem convocada por Castilho e atribuída a estrangeiros soberbos, segundo a qual a poesia portuguesa, após o desaparecimento de Camões, teria morrido como viúva do Indostão, veicula um juízo histórico-literário que não é verdadeiro, embora encerre grande parte de verdade, de dolorosa verdade, se nos ativermos ao plano do valor estético-literário, ao plano da qualidade da poesia portuguesa ao longo do subsequente período barroco. E, já agora, saiba o meu ainda desconfiado leitor, porventura hóspede nestas matérias, que a palavra *barroco* é certamente de origem portuguesa, designando-se com ela, no século XVI, uma pérola irregular, não perfeitamente redonda, e por isso mesmo de reduzido valor comercial. Mas também *romântico* e *modernista* começaram por ter significados depreciativos. Quem detém o poder nos campos do capital simbólico, procura em geral depreciar a inovação e a novidade logo na pia baptismal ...

O Barroco literário português estende-se desde cerca de 1620 até cerca de meados do século XVIII, embora se tenha prolongado, sob formas retardatárias e anacrónicas, até quase ao fim do século das Luzes (é impressionante observar, porém, que algumas das mais belas manifestações da arquitectura e da escultura barrocas portuguesas datam da segunda metade do século XVIII). É uma cronologia semelhante à do Barroco na literatura espanhola e na literatura italiana, as duas literaturas europeias com as quais a nossa literatura manteve, neste período, relações mais assíduas e estreitas. Góngora e Marino, as figuras emblemáticas da poesia barroca espanhola e da poesia barroca italiana, foram lidos, conhecidos e imitados por muitos poetas barrocos portugueses e as características formais, retóricas, estilísticas e temáticas da poesia barroca portuguesa são substancialmente idênticas às da poesia barroca europeia em geral. Aliás, como é bem sabido, mantivemos relações culturais, artísticas e literárias muito profundas, desde o último quartel do século XVI até para além de meados do século XVII, com a Espanha, que possui a mais rica de todas as literaturas barrocas europeias.

Abundam os poetas em Portugal no período barroco. Quando Matias Pereira da Silva publicou, entre 1716 e 1728, os cinco volumes da *Fénix Renascida* e quando Joseph Maregelo de Osan (anagrama de José Ângelo de Morais) editou, em 1761-62, os dois volumes do *Postilhão de Apolo*, foram coligidas nessas famosas antologias de títulos pomposamente barrocos obras de dezenas e dezenas de poetas, mas ficaram de fora, por omissão ou deliberada escolha dos editores, obras de muitos outros poetas. Nas miscelâneas e nos cancioneiros manuscritos que existem em abundância nas bibliotecas portuguesas, elaborados tanto no século XVII como no século XVIII, pulula uma multidão de poetas, de poetastros, de versejadores, de rimadores, de brincalhões e trauliteiros métricos. Nos conventos, nas casas senhoriais, na corte, nas academias, sobretudo na cidade de Lisboa, mas também um pouco em Coimbra, no Porto e em Évora, escreveram-se e transcreveram-se milhares de sonetos, de glosas, de décimas, de romances, de canções, de sátiras, etc., tanto em português como em castelhano. O *Seiscentismo*, palavra que Verney parece ter sido o primeiro a utilizar na língua portuguesa e que esteve muito em voga na história literária até aos tempos de António Sérgio e Manuel Múrias, foi de facto um dilúvio de versos e de rimas.

Esta diluviana produção poética proporciona abundantes "materiais" para a caracterização periodológica, em termos formais e em termos temáticos, do Barroco literário português; suscita interessantes problemas de literatura comparada; oferece múltiplas e valiosas informações para o estudo das mentalidades e dos comportamentos sociais; é uma mina ainda quase inexplorada para a história da língua portuguesa. Quer dizer, é um vasto *corpus* poético importante para a história da literatura, para a filologia, para a literatura comparada, para a história das ideias e das mentalidades, para a sociologia da cultura e da literatura, mas no qual, em boa verdade, o leitor não encontra nenhum poeta que seja ... um grande poeta, isto é, um poeta que, pelo modo como trabalha a língua, pelo modo como modela as formas poéticas, pelo modo como vê o mundo, pelo modo como fala de si mesmo, do homem, da vida e de Deus, gera nos seus leitores uma comoção, um espanto, uma admiração, um prazer e uma revelação cognitiva que são os sinais certos da grande poesia. Não existe na poesia barroca portuguesa um génio da elocução e das formas poéticas como Góngora; um profundo, sombrio, sarcástico e visionário analista do homem como Quevedo; uma voz rebelde, audaciosa, elegante e sedutora como a do conde de Villamediana...

Estes paralelos negativos assim esboçados não são gratuitos ou aleatórios. Com eles quero dizer que não tem sentido afirmar, como foi de regra na nossa historiografia literária liberal, republicana, anticatólica e antijesuítica, que o Barroco – ou o *Seiscentismo* – é fatalmente o reino do mau gosto e que na época barroca não poderia florescer a grande poesia por causa da opressão mental, religiosa e filosófica, inexoravelmente imposta pela Inquisição. Estas explicações e acusações que, bem vistas as coisas, satisfazem interesses, preconceitos e ódios sectários e ideológicos, mas também afagam brios nacionais maltratados – tivemos no século XVII uma literatura pobre, oca, decadente, por culpa dos jesuítas, da Inquisição e da Contra-Reforma ... –, não resistem à contraprova representada pela literatura barroca espanhola. Desde o Romantismo alemão, a história e a crítica literárias mais autorizadas, dentro e fora de Espanha, têm reconhecido e continuam a reconhecer, como confirmam inúmeros livros e artigos de especialistas, actas de congressos e colóquios, cursos de graduação e de pós-graduação das mais prestigiosas Universidades de todo o mundo, que a literatura espanhola do século XVII – com Góngora, Quevedo, Lope de Vega, Cervantes, Calderón de la Barca, Tirso de Molina, Villamediana, Gracián – representa não só o *siglo de oro* da literatura de Espanha, mas também um dos períodos mais esplendorosos de toda a literatura europeia. Não impediram nem sequer empanaram esse esplendor e essa grandeza nem o ensino jesuítico, nem o rigor da Inquisição, nem a espiritualidade contra-reformista, nem a decadência política e económica ... E quem se atreve hoje a repetir as acusações de que o Barroco é intrinsecamente manifestação de mau gosto e perversão da sensibilidade e da inteligência?

A grandeza de Camões não poderia esterilizar a poesia vindoura, como a grandeza de Garcilaso de la Vega não esterilizou poetas como

Herrera, Góngora e Quevedo. Um genial poeta é sempre uma fonte viva a alimentar outros poetas, a estimular e a fecundar outros poetas, mesmo quando se sabe, como há-de dizer Torga em homenagem a Camões, que ele é a *montanha* e que todos os outros não passarão de *colinas* ... O próprio princípio da *emulação*, tão relevante na teoria barroca da imitação, contribuiria – e assim de facto aconteceu – para tornar Camões um agente de fecundação e não um agente de castração dos poéticos engenhos lusos. E bem o demonstra a obra de Francisco Rodrigues Lobo, que na sua poesia ao jeito tradicional, nalguma da sua poesia bucólica e nalguns dos seus sonetos, imitou criativamente Camões e foi a voz mais subtil, mais comovida e mais harmoniosa de toda a nossa poesia do século XVII:

> "Vou a falar, e Amor não mo consente,
> Mas sai do peito a voz com força tanta,
> Que inda detida, e presa na garganta,
> Se me entende nos olhos claramente".

> ....

> "Que amor sigo? Que busco? Que desejo?
> Que enleio é este vão da fantasia?
> Que tive? Que perdi? Quem me queria?
> Quem me faz guerra? Contra quem pelejo?
>
> Foi pior encantamento o meu desejo
> E por sombra passou minha alegria;
> Mostrou-me Amor, dormindo, o que não via,
> E eu ceguei do que vi, pois já não vejo".

Mas porquê, então, numa *terra de poetas*, um "século" barroco assim tão sáfaro de autêntica poesia? Porquê, em vez do complexo, rigoroso e criador trabalho de Góngora sobre o léxico, a sintaxe e a semântica da língua, os jogos de quem brinca frívola e superficialmente, mas não *poieticamente*, com a língua? Porquê, em vez da fundura sombria e da fulgurância da reflexão antropológica e ética de Quevedo, uma poesia que se esgota contentinha na futilidade e na insignificância do circunstancialismo quotidiano, da anedota e da facécia? Versos a uma sangria, a um mosquito, à queimadura de uma mão, a uma regateira, à morte de um pintassilgo, a uma dama escrevendo ... Há nesta poesia uma visão míope de pequeninas coisas e de pequeninos eventos, sem densidade ou fundura antropológica, psicológica, ética e social, a que a pompa e a complicação dos recursos retóricos, estilísticos e métricos fazem avultar a indigência semântica e o vazio simbólico. Veja o leitor, por exemplo, o exercício de hipérboles e paradoxos urdido por Francisco de Vasconcelos em torno de uma trança de cabelos louros:

> "Nesta injúria do Sol, da luz desmaio,
> Contradições admiro em seu tesouro,
> Pois se isento do raio vive o louro,
> Como vejo no louro tanto raio?"

Por outro lado, há numerosos poemas que, sem originalidade nem densidade semântica, numa reiteração ingurgitada de lugares-comuns, com o rutilar de algumas metáforas, cantam os grandes temas de toda a literatura barroca: a precariedade da vida, a acção destrutiva do tempo, o desengano, o fascínio da metamorfose ... Mas onde encontra o leitor a tensão meditativa e agónica de um John Donne ou os voos metafísicos e as sublimes alegorias de um Calderón ou a elegância erótica de um Marino?

O que falta a toda esta poesia é, para revertermos à metáfora imperfeita de Castilho, o húmus de uma *cultura* poliédrica, a espessura da experiência humana, o arrebatamento e o conflito dos grandes ideais e modelos de vida. A Lisboa barroca é uma cidade culturalmente periférica, provinciana, bisonha, com uma corte beata e sem grandeza, onde não circulam ideias novas e fecundadoras. Coimbra, Porto e Évora são centros urbanos culturalmente ainda mais provincianos e obscuros do que Lisboa. A poesia congratulatória, a poesia de entretenimento, a poesia desbocadamente escarninha e de mal-dizer, a delicodoce, brejeira e muitas vezes pornográfica poesia amatória são a poesia típica – fatalmente típica – de uma sociedade culturalmente pindérica, resignada e até satisfeita com a sua mediocridade, sofrendo os ressentimentos da sua mesquinhez e cultivando os vícios e os prazeres ordinários de uma soltura de costumes que as próprias instituições religiosas toleravam e até incentivavam! O génio poético individual é imprevisível e aleatório, mas podemos afirmar com segurança que nunca nascerá de um charco de rãs, que nem fecunda a terra, nem espelha o céu. O génio transcende sempre o seu tempo e as suas circunstâncias, mas é sempre filho do seu tempo e das suas circunstâncias. Há tempos e circunstâncias, porém, de que nenhum génio pode ser filho. O génio é um fenómeno individual, mas é também um fenómeno cultural, ou seja, um fenómeno social.

Desiluda-se, paciente leitor, que no escrínio da poesia portuguesa só brilha, de um brilho mortiço e vago, uma ou outra pérola barroca ...

4. As *Luzes* sem poesia

É um lugar comum dizer-se que o século XVIII, em toda a Europa, é um século sem poesia. É claro que, quando se faz esta afirmação, não se está a pensar exactamente numa unidade cronológica de cem anos, mas está a pensar-se, sim, por sinédoque, no "século" das *Luzes*, do Racionalismo e do Neoclassicismo.

Na cena cultural portuguesa, depois de alguns isolados prenúncios, o primeiro grande clarão das Luzes foi o *Verdadeiro Método de Estudar* do P.e Luís António Verney, obra publicada em 1746. Após largos anos de vida, de leituras e de reflexão em Itália, durante os quais conhecera os novos rumos então dominantes nos diversos domínios do saber e das artes, Verney tinha tomado consciência da ignorância e da mediocridade cultural em que se atolara a nação portuguesa e propôs-se, confiado no poder transformador da razão e do conhecimento, a missão de "iluminar a nossa Nação".

Perante os desmandos e as ridicularias dos poetas *seiscentistas*, Verney proclama a necessidade de *restaurar* o bom gosto, cultivando a *verdade* poética – que identifica ou confunde com a *verosimilhança* poética – e imitando os "doutos antigos" e os "doutos modernos", isto é, os poetas gregos e latinos e os poetas dos séculos XVI e XVII que, sobretudo na Itália e na França, tinham escrito com simplicidade, verosimilhança e bom gosto.

Verney, infelizmente, nunca entendeu o que é a poesia e foi um leitor e um crítico desastrado de poesia e de poetas, como comprovam os juízes míopes e venenosos que lavrou sobre Camões. Verney submete a poesia à retórica, afirmando que ela "nada mais é que uma eloquência bem ordenada", e concebe-a como um divertimento e um mero jogo, não se afastando, afinal de contas, do conceito trivialmente hedonístico de poesia tão difundido no período barroco. Em boa verdade, Verney não reconhece importância à poesia e por isso, quase no fim da carta VII do *Verdadeiro método de estudar*, escreveu esta jóia de iluminista obnubilado pelas *Luzes*: "A poesia não é coisa necessária na República: é faculdade arbitrária e de divertimento". Esta sentença, que nada tem a ver com a condenação platónica da poesia, era um péssimo augúrio para a poesia sob o signo das *Luzes* ...

Os poetas e teorizadores da Arcádia Lusitana, fundada em 1756 com uma encenação anacronicamente pastoril – chamavam Monte Ménalo ao local das suas reuniões e designavam-se por abstrusos criptónimos de procedência bucólica –, acolhem-se ao conforto do magistério horaciano, segundo o qual a poesia devia deleitar e ser útil, devia distrair para instruir, mas resvalaram frequentemente para uma concepção instrumental e didacticista da poesia (o que estava em consonância com o projecto político do déspota iluminado que foi o Marquês de Pombal, hiperbolicamente incensado, como era natural, pelos árcades, mas que nunca se mostrou benevolente para com os pastores do Monte Ménalo e que acabou mesmo por meter no cárcere, até à morte, o mais ilustre desses pastores, Correia Garção... Pombal era capaz de pensar da poesia exactamente o mesmo que Verney...).

Para combater a "fatal corrupção" do *Seiscentismo*, para restaurar o bom gosto e a nobre simplicidade, os poetas da Arcádia pregam e praticam a imitação dos modelos clássicos, aconselham o estudo e a obediência aos ditames da Razão, defendem a necessidade de seguir os preceitos das poéticas de Aristóteles, Horácio, Boileau e outros luminares da legislação literária, zelam com vigilância inquisitorial pela vernaculidade da língua portuguesa, tão maltratada, em seu entender, pelos *galiciparlas* e *francelhos* da época e decretam como indispensável a depuração das complicações e dos delírios retórico-estilísticos da poesia barroca: *inutilia truncat*, isto é, corta tudo quanto é inútil, poda os ramos secos e viciosos ... E para que a empresa prosperasse e recebesse divino amparo, os árcades tinham por divisa um lírio, no qual misticamente se figurava a Virgem Senhora Nossa, adoptada como protectora do Monte Ménalo com o título, bem restauracionista, de Nossa Senhora da Conceição! Não pareciam confiar muito nos poderes da Razão...

O credo neoclássico e o ódio ao *Seiscentismo* eram partilhados por muitos outros poetas que não chegaram a fazer parte da Arcádia Lusitana e que até, nalguns casos, tiveram relações polémicas com os pastores do Monte Ménalo. É o caso de Filinto Elísio, da marquesa de Alorna, de Francisco Dias Gomes, de José Basílio da Gama, de Bocage e de muitos outros poetastros que se pavonearam por academias, teatros, salões e botequins.

De tantas, tão esclarecidas e regeneradoras intenções e proposições, resultou quase sempre uma poesia dura e hirta, com um ritmo prosaico, pretensiosamente grandiloquente, túrgida de perífrases mitológicas e vocábulos alatinados, com procissões de alegorias, apóstrofes, personificações e prosopopeias, com um pendor discursivo e dissertativo entediante, porque os significados são triviais e rasteiros e porque os temas, na senda afinal da poesia barroca, são muitas vezes fúteis, banais e ridículos: poemas congratulatórios a aniversariantes – uma das predilecções do infeliz Garção ... –, poemas de ditirâmbico louvor a poderosos, poemas sobre insignificantes acontecimentos quotidianos. No fundo, a sociedade e a cultura portuguesas pouco tinham mudado em relação à época do *Seiscentismo*:

a mesma mesquinhez, o mesmo provincianismo, o mesmo ranço ... As modas de tomar o louro e fumegante chá, de beber o rescendente ponche, de jogar o *whist* em mesa ornada de verde pano ou de aspirar macio tabaco espanhol representam manifestações miméticas de uma sociabilidade moderna da aristocracia e da burguesia citadinas, mas não representam a mudança profunda de uma sociedade e de uma cultura.

Ó meu desditoso leitor, como suportar e apreciar jóias do quilate das que vou mencionar? Repare bem: *navífragos penedos*; *causa gentil de meus martírios*; *os cândidos vestidos da Amizade*; *meus venenosos, infernais ciúmes*; *solta, ó Jove, os teus raios sobre o ímpio! / Cibele antiga, traga este tirano; Ó Triunfo! Ó Mistério! Ó Maravilha! / Ó Celeste Heroína! A Sacra Turma, / os Entes imortais que te rodeiam, / modulam tua glória em almos hinos, / que entre perfumes para os Astros voam...*

Fuja para bem longe daqui, avisado leitor, que pode ficar com ódio sem remédio à poesia ...

5. A musa da sátira em terra de *bandalhos*, pedantes e pelintras

Os poetas portugueses têm, com frequência, uma irreprimível e sadia propensão para castigarem os vícios e os ridículos da sociedade, para se rirem dos outros e de si próprios, com um riso às vezes melancólico, outras vezes desbragado, algumas vezes ainda misturado com muito fel. É uma veia antiga e copiosa, que brota logo na poesia trovadoresca, que inunda o *Cancioneiro Geral* de Garcia de Resende e que alimenta a mais interessante parte da poesia barroca, desde D.Tomás de Noronha e Jerónimo Baía a Serrão de Castro. Esta poesia satírica e de mal-dizer, espécie de contrapolo da efusão lírico-sentimental, raramente tem a respiração doutrinária, ética e psicológica da grande poesia satírica, mas traduz a capacidade de olhar criticamente para as pessoas e a sociedade e representa um exercício de liberdade e destreza mental, embora muitas vezes se degrade no insulto e na pilhéria de mau gosto ou mesmo obscena de um truão oportunista. Uma das atracções desta poesia satírica e de mal-dizer é a riqueza do léxico e das metáforas, metonímias e sinédoques, é o jogo dos múltiplos sentidos, é a esgrima das alusões, dos subentendidos e das insinuações.

No meio da solenidade enfatuada e da compostura vernácula da típica poesia neoclássica, encontra o leitor, como viandante num deserto, o refrigério da poesia satírica de Nicolau Tolentino, de Paulino António Cabral, o celebrado Abade de Jazente, do *Hissope* de Cruz e Silva e de parte da obra do infeliz Garção.

Veja o leitor como a própria língua portuguesa, nas sátiras de Tolentino, é uma língua tão diferente da língua empoada, alatinada e meio quinhentista de Filinto Elísio, das odes de Garção e de Cruz e Silva! É uma língua ágil, cheia de ritmo, com um léxico e uma sintaxe coloquiais, que representa com traços de sóbrio mas incisivo realismo tipos e situações da sociedade pretensiosa, pelintra, hipócrita, meio beata e meio devassa, da Lisboa setecentista. Que fauna pitoresca, refalsada e ridícula! Ele são *bandalhos*, isto é, elegantes presumidos e toleirões, com fitas nos chapéus; ele são *casquilhos rafados*, ou seja, janotas sem vintém; moças aperaltadas com prodigiosos penteados; tias de longos e recatados vestidos que suspiram pelos prazeres da carne; pelintras ostentadores que servem chá com folhas refervidas pela sétima vez; velhas e pitosgas mães, de sobrancelha pintada, que rezam devotamente a uma estátua de Vénus nua, cuidando que é S.Sebastião; feias donzelas sabichonas lidas em gramática, matemática e ansiosas por voar na máquina aerostática; poetas de suja cabeleira, pálida viseira, rançosa e pedante poesia; freiráticos impenitentes, jovens e velhos ... Observe-se, por exemplo, esta caricatura de um padre galante, músico e femeeiro:

> "*L'Abbé*, que encurta as batinas
> por mostrar bordadas meias,
> e presidindo em matinas,
> vai depois às assembleias,
> cantar modas co'as meninas".

Ou atente-se nesta mãe severamente vigilante das liberdades das filhas, casta por força da idade e com velhos sapatos de bicos amolgados por anos de uso:

"Posta da roda no centro,
cruza a perna, mestra abelha;
e de longe a ver-lhe eu entro
sapatos de seda velha,
bicos de pés para dentro".

Não admira que Alexandre O'Neill, essa voz tão insubmissa, tão inteligente e tão ácida da nossa poesia contemporânea, respondesse aos que o acusavam de se *tolentinar* que nada roubara a Tolentino, "mas que podia ser seu neto". É que, bem vistas as coisas, como decerto o sagaz leitor já se deu conta, a sociedade portuguesa, dois séculos volvidos, não tinha mudado muito ...

6. Os mochos piadores do Pré-Romantismo

Com alguns atrasos e dificuldades – a geografia periférica de Portugal em relação ao "coração" da Europa tem também inevitáveis custos culturais –, a poesia portuguesa esteve sempre em consonância, desde a poesia trovadoresca, com as grandes linhas de orientação da poesia europeia. As inovações, as modas, as revoluções poéticas – provençais, italianas, espanholas, francesas, inglesas ... – cá foram chegando, ao longo dos séculos, a este fim-da-terra, importadas, exportadas, ora com a bênção de reis e da Igreja, ora iludindo a vigilância e o zelo dos poderes religioso e secular.

Nas últimas décadas do século XVIII e nos primeiros anos do século XIX – um dos períodos mais tristes, desgraçados e sáfaros da história de Portugal –, acabou por cá aportar o que, com propriedade ou não, matéria ainda hoje assanhadamente discutida por especialistas, se tem designado por Pré-Romantismo. O Neoclassicismo setecentista era a manifestação final de um dos mais esplendorosos ciclos da cultura, da arte e da literatura europeias, iniciado com o Renascimento Italiano. Na sua memória, nas suas regras e convenções, não cabiam uma nova sensibilidade, uma nova mundividência e uma nova cultura artística que se iam gestando e ganhando forma na França, na Inglaterra e na Alemanha.

Como sucede noutras literaturas europeias, o Pré-Romantismo português coexiste, no mesmo autor e no mesmo texto, com o Neoclassicismo. Havia lampejos de uma sensibilidade e uma imaginação novas, mas os moldes discursivos, as estruturas poemáticas e os instrumentos retóricos e estilísticos acompanhavam com dificuldade esses novos impulsos e anseios.

Na obra dos poetas portugueses classificados pelos historiadores literários como pré-românticos – José Anastácio da Cunha, a marquesa de Alorna, João Xavier de Matos, Filinto Elísio, Tomás António Gonzaga –, encontram-se manifestações difusas e muitas vezes superficiais daquela nova sensibilidade: o pendor melancólico; o gosto pelas paisagens nocturnas, ermas e selvagens, com ciprestes, mochos e fantasmas; a veemência na expressão dos sentimentos; o confessionalismo; a inquietação religiosa ...

Com excepção de Bocage, que é um palavroso poeta neoclássico, mas que é um comovido e angustiado poeta pré-romântico de genealogia camoniana, os nossos chamados poetas pré-românticos são poetas apenas sofríveis, mais célebres e celebrados por vicissitudes e infelicidades biográficas – José Anastácio da Cunha é o "lente penitenciado"; Filinto Elísio é o exilado pobre em Paris, perseguido pela Inquisição; a marquesa de Alorna é a vítima inocente do ódio do marquês de Pombal; Gonzaga é um dos mártires da "Inconfidência Mineira" ... –, do que pela beleza formal, pela novidade estilística e pela densidade humana e simbólica da sua poesia. As suas obras são importantes para os especialistas em periodologia literária, para os investigadores de literatura comparada, para os analistas de temas, motivos e tópicos literários. O leitor de poesia, porém, tropeça amiúde nas suas trivialidades, nos seus lugares-comuns, nas asperezas e deselegâncias das suas formas; enfada-se e dificilmente resistirá a uma leitura prolongada.

Experimente, animoso leitor, e depois dirá ...

7. A trindade do Romantismo e o *kitsch* da poesia ultra-romântica

O Neoclassicismo, em Portugal – como de resto na França e na Espanha –, morreu vagarosamente, numa morte lenta que se prolonga pelo século XIX adentro. Garrett, na sua obra de juventude, é um típico poeta neoclássico, nas suas formas, no seu léxico, nos seus estilemas, na sua retórica. Castilho é um poeta de formação estruturalmente neoclássica que nunca entendeu o Romantismo e que dele só aproveitou cosmeticamente algum receituário mais conveniente para o êxito da sua carreira literária. Ainda em 1865, quase uma década após a publicação de *Les Fleurs du Mal* de Baudelaire, ao escrever "no retiro da *sua* mata" a prolixa e envenenada carta-posfácio ao *Poema da Mocidade* de Pinheiro Chagas, o patriarcal e arcádico Castilho apontava Virgílio e Horácio como faróis da nova poesia portuguesa...

O Romantismo foi em toda a Europa, mas sobretudo na Alemanha, na Inglaterra e na França, uma esplendorosa floração de poesia e de poetas. A modernidade estética do Romantismo é essencialmente uma modernidade poética – a modernidade da poesia concebida como o real absoluto, como o canto órfico de reinvenção do mundo, como profecia e vidência, como secreta legislação do universo.

Nas histórias da literatura portuguesa que se multiplicaram nas primeiras décadas deste século agora a findar, o nosso Romantismo aparece invariavelmente colocado sob a tutela de uma espécie de Trindade de que os dois primeiros nomes – Garrett e Herculano – são deuses maiores e o terceiro – Castilho –, um deus menor. Um desses deuses maiores – Herculano – foi poeta tão-só nos seus primeiros anos de vida literária, abandonando aos vinte e cinco anos a escrita da poesia pela escrita da ficção histórica e pela escrita do ensaio e da investigação historiográfica. O outro deus maior – Garrett –, após a difusão do Romantismo em Portugal, consagrou-se sobretudo ao cultivo do teatro, não esqueceu o romance histórico, escreveu essa obra-prima de todo o Romantismo português que são as *Viagens na minha Terra* e só um ano antes da sua morte, que ocorreu em 1854, publicou a sua grande obra de poesia lírica romântica, as *Folhas Caídas*. O deus menor da Trindade – Castilho – permaneceu sempre um árcade, foi um operoso escritor, um influente homem de letras, mas foi sempre um banal poeta que bem mereceu ficar sobretudo conhecido pela cantilena da Anita : *Já tenho treze anos / que os fiz por Janeiro: / Madrinha, casai-me / com Pedro Gaiteiro.*

A poesia juvenil de Herculano, solene, séria e altissonante, esmaece quando comparada com a magnificência da sua prosa, de uma arquitectura sólida mas elegante, com um ritmo soberbo, tenso e apaixonado, tão capaz de dar voz aos anseios e tormentos do presbítero Eurico quanto o de comunicar o saber austero do historiador.

As *Folhas Caídas* encerram alguns belos poemas de amor, de paixão e erotismo, de dramática melancolia e angústia, como "Adeus!" e "Cascais", mas são uma obra menor quando comparada com as *Viagens* e com *Frei Luís de Sousa*, duas obras cimeiras de toda a nossa literatura. É uma poesia com muitas rugas, com ritmos cantantes e saltitantes dificilmente suportáveis, com exclamações e arroubos um tanto ridículos.

Resumindo o que ficou dito, os dois grandes escritores do nosso Romantismo são dois altíssimos prosadores e dois poetas que não se podem comparar com os prosadores que são.

Depois da Trindade romântica, tal como aconteceu no período barroco, tal como aconteceu com a Arcádia e depois da Arcádia, veio uma multidão pululante de poetas, de poetastros, de rimadores. Foram os poetas do *Trovador*, foram os poetas do *Novo Trovador*, foram os poetas do *Bardo* ... Adolescentes, sonhadores, melancólicos, sentimentalistas, provincianamente byronianos, eram os "filhos do século" português – um "século" cuja autópsia impiedosa, sob a mais elegante ironia, Garrett lavrou nas *Viagens na minha Terra*. São gerações de poetas que, em livros, jornais, revistas e álbuns, escrevem copiosamente a primeira manifestação de poesia *kitsch* da literatura portuguesa: uma poesia balofamente sentimental, de um erotismo idealizado, com versos, estrofes e ritmos cantantes, já talhados para a recitação nos salões e nos teatros, com epítetos e imagens tão coçados que fazem lembrar os lugares-comuns do petrarquismo na sua exaustão. São os *mimosos* e *maviosos* poetas do Ultra-Romantismo português, cuja imortal caricatura o leitor encontra no romance queirosiano. De Xavier Cordeiro e João de Lemos até Bulhão Pato, Tomás Ribeiro e Pinheiro Chagas, é uma legião de poetas hoje ilegíveis, talvez com a excepção de Soares de Passos. Mesmo um grande escritor, um grande prosador como Camilo, é um banal poeta romântico ...

Meu perplexo leitor, continuamos com uma *terra de poetas*, de inumeráveis poetas, mas de escassa poesia...

8. Enfim, Antero veio!

Para mim, o primeiro genial poeta que nasce no céu da poesia portuguesa, após o fulgor ímpar e trágico de Camões, é Antero de Quental, o Antero dos *Sonetos*. Durante mais de dois séculos e meio tivemos alguns (poucos) poetas merecedores ainda hoje de uma leitura *viva* e não apenas arqueologicamente escolar, um poeta que dissipou, num meio culturalmente medíocre, abafado e de pequena boémia, um talento inegável – Bocage – e um poeta cuja obra lírica romanticamente dramática, apaixonadamente confessional e de um erotismo angustiado, fica ofuscada pela densidade simbólica, pela elegância estilística e pela admirável arquitectura macroestrutural de algumas das suas obras em prosa – Garrett. É uma colheita relativamente escassa, havemos de reconhecer, sobretudo se pensarmos nas legiões de poetas que repousam nesses desolados cemitérios que são os manuais de história literária ...

Com Antero de Quental – sobretudo com o Antero dos *Sonetos* –, regressa à língua portuguesa o anjo fulgurante e terrível da poesia. Nos sonetos anterianos, a língua é canto, é música, é harmonia e ritmo de perfeita elegância clássica e a palavra é indagação, busca e epifania de sentidos obscuros do ser, de mistérios, assombrações e enigmas. A grande, meditativa e profunda poesia do Romantismo europeu, que não cabia no lirismo outonal de Garrett e que totalmente transcendia as *mimosas* vozes dos bardos ultra-românticos, resplende enfim na arquitectura desses sonetos. A reflexão antropológica, a angústia metafísica, a fundura dialéctica, que pareciam ter-se esvaído da poesia portuguesa com Camões, são de novo, com o génio de Antero, canto poético e emoção lírica.

Nesses últimos trinta anos do século XIX, após cerca de três séculos de uma poesia dominada amiúde por uma musa fútil, venal e descomposta ou por uma musa pomposa, enfadonha e estéril, Saturno vinha de novo fecundar, com a sua melancolia e o seu funesto brilho, a poesia portuguesa. Sob o seu signo, com Antero, Cesário, Nobre e Gomes Leal, inicia-se a nossa verdadeira modernidade poética, que há-de desaguar depois em Pessanha, Pessoa e Sá – Carneiro. Regressado de um exílio estranho, o anjo da poesia pousou nesse pórtico esplêndido do século áureo da poesia portuguesa que é, em meu juízo, o século que agora se aproxima do seu termo.

Nesse pórtico o deixo, simples leitor, porque a grande poesia necessita apenas de simples leitores ...

Braga, Julho de 1997

19.
Contributos para uma política da Língua Portuguesa

A estatística, como é sabido, é uma ciência que, mesmo nas suas operações menos complexas, pode apresentar resultados muito variáveis, em conformidade com os pressupostos e os factores tidos em consideração. Daí que os cálculos sobre as línguas mais faladas do mundo apresentem diferenças consideráveis, segundo se considerem, por exemplo , apenas os falantes nativos de cada língua ou se tenham em consideração todos aqueles que falam uma língua também como língua segunda.

Reportando-me a uma estatística relativamente fiável que data de 1999 e que toma em consideração apenas os falantes nativos, a língua portuguesa seria falada por 170 milhões de pessoas, atrás do mandarim (885 milhões), do espanhol (332 milhões), do inglês (322 milhões), do bengali (189 milhões) e do hindustani (182 milhões), em igualdade com o russo (também 170 milhões) e muito à frente do japonês (125 milhões) e do alemão (98 milhões), para não referir línguas como o francês e o italiano[1].

Tendo em conta a exiguidade geográfica de Portugal e a relativa escassez dos seus recursos demográficos, aquele número de 170 milhões de falantes, pertencentes fundamentalmente à Europa, à América do Sul e à África, mas com algumas manchas relevantes, sobretudo

---

[1] Cf. Juan Carlos Moreno Cabrera, *La dignidad y igualdad de las lenguas*, Madrid, Alianza Editorial, 2002, p. 148.

em termos histórico-culturais, na Ásia, na Oceânia e na América do Norte, é muito significativo.

Qual é a genealogia desta situação geolinguística e geopolítica? Tal como acontece com o inglês, com o espanhol e com o francês enquanto línguas transnacionais e transcontinentais, a língua portuguesa alcançou aquela situação graças à expansão colonial levada a cabo por Portugal desde o século XV e à correlativa formação de um império. Trata-se de uma lei fundamental da vida e da evolução das línguas: uma língua converte-se em língua internacional ou transnacional, não pelas "suas propriedades estruturais intrínsecas", não por estar ou ter estado associada a uma grande cultura, não por ter sido veículo de uma prestigiosa literatura, mas graças ao poder político, militar, económico, cultural e científico-tecnológico do povo, do país e do Estado de que ela é língua nacional ou língua oficial. Foi assim com o império romano, foi assim com o império espanhol, foi assim com o império português, com o império inglês e com o império francês.

Em todos os tempos, encontramos a manifestação da consciência de que o poder e a irradiação de uma língua são indissociáveis do poder político do respectivo país ou da respectiva nação, mas é elucidativo que tenha sido nos séculos XV e XVI, quando se inicia, se alarga e consolida a expansão imperial de Portugal e da Espanha, que a expressão de tal consciência viesse a alcançar as suas formulações mais densas, mais vigorosas e, digamos assim, canónicas. Entre todas essas formulações, avulta a que Antonio de Nebrija esculpiu na dedicatória-prólogo da sua *Gramática castellana*, publicada em 1492, ano áureo da expansão imperial espanhola : "[...] una cosa hallo y saco por conclusión muy cierta: que siempre la lengua fue compañera del imperio; y de tal manera lo siguió, que juntamente comenzaron, crecieron y florecieron [...]."[2] E no limiar do último

---

[2] Cito a *Gramática castellana* de Antonio de Nebrija segundo o texto fixado por Pascual Galindo Romeo e Luis Ortiz Muñoz na sua edição publicada em 1946 (Madrid, Edición de la Junta del Centenario). Sobre a relação

quartel do século XVI, Duarte Nunes de Leão, na sua obra *Ortografia e origem da língua portuguesa*, associou orgulhosamente às navegações, aos descobrimentos e às conquistas militares dos portugueses, a difusão transmarina e a acurada utilização da língua portuguesa: "E manifesto é que, como entre todas as nações que no mundo há nenhũa se alongou tanto de sua terra natural como a nação portuguesa, pois, sendo do último ocidente e derradeira parte do mundo, onde, como Plínio diz, os elementos da terra, água, ar, fazem sua demarcação, penetraram tudo o que o Mar Oceano cerca, e consigo levaram sua língua. // A qual, tão puramente se fala em muitas cidades de África que ao nosso jugo são sujeitas, como no mesmo Portugal, e em muitas províncias da Etiópia, da Pérsia e da Índia, onde temos cidades e colónias, nos Sionitas, nos Malaios, nos Maluqueses, Léqueos, e nos Brasis, e nas muitas e grandes ilhas do Mar Oceano e tantas outras partes que, com razão, se pode dizer por os Portugueses o que diz o Salmista: *In terra verba eorum*".[3]

Na lógica e na dinâmica dos impérios, a língua é uma primordial marca simbólica, um inestimável instrumento de comunicação, em especial nas práticas administrativas e judiciais, e um cimento vivo do todo heterogéneo e tendencialmente centrífugo que é sempre um império. Em 1954, quando os últimos impérios europeus da África e da Ásia caminhavam irreversivelmente para a sua desagregação, ainda François Mitterand afirmava convictamente: " há uma língua, uma lei, uma nação, desde a Flandres até ao Congo".[4]

---

entre língua e império, veja-se o magistral estudo de Eugenio Asensio, "La lengua compañera del imperio. Historia de una idea de Nebrija en España y Portugal", *Estudios portugueses*, Paris,Centro Cultural Português da Fundação Calouste Gulbenkian, 1974, pp. 1-16.

[3] Cf. Duarte Nunes de Leão, *Ortografia e origem da língua portuguesa*. Introdução, notas e leitura de Maria Leonor Carvalhão Buescu. Lisboa, Imprensa Nacional – Casa da Moeda, 1983, p. 315.

[4] *Apud* María José Vega, *Imperios de papel. Introducción a la crítica postcolonial*, Barcelona, Crítica, 2003, p. 153.

O declínio e a extinção dos impérios, ao gerarem profundas alterações do poder político, do poder social, do poder económico e do poder cultural, podem provocar grandes mudanças no plano linguístico. Assim aconteceu com a queda do Império Romano e com a subsequente fragmentação linguística da *Romania*, com a formação de diferentes línguas a partir do latim e sob a acção de diversos substratos e superstratos. Nas situações pós-coloniais modernas e contemporâneas, desde a independência dos Estados Unidos da América e a independência das colónias espanholas e portuguesas da América Central e da América do Sul nas primeiras décadas do século XIX, passando pela independência de Cuba no declinar da mesma centúria, até à vaga de independências de colónias inglesas, francesas e portuguesas ocorridas após a segunda guerra mundial, os novos países independentes adoptaram, na maior parte dos casos, embora com estatutos jurídico-constitucionais variáveis, a língua das potências colonizadoras, não tendo ocorrido um fenómeno similar ao da fragmentação polilectal da *Romania*. Os novos países e Estados, confrontados com a multiplicidade e a dispersão das suas línguas nativas, ágrafas na sua esmagadora maioria, compreenderam os inestimáveis benefícios que, no plano interno e no plano externo, na administração, no sistema escolar, na justiça, nas relações internacionais, etc., podiam advir da preservação e da continuidade das línguas das potências colonizadoras.

Se centrarmos, porém, o nosso olhar na situação pós-colonial das línguas dos impérios europeus que se desagregaram após a segunda guerra mundial – as línguas inglesa, francesa e portuguesa –, encontraremos tensões, conflitos e clivagens, que têm, aliás, pontos de contacto com fenómenos já ocorridos no âmbito dos processos de descolonização realizados no fim do século XVIII e no século XIX.

Com efeito, os projectos políticos pós-coloniais, em sentido estrito, estão profundamente marcados pelo nacionalismo ou, melhor, pelo *neonacionalismo* e pelo chamado *nacionalismo cultural*. Ora, desde o Romantismo, a língua constitui o pilar central do pensamento filosófico-político do nacionalismo. O espírito do povo, a alma e a memória da nação têm a sua expressão primordial e autêntica na língua nacional, sendo de certo modo defectivo um sentimento nacional que não se exprima numa língua própria. Este mitologema nacionalista da língua foi revigorado, com o prestígio da cientificidade, pela hipótese linguístico-antropológica de Sapir-Whorf, segundo a qual a organização do conhecimento e, por conseguinte, a visão do mundo são determinadas directamente pelas estruturas linguísticas.

Os escritores das literaturas emergentes pós-coloniais, os intelectuais e os políticos das ex-colónias, empenhados na realização de projectos e programas neonacionalistas, confrontaram-se inevitavelmente com esse dilema, senão com essa aporia, que Jean-Paul Sartre formulou no esplendoroso manifesto, intitulado *Orphée noir*, que é o seu prefácio à *Anthologie de la nouvelle poésie nègre et malgache de langue française* (Paris,1948), organizada por Léopold Senghor. Como buscar e encontrar a identidade perdida, como descer aos infernos resplandecentes da alma negra e resgatar a secularmente perdida ou sequestrada Eurídice, como há-de florir a epifania poética da memória, do sofrimento, da agonia e da esperança dos povos negros, se os poetas da *negritude* utilizam a língua do colonizador, se servem do *appareil-à-penser de l'ennemi*? A língua do colonizador, como sublinhou Franz Fanon em *Peau noire*, não é apenas uma morfologia e uma sintaxe, mas é também uma memória, uma sedimentação cultural, um modo de ver o mundo. Como evitar ou superar a contradição de os núncios da negritude, do neonacionalismo africano e afro-americano, pregarem o seu evangelho na língua dos colonizadores brancos? Como exprimir e representar a alma, o génio, os céus e os corações dos negros na língua francesa, "dans cette langue à chair de poule, pâle et froide comme nos cieux et dont Mallarmé disait qu'*elle est la langue neutre par excellence, puisque le génie d'ici exige une atténuation de toute couleur trop vive et des bariolages*?"[5]

---

[5] Cf. Jean-Paul Sartre, "Orphée noir", prefácio a Léopold Sédar Senghor, *Anthologie de la nouvelle poésie nègre et malgache de langue française*, 6ème édition, Paris, P.U.F., 2002, p. XVIII.

Em 1948, no apogeu do existencialismo, quando numa Europa em ruínas materiais e morais, o humanismo existencialista acreditou na força criadora da liberdade e da vontade dos homens, Sartre apontou um caminho que seria o *caminho real*, na polissemia hispânica desta expressão, das futuras literaturas emergentes pós-coloniais: rejeitando a adopção do francês metropolitano, autorizado e legitimado pelas competentes instâncias escolares e académicas, como era o ideal do "agregé de lettres" e futuro académico Léopold Senghor, excluindo a hipótese aleatória da adopção de uma língua nativa que seria o cárcere e o sarcófago do seu canto, o "Orfeu negro" de Sartre escolhe *desafrancesar o francês*, subverter a língua do império, construir sobre uma língua em ruínas uma nova língua solene e sagrada. Ou seja, o "Orfeu negro" aceita a exofonia e a exografia, aceita falar e escrever a língua do colonizador, mas para se apropriar dela e para a reinventar, imprimindo-lhe indelevelmente a marca de um *estranhamento* identitário. A língua da metrópole é *desterritorializada* e *re-territorializada*, segundo a lógica rizomática de uma poética da relação e de uma poética do diverso que possibilita e potencia a *crioulização* das culturas e das línguas. Nos fenómenos linguísticos e literários pós-coloniais, a *ecogénese* e o *etnotexto* desempenham um papel fundamental e inviabilizam qualquer classicismo homogeneizador, qualquer pseudo-classicismo restauracionista, qualquer arte poética envenenada, como escreveu Amílcar Cabral numa carta de 1949, pelos "pequenos Camões de pele preta e os ínfimos Anteros".[6]

Por vício próprio de professor de Teoria da Literatura e disciplinas afins, alonguei-me decerto, neste contexto, sobre as matérias anteriores. Fi-lo por uma exigência de inteligibilidade própria, mas fi-lo sobretudo para tornar claro, assim o espero, aos que têm a generosidade de me ouvir, um conjunto de orientações que, a meu ver, deve constituir os pressupostos e os fundamentos incontornáveis, por parte de Portugal, de uma política transnacional da língua

---

[6] *Apud* María José Vega, *op. cit.*, p. 42.

portuguesa, neste limiar do século XXI: a *crioulização* da língua – *crioulização* no sentido que o termo e o conceito apresentam na semiótica de J.Lotman –,[7] como já devíamos saber, há cerca de dois séculos, graças ao exemplo esplendoroso do Brasil, é inevitável e é enriquecedora; o monocentrismo homogeneizador da norma metropolitana deu lugar a um policentrismo ancorado na diversidade dos factores geográficos, antropológicos, sociais, culturais e etnolinguísticos do que se tem denominado "espaço lusófono"; a língua portuguesa pertence de igual modo a todos os povos, a todos os países e a todos os Estados que a têm como língua nacional ou como língua oficial, que a falam e a escrevem, que nela se exprimem e comunicam. Como afirmou António Houaiss, "não há proprietários de uma língua, pois todos os que a falam são co-proprietários, não podendo nenhum invocar privilégios ou superioridades absolutas sobre ela".[8]

Portugal, que desenvolveu uma relação amorosa e até passional com a sua língua, património multissecular criado, afeiçoado e enriquecido por poetas, clérigos, juristas, gramáticos, historiadores, lavradores, marinheiros, comerciantes, pícaros e chatins, tem de par-

---

[7] O termo e o conceito de "crioulização" aparecem com frequência na teoria semiótica de Jurij M. Lotman para referir o fenómeno da assimilação ou da absorção parciais de um sistema semiótico ou de um código por outro sistema ou por outro código, com a inerente alteração das respectivas fronteiras e das respectivas dinâmicas de produção textual. Na semiosfera, operam tanto mecanismos que visam preservar o *monolinguismo* cultural, o fechamento e a auto-suficiência dos sistemas semióticos, como mecanismos que permitem e incentivam a hibridação dos sistemas e dos códigos, legitimando e valorizando o *poliglotismo* cultural. Em termos poetológicos, este fenómeno foi analisado pelo poeta, dramaturgo e pensador antilhano Édouard Glissant, na sua obra *Introduction à une poétique du divers* (Paris, Gallimard, 1996), utilizando a contraposição classicismo vs. barroco. Na abertura do III Congresso Internacional do Espanhol, realizado recentemente em Rosario (Argentina), o rei Juan Carlos, no discurso inaugural, fez uma convicta apologia da *mestiçagem* do espanhol (Cf. *El Pais*, 18.11.2004).

[8] Cf. Antonio Houaiss, "Por uma política da língua", *Revista do Património Histórico e Artístico Nacional*, n.º especial/1990, p. 8.

ticipar numa política transnacional da língua portuguesa com a consciência, sem esconderijos nem sótãos, de que é co-proprietário de um bem, de um *thesaurus*, que a sua própria acção histórica tornou pertencente a uma comunidade de oito países soberanos; sem perder de vista, como aconselham o realismo político e a história e a sociologia das línguas, que a importância, o prestígio, a força e a difusão de uma língua dependem fundamentalmente, como ficou exposto, da dimensão demográfica, do peso geopolítico, do desenvolvimento económico e do dinamismo cultural, científico e tecnológico dos países que a falam e que a escrevem – a esta luz, a importância internacional da língua portuguesa, no presente e no futuro, depende obviamente do Brasil –, mas sem esquecer ou enjeitar as responsabilidades históricas – eu diria mesmo histórico-simbólicas – que a este respeito lhe cabem.

Uma política transnacional da língua portuguesa, no âmbito da CPLP, requer que Portugal disponha de uma política nacional e de uma política internacional da língua portuguesa, com objectivos bem fundamentados e definidos, com estratégias adequadas e com meios e instrumentos apropriados.

A política nacional da língua tem como vectores fundamentais o ensino, em especial o ensino básico, abarcando a formação de professores, os planos de estudos, os programas, os manuais e outros materiais pedagógico-didácticos, o fomento da leitura, sobretudo entre as crianças e os jovens, o apoio à edição de autores portugueses, sobretudo dos "autores clássicos", o estímulo à qualidade da língua utilizada nos meios da comunicação social e o incentivo à presença da língua portuguesa no *ciber-espaço*.

Seria injusto afirmar que nada se tem feito nestes domínios e que se verifica em todos eles uma situação de calamidade.

Reconheço, por exemplo, com gosto e júbilo, a razoável e até a boa qualidade da língua escrita e da língua falada que proporcionam alguns órgãos da comunicação social, o que é extremamente importante, porque a televisão, a rádio e mesmo os jornais são hoje a escola globalizada em matéria de utilização da língua. Poder-se-á melhorar decerto a qualidade do que já existe, com a criação, por exemplo, de gabinetes de consulta e aconselhamento linguísticos nas grandes empresas de comunicação audiovisual.

Reconheço do mesmo modo o mérito das iniciativas e dos esforços tendentes a melhorar a qualidade da rede de leitura pública e das bibliotecas escolares, por parte de entidades como a Fundação Calouste Gulbenkian, que desde há décadas,em tempos inóspitos, proporcionou o pão do livro a milhares de leitores, como o Ministério da Educação e sobretudo como o Ministério da Cultura que, através do Instituto Português do Livro e das Bibliotecas, tem construído e apetrechado, em parceria com as autarquias municipais, novas, operacionais e acolhedoras bibliotecas de leitura pública, no âmbito do programa *Bibliopolis*, que se ficou a dever à clarividência da política cultural de Teresa Patrício Gouveia

Há, todavia, factores de crise ou de perturbação, há deficiências e lacunas, que são preocupantes. Passo a enumerar e a caracterizar sucintamente alguns destes "pontos negros".

O ensino da língua portuguesa nos actuais 1.º e 2.º ciclos do ensino básico necessita de uma urgente e profunda revisão, em termos dos objectivos a alcançar, dos conteúdos programáticos, das estratégias pedagógicas e didácticas e da articulação dos dois ciclos (que poderão vir a evoluir, como será aconselhável, para um único ciclo). Trata-se do segmento do sistema educativo verdadeiramente estratégico para a aprendizagem da língua materna, em especial nas escolas públicas, que acolhem crianças oriundas de meios familiares e sociais culturalmente desfavorecidos e quase sempre indigentes em relação ao capital simbólico da língua (um capital, nunca é demais repeti-lo, muito desigualmente repartido). Tal como acontece com o ensino da Matemática, o sucesso da aprendizagem e da correcta utilização do Português em todo o percurso escolar, com relevante incidência nas restantes áreas disciplinares, ganha-se ou perde-se naqueles ciclos do ensino básico. Infelizmente, diminuta atenção tem sido prestada a esta situação. É tal a magnitude e a projecção escolar e social desta questão que justamente merecia ela ser objecto de estudo e de propostas de reforma por parte de uma comissão interdisciplinar altamente qualificada.A formação de professores com habilitação legal para ensinarem Português naqueles ciclos do ensino básico deve ser substancialmente modificada, porque os respectivos planos de estudo não proporcionam, em muitos casos, a formação científica e pedagógica adequada. É inaceitável que, em nome da autonomia científica e pedagógica das instituições do ensino superior público e privado, se elaborem e entrem em funcionamento planos de estudos disciplinarmente desequilibrados, com lacunas graves, que servem muitas vezes apenas os interesses individuais ou corporativos dos respectivos docentes. Em área estrategicamente tão relevante como esta, o Governo devia ter a coragem, apoiado em propostas científica e pedagogicamente consistentes, de impor um tronco comum de disciplinas a todas as instituições do ensino superior que formam professores para os referidos ciclos do ensino básico e que ficam habilitados a leccionar Português.

Na escola da pós-modernidade, amnésica e lúdica, lê-se cada vez menos, como têm comprovado alguns estudos recentes. De década para década, regista-se um abaixamento dos índices da leitura. A televisão, o computador e diversas actividades lúdicas preenchem grande parte do tempo livre das crianças, dos jovens e dos adolescentes. E o que é mais preocupante é que, como está demonstrado, quem não se torna um leitor interessado e assíduo até à adolescência raramente virá a ser um bom leitor.

Apesar das elegias e das profecias mais ou menos apocalípticas sobre o futuro da "galáxia de Gutenberg", o livro não parece ameaçado por quaisquer substitutos oriundos do ciberespaço. O que verdadeiramente ameaça o futuro do livro é a escassez ou falta de leitores e por isso bem-vindos são os programas de incentivo à leitura elaborados e postos em prática, ou a serem postos em prática, pelo Ministério da Educação e pelo Ministério da Cultura (espera-se que sem sobreposições, porque orientados para destinatários distintos).

Para que a leitura seja incrementada e para que aumente o número de leitores, é indispensável a existência de bons livros, publicados em boas edições e a preço acessível. A este respeito, tem de se considerar um clamoroso falhanço o que aconteceu com os esforços e com os dinheiros despendidos pelo Instituto Português do Livro e das Bibliotecas para se reeditarem obras de autores clássicos portugueses. Com uma ou outra excepção, as edições até agora vindas à luz têm estudos introdutórios e anotações de fraca qualidade, algumas não possuem mesmo quaisquer anotações ou comentários, não apresentam o estabelecimento do texto com os indispensáveis cuidados filológicos e, ainda por cima, são caras. Continuamos assim – e isto é uma vergonha cultural – a não dispor de uma colecção de clássicos portugueses comparável à colecção das "Letras Hispánicas", das Edições Cátedra ou à colecção dos "Clásicos Castalia", que oferecem edições de elevada qualidade filológica, histórico-literária, hermenêutica e crítica, a preços módicos. Quando se entra em qualquer razoável livraria de qualquer cidade espanhola, o olhar do leitor pousa facilmente sobre a mancha negra e sobre a mancha polícroma destas colecções de autores clássicos de língua espanhola, o que não acontece com as "Obras Clássicas da Literatura Portuguesa" em qualquer livraria de Portugal. Este projecto editorial, bem intencionado na sua raíz e nos seus objectivos, necessita urgentemente de ser repensado.

No plano da política internacional da língua portuguesa, contamos fundamentalmente com o Instituto Camões, criado com base numa proposta da Comissão de Reforma do Sistema Educativo que desenvolveu os seus trabalhos entre 1987 e 1988 – proposta elaborada por um grupo de trabalho que tive o ensejo de coordenar. A proposta da Comissão de Reforma era mais ambiciosa e mais coerente do que o diploma que o Governo acabou por aprovar, mas seria, reconheço-o, demasiado dispendiosa.[9]

O Instituto Camões,herdeiro de uma rica herança científico-cultural que provinha do Instituto de Alta Cultura e do Instituto de

---

[9] Veja-se Comissão de Reforma do Sistema Educativo, *Documentos Preparatórios – IV*, Lisboa, Ministério da Educação, 1988.

Cultura e Língua Portuguesa, tem atravessado, na sua existência de pouco mais de uma década, diversas vicissitudes que têm prejudicado a sua missão e a sua operacionalidade, desde a sua transferência do Ministério da Educação para o Ministério dos Negócios Estrangeiros até alguns sobressaltos ocorridos ao longo dos anos na sua direcção e à dificuldade de definir com clareza e credibilidade os seus objectivos estratégicos a médio e a longo prazo. Devem-se-lhe já, porém, contributos valiosos para a difusão da língua e da cultura portuguesas no estrangeiro, permitindo-me destacar, a título de exemplo, as acções desenvolvidas em França sob a coordenação de Eduardo Prado Coelho e depois de Nuno Júdice, o excelente trabalho realizado em Espanha por João de Melo, a criação de cátedras de língua, literatura, cultura e história portuguesas nalgumas prestigiadas Universidades estrangeiras e o meritório empenhamento posto no apoio ao ensino do português em África. O grande problema do Instituto Camões, como verifiquei ao longo dos anos em que a ele estive ligado como membro do seu Conselho Geral, primeiro, e como membro da comissão científica do programa *Lusitânia*, depois, é a modéstia, senão a penúria, do seu orçamento – uma modéstia que é a sinédoque da falta de investimento público numa política global da língua portuguesa e que contrasta, de modo humilhante para nós, com os meios financeiros e os recursos humanos de que está dotado o Instituto Cervantes. É inaceitável que, por limitações da "manta" orçamental, o Instituto Camões seja obrigado a destapar a cabeça para cobrir os pés, ou seja, a desinvestir, por exemplo, em leitorados de Universidades europeias para poder investir em África. Encerrar ou deixar definhar leitorados com um notável historial em Universidades europeias de prestígio é um erro estratégico que se pagará caro, sob todos os pontos de vista. Só com um Instituto Camões revigorado – e até talvez refundado –, com objectivos estratégicos bem definidos, com dotações orçamentais apropriadas e com os indispensáveis recursos humanos, se poderá realizar uma política coerente e eficaz da língua e da cultura portuguesas no estrangeiro.

Neste plano da política internacional da língua portuguesa, gostaria de deixar aqui uma breve referência ao papel notabilíssimo desempenhado, ao longo de décadas, pelo Centro Cultural de Paris da Fundação Calouste Gulbenkian. Segundo julgo, a Fundação tem desinvestido, nos últimos anos, nas actividades do Centro, decerto por razões ponderosas e pertinentes. Quando penso, porém, nos recursos bibliográficos do Centro, na sua memória histórica, indissociável dos seus ilustres Directores, no seu significado simbólico, na sua localização numa cidade como Paris e num país como a França, pergunto-me se não seria uma utopia exequível convertê-lo, à semelhança do que têm feito algumas fundações norte-americanas em Itália, num Centro de Estudos Avançados da Língua e da Cultura Portuguesas, que acolhesse e apoiasse, em parceria com algumas Universidades, investigadores pós-doutorais de toda a Europa e mesmo de todo o mundo.

No âmbito da Comunidade de Países de Língua Portuguesa, Portugal tem responsabilidades históricas e histórico-simbólicas, como já disse, que não pode esquecer ou enjeitar. Em diálogo aberto e fraternal com o Brasil e com os restantes membros da Comunidade, Portugal tem de contribuir activamente para a construção da história do futuro, de modo que na CPLP a língua portuguesa não seja um volátil ou até um elidível adjectivo, mas sim um substantivo denso e pregnante. A língua portuguesa é um instrumento de comunicação e de cooperação com potencialidades múltiplas, nos campos do direito e da justiça, das ciências da saúde, da economia, do comércio, etc., mas ela é em si própria um bem, uma *res communis* que é necessário conhecer e estudar, ou, para utilizar a fórmula renascentista que continua válida, que é necessário defender e ilustrar.

Ora, tendo morrido envolto na acta do seu nascimento, datada de 1 de Novembro de 1989, o Instituto Internacional de Língua Portuguesa, a CPLP não dispõe de meios institucionais para que, com a qualidade científica exigida, sejam estudados, debatidos e solucionados da melhor maneira os problemas gramaticais, lexicográficos, terminológicos, ortográficos, etc., da língua portuguesa, na sua unidade e na sua diversidade, como língua de oito países e Estados soberanos. Talvez que o Instituto, filho do entusiasmo e do idealismo do Ministro José Aparecido de Oliveira, fosse uma instituição demasiado pesada, demasiado centralista e demasiado cara. O vazio assim criado, todavia,não pode persistir, porque não se torna credível uma comunidade de Países de Língua Portuguesa em que exactamente o conhecimento e o estudo da língua portuguesa não merecem a devida atenção institucional. Portugal deve romper este impasse, criando as condições jurídicas e outras necessárias para que uma instituição como a Academia das Ciências de Lisboa, em concertação com a Academia Brasileira de Letras e com representantes credenciados dos restantes países da comunidade, possa instituir, coordenar e impulsionar as políticas indispensáveis para a "defesa e a ilustração" da língua portuguesa. Afigura-se-me aconselhável adoptar um modelo da política comunitária da língua portuguesa similar ao que, com tanto êxito, tem sido posto em prática pela Espanha e na qual a *Real Academia Española*, em constante e profícua articulação com as Academias de Língua Espanhola dos países hispano-americanos, desempenha uma função central.

Outra iniciativa que Portugal deve tomar é a reactivação da Associação das Universidades de Língua Portuguesa, que poderia e deveria elaborar uma proposta para a criação de um espaço lusófono de graus académicos, sobretudo a nível de mestrado e de doutoramento. A presença em vários países da CPLP de Universidades portuguesas é hoje uma realidade promissora e tudo deve ser feito para consolidar essa presença e desenvolver as potencialidades que ela encerra. Para as Universidades portuguesas, tanto públicas como privadas, este poderia ser um aliciante empreendimento para os próximos tempos.

No "labirinto da saudade", no campo santo dos mitos e dos fantasmas lusitanos, não faltará quem veja na "lusofonia", uma palavra que não aprecio, uma metamorfose neocolonialista; um simbólico "regresso das caravelas"; uma derradeira encarnação do Encoberto; mais uma máscara mortuária da pátria espectral de Pessoa/ Bernardo

Soares; ou, como escreveu Alfredo Margarido, mais "um dos aspectos do formidável trabalho do luto que marca a própria história dos portugueses". Por mim, com realismo e sentido crítico, sem utopias nem distopias, vejo na língua portuguesa, enquanto língua transnacional, um capital simbólico que, sem rasurar uma memória histórica com as suas luzes e as suas sombras, congrega num projecto de cooperação multilateral, de solidariedade política e de interesses partilhados em múltiplas áreas, oito países soberanos que querem construir o seu próprio caminho de desenvolvimento social, económico, cultural, científico e tecnológico. Em paz, em liberdade e no respeito da sua identidade.

20
Ilusões e desilusões sobre a política da língua portuguesa

Desde que, em 22 de janeiro de 1988, fui empossado pelo então Primeiro Ministro, Prof. Doutor Aníbal Cavaco Silva, no cargo de Coordenador da Comissão Nacional da Língua Portuguesa e desde que, em abril desse mesmo ano, redigi o relatório do Grupo de Trabalho por mim coordenado que, no âmbito da Reforma do Sistema Educativo, analisou a problemática do Ensino Português no Estrangeiro e apresentou ao Governo uma proposta de reestruturação desse Ensino – proposta que esteve na génese da criação do Instituto Camões –, tenho intervindo com alguma frequência no debate público sobre a política da língua portuguesa, datando a última dessas intervenções de Dezembro de 2004, aquando da realização da Conferência Internacional sobre a *Língua Portuguesa: Presente e Futuro*, organizada pela Fundação Calouste Gulbenkian, sob o alto patrocínio do Senhor Presidente da República, Dr. Jorge Sampaio, na qual proferi a conferência inaugural.[1]

---

[1] Na cerimónia de posse dos membros da Comissão Nacional da Língua Portuguesa, cerimónia que ocorreu em 22 de Fevereiro de 1988, na residência oficial do Primeiro-Ministro, proferi uma curta alocução que está publicada no *Boletim* daquela Comissão publicado no ano de 1989, pp. 15-18.

O relatório sobre o *Ensino Português no Estrangeiro* está publicado no vol. IV dos *Documentos Preparatórios da Comissão de Reforma do Sistema Educativo* (Ministério da Educação, 1988)

A minha conferência inaugural da reunião organizada pela Fundação Calouste Gulbenkian, intitulada "Contributos para uma política da língua por-

Ao reler, agora, os diversos textos que sobre esta matéria escrevi no fio do tempo, dei-me conta de que tenho reiterado um certo número de ideias nucleares, o que é natural, uma vez que os problemas eram, são e decerto vão continuar a ser idênticos, mas que, ao longo dos anos, emergem nesses textos novas questões, novas perspectivas e novos horizontes, o que também é natural, visto que as línguas são entidades eminentemente dinâmicas, em estreita relação com espaços geoculturais, com contextos históricos, com factores sociais, demográficos, etc.

Sendo, com muita probabilidade, esta a última vez em que me ocuparei do tema – por cansaço e desânimo, por um lado, e porque tenho entre mãos outros trabalhos que me ocuparão os anos que ainda tiver de vida –, pensei que talvez se justificasse elaborar uma síntese do que tenho escrito, à luz do meu pensamento actual sobre certas questões.

Na tomada de posse dos membros da Comissão Nacional da Língua Portuguesa, afirmei que a criação deste orgão por Resolução do Conselho de Ministros tinha sido um acto político, um acto de política da língua, e que a sua deliberada não criação também seria um acto político, uma manifestação, por exemplo, do que então denominei *liberalismo glotopolítico* (deixo entre parênteses as razões de interesse político imediato, a que os governantes são particularmente sensíveis, relacionadas com a polémica suscitada pelo acordo ortográfico, que estiveram tacticamente na origem daquele órgão).

A língua está inescapavelmente ligada ao poder político, quer nas suas dinâmicas endógena ou compulsoriamente centralizadoras, que nas suas dinâmicas centrífugas e autonomizantes, seja de carácter regionalista ou diatópico, seja de cunho nacionalista. O axioma formulado lapidarmente, em 1492, por Antonio de Nebrija, na carta-

---

tuguesa", está publicada nas respectivas actas: *A Língua Portuguesa : Presente e Futuro*, Lisboa, Fundação Calouste Gulbenkian, 2005, pp.25-35.

dedicatória da sua *Gramática castellana*, segundo o qual "siempre la lengua fue compañera del imperio", é tão válido ontem como hoje, não obstante as transformações geopolíticas, sociais, económicas e tecnológicas que o mundo tem conhecido. Por que é que Felipe II de Espanha viu com bons olhos, se é que não incentivou ou fomentou, as duas traduções d'*Os Lusíadas* publicadas em 1580, sob a égide da Universidade de Alcalá de Henares e da Universidade de Salamanca? Porque estas traduções, consideradas nos respectivos paratextos como *apropriações*, incorporavam na língua hegemónica do império construído pelos Reis Católicos, por Carlos V e por Felipe II, "el inmortal tesoro / de los heroicos hechos lusitanos", como se lê num dos sonetos paratextuais que precede a tradução de Benito Caldera, publicada sob os auspícios da Universidade de Alcalá de Henares. Incorporavam o poema e incorporavam o capital simbólico, o património histórico e a gesta heróica e civilizacional, que ele representava.

O que explica que línguas europeias como o espanhol, o português, o inglês e o francês, se tivessem tornado línguas transnacionais e transcontinentais? Não foram factores de ordem intrinsecamente linguística, foram factores de ordem política: a construção de impérios coloniais, com as suas vertentes militares, religiosas, económicas e civilizacionais. A língua do poder imperial foi um factor de coesão e de regulação das esferas administrativa, judicial e escolar, foi um instrumento de evangelização, de aculturação e de intercâmbio de bens económicos. A língua, como capital simbólico por excelência de uma comunidade, está frequentemente no centro dos conflitos políticos e é por isso que, na história, a política da língua se identifica não raras vezes com a censura, o silenciamento e até o extermínio das línguas minoritárias, dos falares locais e regionais. Valha como exemplo, por todos, a política jacobina da língua da Revolução Francesa, levada a cabo pelo célebre *Abbé* Grégoire, em nome das Luzes.

Portugal mantém com a sua língua uma relação afectiva, eu diria mesmo passional, muito intensa, ao contrário de outros países e povos como os Estados Unidos da América (que hoje falam o inglês, ou o americano, como poderiam ter falado o alemão, com uma perspectiva basicamente pragmática). O amor e os louvores à nossa língua enraizaram-se e floresceram no nosso "século de ouro", o século XVI, alcançaram as suas expressões mais belas e veementes em Camões e em António Ferreira, acendraram-se com o Romantismo e converteram-se no século XX, desde Teixeira de Pascoaes e Fernando Pessoa até Manuel Alegre, num dos mitos mais sortílegos do nosso "labirinto da saudade".

Por razões de ordem prática e política, que têm a ver com a construção do império, e também por razões de ordem afectiva e simbólica, que têm também a ver com a expansão ultramarina, Portugal teve uma política da língua desde muito cedo. D. Manuel I talvez tenha sido o primeiro governante português a conceber e a executar o que se poderá denominar uma política da língua, ao enviar para o Congo muitos "mestres de ler e escrever", ao remeter para o Ultramar quantidades consideráveis de livros portugueses e ao providenciar no sentido de a escola de Cochim, fundada por Afonso de Albuquerque, na qual aprendiam português cerca de cem meninos índios, ter à sua disposição as *cartinhas*, isto é, os livros de leitura, indispensáveis ao ensino.[2] Fernão de Oliveira, na sua *Gramática da Linguagem Portuguesa*, saída à luz em 1536, no capítulo IV, intitulado "Da cultura e glória da terra", depois de evocar o exemplo da Grécia e de Roma que "quando senhoreavam o mundo mandaram a todas as gentes a elles sojeitas aprender suas linguas", exorta os portugueses a cultivarem e a difundirem o seu idioma nas novas terras descobertas, razão por que não deveriam continuar obedientemente a aprender e a apurar a língua de Roma, em prejuízo da língua própria: "Não façamos assi; mas tornemos sobre nós, agora que é tempo e somos senhores, porque milhor é que ensinemos a Guiné ca que sejamos ensinados de Roma, ainda que ella agora tevera toda sua valia e preço. E não desconfiemos da nossa lingua porque os

---

[2] Cf Jorge Morais-Barbosa, *A língua portuguesa no mundo*, Lisboa, Agência-Geral do Ultramar, ²1969, p.108.

homens fazem a lingua, e não a lingua os homens. E é manifesto que as linguas grega e latina, primeiro foram grosseiras; e os homens as poseram na perfeição que agora têm".[3]

Uma das medidas de maior transcendência da política da língua portuguesa foi sem dúvida a tomada pelo Marquês de Pombal, nos termos da qual, a partir de 17 de Agosto de 1758, se proibia em todo o Brasil o uso da chamada "língua geral", isto é, o tupi, e se tornava oficialmente obrigatório o uso da língua portuguesa. Com esta medida, Pombal salvaguardou a unidade linguística do Brasil e decerto contribuiu decisivamente para preservar, nos tempos conturbados que se avizinhavam na América latina, a unidade geopolítica desse gigantesco país.

Sentido análogo teve a política da língua portuguesa posta em prática pelo General Norton de Matos, durante o seu mandato de Alto-Comissário da República Portuguesa em Angola. Em conformidade com o seu Decreto n.º 77, de 9 de Dezembro de 1921, qualquer missão de ensino e propaganda religiosa devia obrigar-se a ensinar a língua portuguesa e a não ensinar qualquer língua estrangeira.[4]

O poder político tinha a consciência da capacidade coesiva da língua portuguesa em relação às populações do império e tinha também consciência das forças centrífugas que tendiam a tornar plurilingues os enormes espaços geográficos nos quais se exerce a soberania portuguesa.

Após a proclamação da independência do Brasil e sobretudo após a descolonização subsequente à revolução de 25 de Abril de 1974, a política da língua portuguesa teve de se configurar como uma política inter-nacional, multilateral, entre Estados soberanos que têm como língua materna ou como língua oficial a língua portuguesa,

---

[3] Fernão de Oliveira, *Gramática da Linguagem Portuguesa* (1536). Edição crítica, semidiplomática e anastática por Amadeu Torres e Carlos Assunção. Com um estudo introdutório do Prof. Eugenio Coseriu. Lisboa, Academia das Ciências de Lisboa, 2000, pp.86-87.

[4] *Vide* Jorge Morais-Barbosa, *op.cit.*, p.139.

um capital simbólico que sobreviveu a guerras e a ódios, aos ajustes de contas e aos ressentimentos pós-coloniais, que é a herança comum mais valiosa de um império que foi sempre frágil e vulnerável política, económica e militarmente – herança que os próprios líderes dos novos países independentes sempre consideraram como um factor relevantíssimo de aglutinação, de homogeneização social e cultural e de identidade nacional. A língua portuguesa deixou de ser "propriedade" de Portugal, como nos tempos de Pombal e de Norton de Matos, e passou a ser legítima co-propriedade dos oito países dos quais é língua materna ou língua oficial (é por isso que eu não aprecio a palavra *lusofonia*, que na sua composição tem um elemento lexical, de origem mítica, que pode veicular subrepticiamente intentos ou assomos neocolonialistas).

Os espaços geográficos e telúricos muito diversos, as sociedades e as culturas muito heterogéneas, os contactos com outras línguas e falares diferentes, fizeram, estão a fazer e hão-de continuar a fazer da língua portuguesa, desde o Rio Grande do sul até Timor, passando por Portugal e pelos países africanos ditos *lusófonos*, uma língua de miscegenação, uma língua crioulizada, na acepção semiótica do termo, desde a fonética ao léxico, à morfologia, à sintaxe e à pragmática. Na perspectiva paleo-colonialista ou na perspectiva neo-colonialista assumida por alguns (muitos) portugueses, este fenómeno de miscegenação ou de crioulização equivale à corrupção ou ao empobrecimento de um hipotético português lídimo, quando afinal ele é o resultado da dinâmica de qualquer língua com uma difusão planetária, como acontece com a língua portuguesa, quando ele é um enriquecimento sob todos os pontos de vista, desde a comunicação verbal quotidiana até à literatura – o que só deveria ser motivo de orgulho para este país de exíguo espaço geográfico e de escassos recursos demográficos e económicos.

Torna-se indispensável, todavia, neste contexto de crioulização, preservar a unidade profunda da língua portuguesa, de modo que a diversidade das falas e das normas não afecte ou fracture a unidade do sistema linguístico. Não se trata de planificar a língua ou de travar a dinâmica endógena e exógena da língua, o que seria uma impossibilidade e um contra-senso, mas trata-se de regular, com bases gramaticais consensuais e criteriosamente estabelecidas, o que é regulável no sistema e nas normas da língua portuguesa, de modo a evitar derivas e porventura fracturas irremediáveis.

É nesta perspectiva que se torna urgente uma política *inter-nacional* da língua portuguesa, à semelhança da política *inter-nacional* da língua espanhola, de que as mais recentes manifestações públicas foram a aprovação em Medellín, em finais de março de 2007, pela *Real Academia Española* e pelas vinte e uma *Academias de la lengua* da área linguística hispânica, da *Nueva gramática de la lengua española*, e a realização do Congresso de Língua Espanhola em Cartagena de Indias, simbolicamente marcado pela presença do rei de Espanha e pela edição comemorativa da obra mestra de Gabriel García Márquez, *Cien años de soledad*, publicada pela *Real Academia Española*, pela *Asociación de Academias de la lengua española* e pela editorial Alfaguara. Este e outros congressos análogos já realizados são a parte mais visível para a opinião pública de um contínuo e profícuo labor de muitos anos realizado em estreita colaboração pela *Real Academia Española* e pelas *Academias de la lengua* dos países hispânicos e que tem possibilitado publicar gramáticas e dicionários de elevada qualidade, que tem harmonizado divergências ultrapassáveis com o espírito de cooperação e com a análise científica, que tem, enfim, estabelecido fundamentalmente consensos possíveis e desejáveis.

É esta vertente nuclear da política da língua portuguesa que faz obviamente falta à CPLP. No âmbito desta Comunidade, são decerto muito importantes os intercâmbios científicos, tecnológicos, económicos, sócio-profissionais, etc. – permita-se-me relevar, pela sua importância no plano da língua, os intercâmbios na esfera do Direito –, mas a matéria fulcral é manifestamente a própria língua portuguesa, que é a pedra angular da Comunidade, a sua justificação intrínseca, histórica e jurídica, e que não pode ser apenas a cobertura para outras actividades de cooperação, por relevantes que sejam, e muito menos o pretexto para algumas duvidosas iniciativas empresariais que oportunisticamente se acolhem sob o lema da *lusofonia*.

Ora a verdade é que esta vertente nuclear da política *inter-nacional* da língua portuguesa se encontra completa e lastimavelmente ao abandono, já que o Instituto Internacional da Língua Portuguesa, criado com toda a pompa político-diplomática em 1 de novembro de 1989, num documento assinado por todos os Chefes de Estado da CPLP, morreu, como já escrevi, envolto na acta do seu nascimento. Penso que Portugal, que tem responsabilidades históricas e simbólicas especiais em todo este processo, deveria tomar a iniciativa, em primeiro lugar junto do Brasil, que é o país que demográfica e geopoliticamente tem o peso maior na CPLP e sem o qual não será possível conceber e realizar qualquer política *inter-nacional* da língua portuguesa, para criar, em conjugação e em consonância com os restantes países da Comunidade, os órgãos e os mecanismos institucionais que verdadeiramente colocassem no centro da CPLP a língua portuguesa, como matriz que legitimasse, fundamentasse e polarizasse todas as suas actividades correlatas. Como advoguei na Conferência Internacional da Fundação Calouste Gulbenkian sobre a *Língua Portuguesa: Presente e Futuro*, o Governo português devia dotar a Academia de Ciências de Lisboa dos meios indispensáveis, jurídicos e financeiros, para redesenhar, refundar e dar vida efectiva, em articulação com a Academia Brasileira de Letras e representantes cientificamente idóneos e credenciados dos outros Estados da CPLP, ao nado-morto Instituto Internacional da Língua Portuguesa. Recordo que, já em 1963, o grande filólogo e gramático brasileiro Professor Celso Cunha apresentou e defendeu a proposta da criação de um organismo denominado Centro de Documentação e Informação da Língua Portuguesa, aprovada no V Colóquio Internacional de Estudos Luso-Brasileiros realizado na Universidade de Coimbra em 1963 – do qual eu, então juvenil assistente, fui um dos secretários – e o que o grande mestre brasileiro deu a conhecer a um público mais largo, no ano seguinte, no seu livro intitulado *Uma política do idioma*.

Entre as tarefas prioritárias que caberiam a este organismo – a sua designação poderia ser outra, porque uma vida nova pode beneficiar de uma nova identidade nominal –, conta-se, como tenho defendido desde há duas décadas, o problema fundamental da homogeneização das terminologias científicas e técnicas, a começar pela própria terminologia gramatical e abarcando as terminologias de áreas como o direito, a engenharia civil, a informática, as pescas, etc. Esta é uma questão fundamental para a cooperação entre instituições do ensino superior, quer no plano da investigação quer no plano do ensino, entre empresas e especialmente entre editoras dedicadas à produção original ou à tradução do livro científico e técnico.

O acordo ortográfico, que tanta controvérsia despertou há alguns anos atrás, poderia ter o seu lugar, com alguns benefícios marginais, neste quadro da política *inter-nacional* da língua portuguesa, embora eu pense, como sempre pensei, que o essencial desta política não passa pelo acordo ortográfico, cujos custos nos sistemas escolares e no mundo da edição podem ser elevadíssimos. Assentando a chamada "lusofonia" numa *língua bicêntrica*, segundo a terminologia do sociolinguista Heinz Kloss, não será um acordo ortográfico que resolverá os problemas da intercompreensão com que se defrontam os falantes em geral e em particular as indústrias da língua e da cultura.

Desde há mais de meio século que a política *inter-nacional* da língua e da cultura portuguesas tem tido como um dos seus pilares fundamentais a criação e o funcionamento de leitorados de Português em Universidades estrangeiras, principalmente europeias.

Esta política, iniciada pelo Instituto de Alta Cultura e prosseguida pelos organismos que lhe sucederam, até ao actual Instituto Camões, tem um legado muito positivo, qualitativamente enriquecido, em anos mais recentes, pela criação de cátedras de Estudos Portugueses nalgumas prestigiosas Universidades europeias, norte-americanas e brasileiras (é evidente que no Brasil nunca fez sentido criar leitorados para a leccionação da língua portuguesa). Assegurar o ensino da língua, da literatura e da cultura portuguesas em muitas Universidades importantes da Europa, dos Estados-Unidos da América e do Brasil constitui um admirável serviço prestado a Portugal e representa um relevante vector da política externa do nosso país (e por isso defendi convictamente, na proposta que conduziu à criação do Instituto Camões, que este Instituto deveria ser criado no âmbito e sob a tutela do Ministério dos Negócios Estrangeiros). O Instituto Camões necessita imperiosamente, porém, da atribuição de um orçamento condigno, à semelhança, proporcionalmente, do orçamento que o Governo de Espanha concede ao Instituto Cervantes.

E por falar de Espanha, seja-me permitido tecer algumas reflexões sobre a política da língua portuguesa em relação a Espanha. Como é sabido, o ensino da língua espanhola, em Portugal, tanto no ensino básico e secundário como no ensino superior, tem conhecido um crescimento excepcional. Também é verdade, em contrapartida, que o ensino da língua portuguesa tem tido um incremento assinalável em Espanha. A Universidade Autónoma de Madrid, por exemplo, com o apoio forte do Instituto Camões e da Embaixada de Portugal e graças ao desvelo empenhado do Prof. Tomás Albaladejo, que foi durante anos ilustre *decano* da sua Faculdade de Filosofia e Letras, tem tido um aumento notável de alunos nas áreas de língua e literatura portuguesas. A Universidade de Salamanca, onde o Prof. Ángel Marcos de Dios tem realizado um trabalho fecundo, ao longo de muitos anos, na área dos estudos portugueses, é um grande centro de ensino e de aprendizagem da nossa língua e da nossa literatura. As Universidades da Galiza, por razões geolinguísticas, históricas e culturais, têm uma importância especial na nossa política da língua em Espanha. Os investimentos que o Instituto Camões tem feito e vier a fazer nestas Universidades têm uma rendibilidade assegurada. Na Universidade de Santiago de Compostela, onde ensinam e investigam dois grandes estudiosos e amigos da língua e da literatura portuguesas, os Professores José Luis Rodriguez e Elias Torres Feijó, a procura do ensino da língua, da literatura e da cultura portuguesas é tão significativa que a Universidade tem ao seu serviço três leitores: um de nacionalidade portuguesa, outro de nacionalidade brasileira e outro de nacionalidade angolana. Acho este exemplo admirável, porque reflecte estrategicamente o entendimento do fenómeno da mestiçagem e da crioulização, na acepção semiótica do termo, da língua portuguesa. Na Universidade da Corunha, no Departamento de Galego e Português, ensinam e investigam um dos mais conceituados e inteligentes estudiosos das literaturas pós-coloniais em língua portuguesa – o Prof. Francisco Salinas Portugal – e um brilhante especialista da literatura vanguardista portuguesa – o Prof. Carlos Martínez Pereiro, sendo de elementar justiça salientar que no programa editorial da Biblioteca-Arquivo Teatral Francisco Pillado Mayor, da responsabilidade do mencionado Departamento, têm sido publicadas excelentes edições de textos dramatúrgicos de autores portugueses (a última das quais, de elevada qualidade filológica, foi a edição de *O Fidalgo Aprendiz* de D. Francisco Manuel de Melo, elaborada pela Dr.ª Evelina Verdelho). E nas Universidades da Catalunha, dessa Catalunha a que nos ligam elos históricos e culturais tão antigos e relevantes, existe uma grande receptividade ao ensino da língua e da literatura portuguesas, com professores competentes e devotados.

Uma vertente da política *inter-nacional* da língua portuguesa que teve grande notoriedade e conheceu grande turbulência nos anos setenta e oitenta do século XX e que hoje tende a perder alguma importância é a do ensino da língua e da cultura portuguesas aos filhos dos emigrantes e dos luso-descendentes em diversos países europeus. A emigração para estes países, que alcançou números elevadíssimos ao longo do terceiro quartel do século passado, estagnou e regrediu, as segundas e terceiras gerações de emigrantes e luso-descendentes integraram-se em geral nos países de acolhimento e nos respectivos sistemas de ensino e a pressão sobre os departamentos de Educação do Governo Português abrandou. Há países, contudo, como o Luxemburgo e a França, nos quais as comunidades portuguesas são tão vultuosas que uma política concertada da língua portuguesa não pode deixar de lhes prestar a devida atenção.

Sabe-se que existe hoje uma nova vaga de emigração de trabalhadores portugueses para diversos países da União Europeia, em especial para Espanha, em cujas estradas, *pueblos* e cidades tenho encontrado, nos últimos anos, muitos compatriotas, vítimas do desemprego e do subemprego em Portugal. É esta, porém, uma emigração com características diferentes da de gerações anteriores, que por enquanto requer mais a atenção do nosso Ministério dos Negócios Estrangeiros e dos competentes serviços diplomáticos e consulares em matérias atinentes à salvaguarda dos direitos do trabalho e da segurança social desses emigrantes do que em áreas relativas ao ensino da língua e da cultura portuguesas.

A política da língua portuguesa tem uma dimensão nacional que, não se sobrepondo ou não coincidindo obviamente com a política *inter-nacional*, tem com esta uma relação estreita e indissociável, porque é a política da língua portuguesa, na sua dimensão nacional, que proporciona e condiciona a formação de professores, a edição das obras mestras, clássicas, canónicas – a acumulação aqui só peca por defeito – da língua e da literatura portuguesas, a elaboração de gramáticas e dicionários e a preparação de adequados instrumentos pedagógicos e didácticos, seja no suporte tradicional do livro, seja nos suportes propiciados pelas novas tecnologias de informação (neste domínio, a Universidade Aberta pode e deve ter uma função privilegiada).

Muito se tem feito nestes domínios, nem sempre bem, mas também nem sempre mal e muitas vezes bastante bem. Entendo, por exemplo, que a formação de professores de Português, desde a década de oitenta do século XX, conheceu uma acentuada melhoria na generalidade das Universidades portuguesas, com uma razoável formação científico-cultural e com uma indispensável e em geral boa formação pedagógica e didáctica. Sempre pensei, e continuo a pensar, que a criação nas Universidades portuguesas da disciplina de Didáctica do Português, da Didáctica da Língua e da Didáctica da Literatura, foi uma contribuição muito importante para a formação dos professores de Português. Pode-se discutir qual o território departamental mais adequado para a sua localização ou inserção institucionais, mas essa é outra questão.

Tenho algumas dúvidas, porém, sobre a ajustada preparação científica, pedagógica e didáctica dos professores de Português para o 1.º e 2.º ciclos do ensino diplomados pelas Escolas Superiores de Educação, com uma ou outra excepção. E esta é uma área absolutamente crucial do ensino do Português, onde as boas sementes renderão magníficos frutos futuros, mas onde as sementes sáfaras ou inquinadas originarão uma infertilidade irremediável, sem reversão ou com uma reversão muito trabalhosa e aleatória. Esta é uma das áreas onde, segundo julgo, se devia restringir, em nome de valores superiores, a autonomia do ensino superior na elaboração dos seus planos de estudos, estabelecendo-se, como nas Universidades de Espanha, por exemplo, a existência de disciplinas troncais comuns, que assegurassem a sólida formação científica dos licenciados e que facilitassem também a circulação dos alunos por instituições de ensino diferentes. Confundir a autonomia do ensino superior com um regime de feudalização disciplinar e curricular em que cada doutor, muitas vezes recém-doutor, desenha e reserva o domínio disciplinar do seu próprio e exclusivo interesse, é um erro que se paga caro em qualquer área do conhecimento, mas que tem efeitos catastróficos na formação de professores.

Infelizmente, o chamado processo de "bolonhização" do nosso ensino superior, sem prejuízo de alguns marginais aspectos benéficos que apresenta, não traz consigo, nesta como noutras áreas, horizontes de bons augúrios, porque originou, como era de esperar, uma competição feroz entre os departamentos e as áreas disciplinares com responsabilidades e interesses no estabelecimento e na aprovação dos planos de estudos. Dizia-me, há dias, um professor catedrático da Faculdade de Letras da Universidade de Lisboa, que muito admiro sob todos os pontos de vista, que na sua Escola, como noutras, se estava a viver, sem o *ethos* revolucionário, um novo PREC.

No que diz respeito à formação de professores de Português, preocupa-me particularmente o dissídio, para não dizer o conflito, entre as áreas de estudos linguísticos e de estudos literários, que terá inevitavelmente consequências nefastas nas competências dos professores e na preparação dos alunos dos ensinos básico e secundário. Bem bastou a liberalidade com que diversa legislação avulsa, ao longo das últimas décadas, contemplou putativos candidatos à docência de Português que não eram detentores de graus académicos adequados a tal ensino. Se o Ministério da Educação não regular devidamente o sistema, através de mecanismos rigorosos e justos no acesso à carreira docente, a política nacional da língua portuguesa irá ser uma catástrofe no sistema educativo.

Só professores com uma sólida formação cultural, científica e didáctica poderão fazer uma gestão contextualmente autonomizada dos programas, saberão ser activos mediadores dos manuais, serão capazes de inovar e de transformar o espaço da aula num espaço de criatividade e de liberdade crítica e responsável.

Qualquer política nacional da língua portuguesa deve atribuir à leitura uma função privilegiada na aprendizagem e no cultivo da língua e, para utilizar o título emblemático de uma obra do linguista Jean-Claude Milner, no "amor da língua". As estruturas fonológicas, lexicais, morfológicas, sintácticas e semânticas da língua, transversalmente impregnadas, orientadas e fecundadas por vectores pragmáticos, servem aos homens para comunicarem entre si, para se exprimirem, para se conhecerem e para conhecerem o mundo, para conservarem conhecimentos adquiridos e para construírem novos conhecimentos, para criarem heterocosmos ficcionais e poéticos, através de textos. Tal como a gramática ou a linguística do texto, numa perspectiva actual, é o coroamento da investigação gramatical e linguística, assim a leitura e a interpretação dos textos, na sua diversidade genológica e tipológica e na diversidade dos seus suportes, devem ser consideradas como o coroamento do processo de aprendizagem, como a sua *energeia* contínua e como a indispensável e desejável ponte para a produção de textos.

Desde há alguns anos, após o nunca assaz louvado programa de leitura pública concebido e posto em prática pela Fundação Calouste Gulbenkian, o Ministério da Cultura e as autarquias municipais têm criado, em muitas cidades e vilas do País, bibliotecas de leitura pública modernas e aprazíveis, com espaços próprios para os leitores jovens, dotando essas bibliotecas com patrimónios bibliográficos de boa qualidade. Houve, igualmente, por parte do Ministério da Educação, um significativo investimento na melhoria global e no apetrechamento bibliográfico da rede das bibliotecas escolares e no incentivo à leitura no âmbito das escolas do ensino básico e do ensino secundário. Foi criado recentemente, como é sabido, um Plano Nacional de Leitura, do qual se esperam justificadamente resultados muito positivos.

Por outro lado, muitos docentes e investigadores do ensino superior e de outros níveis do sistema educativo têm publicado, nos últimos anos, numerosos e interessantes estudos sobre a leitura, sobre a formação de leitores, sobre as comunidades de leitores, sobre as bibliotecas escolares, sobre o texto literário na escola, etc., demonstrando inequivocamente a relevância científica, cultural e educativa desta problemática. Nunca, na história, foi tão importante saber ler e interpretar textos como neste mundo contemporâneo no qual quotidianamente são produzidos e circulam milhões de textos, escritos e orais, desde o ciberespaço até à televisão, à rádio, aos jornais, às revistas, aos livros, aos cartazes da publicidade, etc. Muitos destes textos são "lixo" informativo, mas para etiquetá-los como "lixo" é indispensável possuir a competência textual apropriada, que vai desde factores de ordem linguística e factores de ordem pragmática até uma enciclopédia alargada e bem construída. Esta é uma área nuclear para a formação ética e cívica dos jovens – e o contributo da Escola para tal formação é insubstituível.

Neste domínio da política da leitura, verifica-se uma lacuna grave, que eu e tantos outros, entre os quais destaco o meu amigo Vasco

Graça Moura, temos repetidamente deplorado: a inexistência de uma biblioteca de escritores clássicos, *lato sensu*, da língua portuguesa. O programa do Instituto do Livro e das Bibliotecas para apoiar, em parceria com diversas editoriais, as "Obras Clássicas Portuguesas", foi um clamoroso fracasso: salvo num ou noutro caso – e muito me apraz relevar a excepção representada pela edição, em dois volumes, das *Obras métricas* de D. Francisco Manuel de Melo (Braga, 2006), sob a acurada coordenação científica de Maria Lucília Gonçalves Pires e de José Adriano de Freitas Carvalho –, as edições publicadas não têm qualidade filológica, nem sob o ponto de vista ecdótico, nem sob o ponto de vista das anotações, nem sob o ponto de vista dos estudos introdutórios. O programa dispersou-se por várias editoras, que aproveitaram a oportunidade de receber alguns subsídios, nunca tendo dado origem, como atrás disse, a uma *biblioteca*, no sentido editorial do termo. Ainda por cima, o preço de venda é elevado.

O que é necessário é conceber e realizar uma biblioteca de "autores clássicos portugueses" que, neste início do século XXI, com os novos e importantes conhecimentos entretanto proporcionados pela filologia, pela história da língua e pela história da literatura, seja o equivalente contemporâneo da memorável "Colecção de Clássicos Sá da Costa", que ainda hoje é indispensável a leitores e a investigadores. Com um pouco mais de ambição, dever-se-ia pensar numa *biblioteca* como a das *Letras Hispánicas* da editorial madrilena Cátedra, hoje com mais de seiscentos volumes publicados, quase todos de elevadíssima qualidade filológica, histórico-literária e hermenêutica, com preço reduzido, abarcando os autores "clássicos" desde a Idade Média até autores recém-falecidos ou ainda vivos e integrando no seu catálogo autores espanhóis, argentinos, mexicanos, uruguaios, etc. O Ministério da Cultura deveria negociar com uma grande editorial portuguesa e com uma grande editorial brasileira a publicação de uma biblioteca semelhante, na qual figurassem os autores "clássicos" portugueses, brasileiros, cabo-verdianos, angolanos e moçambicanos. Seria, este sim, um marco estelar na política da língua e da política da leitura em todo o mundo lusófono, porque uma política da leitura que se limitar a reduzir os números das estatísticas da iliteracia – o que só por si, obviamente, é um objectivo de alta importância –, condena-se a não desvelar aos jovens, às mulheres e aos homens deste País, os horizontes de memória cultural, de capacidade crítica, de consciência cívica e de fruição estética que a leitura proporciona.

Só com uma biblioteca assim configurada – monumento à língua portuguesa, na sua unidade e na sua diversidade –, poderia um cânone dos escritores da língua portuguesa – um cânone aberto, móvel, mas não arbitrariamente alterado de tantos em tantos anos por qualquer autor de um programa de Português para os ensinos básico e secundário – ocupar um lugar central no ensino do Português, no ensino da língua escrita pelos autores que melhor a conheceram, cultivaram e amaram, no ensino das memórias culturais que nessa língua secularmente se sedimentaram, metamorfosearam e refloresceram e no ensino das grandes criações estético-literárias que nela se plasmaram.

Braga, Maio de 2007

21.
Da língua na política à política da língua

É uma evidência, expressa amiúde através de sondagens de opinião e de inquéritos realizados e publicitados por órgãos da comunicação social, que um elevado número de cidadãos da Europa contemporânea manifesta uma crescente indiferença e uma forte desafeição, senão mesmo hostilidade e desprezo, em relação à política e aos políticos.

Este mal-estar é um fenómeno antigo, cujas causas e manifestações variam ao longo dos tempos, tendo um filósofo político chegado já a afirmar que "a história poderia escrever-se como a modificação dos motivos deste mal-estar"[1].

Se nos ativermos ao âmbito da história política portuguesa durante o período que podemos denominar, com Oliveira Martins, o "Portugal contemporâneo", haveremos de reconhecer que a obra-prima do limiar da nossa modernidade literária, as *Viagens na minha Terra* de Almeida Garrett, escrita por quem contribuiu de modo relevante, tanto no plano da acção militar, diplomática e parlamentar como no plano das ideias, da cultura e das letras, para o triunfo da modernidade política, constitui um desencantado requisitório contra a degeneração dessa mesma modernidade política e sobretudo contra a oli-

---

[1] Cf. Daniel Innerarity, *La transformación de la política*, Barcelona, Ediciones Península, 2002, p. 11.

garquia político-financeira que confiscara em seu benefício os sonhos e os ideais de uma geração que sofrera e lutara nas prisões, no exílio e nos campos de batalha. Cerca de uma década somente após a queda do *ancien régime*, as *Viagens na minha Terra* são o epitáfio de um desastre nacional irresgatável que alanceou os mais belos e altos espíritos da "intelligentsia" portuguesa do século XIX, de Herculano a Antero de Quental, de Camilo a Eça de Queirós e a Fialho de Almeida, de Ramalho Ortigão a Oliveira Martins.

Se procedermos à anatomia da crise da consciência nacional que percorre patologicamente o regime parlamentarista português, desde o seu início até à implantação da República, encontraremos uma multiplicidade de causas, mas, em relação ao descrédito em que se atolou a classe política, identificaremos uma causa recorrente: a vacuidade do discurso como espelho da vacuidade do pensamento, a discordância entre o discurso dos próceres políticos e a realidade social, cultural e económica do país, a discrepância clamorosa entre as palavras e os factos, entre as promessas e as acções, entre o dito e o feito.

O Dr. Libório Meireles, personagem de *A queda de um anjo* de Camilo Castelo Branco, moldada, segundo o testemunho paratextual do próprio romancista, à imagem de um conhecido parlamentar e ministro da época, o Dr. Aires de Gouveia, é o exemplo grotesco do político cujo discurso alienado se desenvolve numa magniloquência à margem da situação e dos problemas do país real, carecendo portanto de representatividade e de legitimidade democráticas. Camilo, como o Eça criador dos Gouvarinhos, Abranhos e quejandas luminárias políticas, tinha clara consciência da relevância da linguagem e das práticas discursivas na actividade política, em particular na actividade política desenvolvida no parlamento, que é a instituição, como a própria etimologia da palavra ensina, onde se negoceia a solução dos problemas, onde se conferencia, onde se procura, através da palavra e do diálogo, um entendimento entre as opiniões e os interesses divergentes ou opostos.

A descoberta da importância fundamental da linguagem, das práticas discursivas e argumentativas, na política foi uma das mais luminosas e perduráveis conquistas do génio grego e uma das mais valiosas heranças que a Europa ficou a dever à Hélade. Há cerca de vinte e seis séculos, na "magna Grécia", na cidade de Siracusa, foi inventada a *retórica*, a arte que ensinava a organizar, a fundamentar e a desenvolver o discurso argumentativo para se alcançar, pela convicção e por meios persuasivos, a solução de problemas, de desavenças e de litígios, tanto nas assembleias políticas como nos tribunais. Depois, na Atenas democrática, a retórica conheceria um florescimento admirável que viria a culminar com Aristóteles, que conferiu à *retorikē technē* legitimidade filosófica e dignidade sistemática. O génio pragmático, jurídico e político de Roma haveria de colocar uma esplenderosa abóbada no imponente edifício da retórica clássica com as *Instituições Oratórias* de Quintiliano.

A constituição da retórica, na Sicília, teve uma motivação imediata de ordem prática: após a morte de um tirano local, que se apoderara das terras de muitos cidadãos, tornava-se necessário devolver, de modo justificado, ordenado, consensual e pacífico, as terras espoliadas aos seus legítimos donos. Foi então que Córax e Tísias, segundo o testemunho de Cícero, elaboraram a retórica como a *technē* do discurso argumentativo que regularia o debate judicial, de modo a alcançar-se uma solução satisfatória entre as partes em litígio, evitando-se a arbitrariedade e a violência. A retórica, arte do discurso e da razão – na língua grega, tanto o discurso como a razão se designam com a mesma palavra, *logos* –, nasce e desenvolve-se assim em estreita relação com a justiça e com a política, prestando acurada atenção ao factor da *oportunidade* (*kairós*) e à categoria do *prépon*, isto é, do que se ajusta perfeitamente à *situação*. Os dois géneros discursivos mais importantes de que se ocupa a retórica são exactamente o *genus iudiciale*, ou seja, o género judicial ou forense, e o *genus deliberatiuum*, isto é, o género deliberativo ou político, sendo que o terceiro género da retórica, o género demonstrativo ou epidíctico, tem frequentemente intersecções quer com o género forense, quer com o género político.

A retórica é uma *arte* (*technē*) de cidadãos livres e civilizados, é uma *arte* característica e própria de cidades democráticas e de sociedades abertas, inimiga da violência e da imposição de soluções pela força. No diálogo de Platão intitulado *Filebo* (58 a), um interlocutor recorda a Sócrates que Górgias, um dos sofistas que mais contribuiu para o desenvolvimento da retórica, dizia a cada momento que a arte de persuadir prevalecia sobre as demais artes, pois que dominava todas as coisas a bem e não pela força. Assim se compreende que a retórica tenha sido condenada por Platão, adversário da *polis* democrática e da sociedade aberta, e que tenha sido perseguida e proibida pelos tiranos, que não necessitavam de debater, de argumentar e de persuadir. A retórica desvela as dimensões relativistas, probabilistas e contingenciais de toda a prática política e por isso o discurso da retórica é incoadunável com qualquer totalitarismo e qualquer fundamentalismo ideológico-político.

No seu entendimento eminentemente pragmático do discurso, do discurso como acção, a retórica presta uma atenção privilegiada ao interlocutor e ao auditório. A retórica é uma extraordinária máquina de produção do discurso, desde a *inuentio* e a *dispositio* até à *elocutio* e à *pronuntiatio*, mas as estratégias e os preceitos retóricos sobre a produção discursiva incorporam como elementos fundamentais os destinatários, as circunstâncias e os objectivos dos actos discursivos. A quem se fala? Onde e quando se fala? Quais as finalidades visadas? A retórica propõe e advoga um discurso político eminentemente *polifónico*, no sentido bakhtiniano do termo, porque sabe que os auditórios são eminentemente *poliacroásicos*, em função da sua competência linguística e da sua competência hermenêutica, em função das suas crenças, das suas opiniões, dos seus interesses, das suas paixões, etc. Por conseguinte, o discurso político mais eficaz será o discurso que, na sua *polifonia*, melhor se adequar à *poliacroasis* dos seus destinatários e dos seus múltiplo receptores[2].

---

[2] O termo e o conceito de *poliacroasis* foram propostos, em diversos estudos, pelo Professor Tomás Albaladejo Mayordomo, a quem se devem valiosos

Como arte da argumentação e da persuasão, a retórica sabe que no discurso político devem confluir elementos cognoscitivos e elementos emotivos, as razões de ordem lógica e as razões que Pascal viria a denominar as razões do coração. O discurso político tem de possuir uma base de sustentação racional, em relação aos fins, aos meios e às estratégias da acção política, mas só será persuasivo, só influenciará eficazmente a opinião, a *doxa*, os juízos e as decisões do auditório, se incorporar e manifestar o *ethos* do emissor, os sentimentos e as emoções do próprio orador – se queres comover-me, comove-te tu primeiro, segundo o famoso preceito de Horácio –, e se se adaptar às emoções e às paixões dos ouvintes, sabendo falar ao seu coração e à sua alma.

Os efeitos psicagógicos do discurso político pressupõem e requerem, por conseguinte, argumentos de ordem racional e razões de ordem psicológica, mas também factores de ordem formal, de ordem estilística e de ordem estética. Se a gramática é a *ars recte dicendi*, a retórica é a *ars bene dicendi*, a arte que na *dispositio*, na *elocutio* e *na pronuntiatio* ensina a captar a atenção e a seduzir os ouvintes pela adequação, pela elegância e pela beleza da expressão. A retórica coligiu, sistematizou e caraterizou um riquíssimo repositório de meios expressivos, dentre os quais avultam as figuras de dicção e as figuras de pensamento, em especial os tropos, a metáfora, a metonímia e a sinédoque, que criam novas relações entre as palavras e entre as palavras e o mundo, que tornam moventes os significados, que desautomatizam o discurso, que apelam à fantasia e à imaginação.

Os grandes mestres da retórica – mencionarei em especial Aristóteles, Cícero e Quintiliano – nunca conceberam, porém, o discurso político como um exercício de virtuosismo dialéctico e formal disso-

---

contributos para o conhecimento da retórica. Veja-se, em especial, o seu estudo "Polifonía y poliacroasis en la oratoria política. Propuestas para una retórica bajtiniana", *Retórica, política e ideología: Desde la Antigüedad hasta nuestros días.* Actas del II Congreso Internacional de Logo, Salamanca, Universidad de Salamanca, 2000, vol. III, pp. 11-21.

ciável da ética. O orador político que fala ao auditório de justiça, de bem comum, de interesse público, deve ser ele próprio um homem justo, um cidadão empenhado e generoso, um homem que não falta à verdade e, segundo as palavras memoráveis de Quintiliano, um homem absolutamente honrado. A definição do orador formulada por Quintiliano, no livro XII das *Instituições Oratórias*, como *uir bonus dicendi peritus,* demonstra que a retórica e a oratória políticas só ganham legitimidade se tiverem fundamentos e objectivos de ordem ética e social. Não pode haver dissonância entre o que se diz e o que se faz, entre o que se diz e aquilo que se é. O político deve saber aproveitar a oportunidade, mas não deve ser oportunista; deve ser flexível e adaptativo para obter acordos e compromissos, mas não deve ser camaleónico, nem hipócrita, nem mentiroso. Nesta perspectiva, a retórica integra na política uma dimensão ética incontornável e converte-se por conseguinte numa *paideia* tanto dos aspirantes a políticos como dos cidadãos em geral.

O espírito eminentemente político, dialógico, argumentativo e democrático da retórica grega e latina obliterou-se e perverteu-se na Europa pós-renascentista com os regimes monárquicos absolutistas, pois que o fulgor de qualquer "rei-sol" irradiava soberano sobre súbditos dóceis e fiéis. Foi uma época de decadência da retórica, que se converteu em instrumento obediente do poder político e do poder religioso, que se *literaturizou,* dilapidando e esgotando as suas virtualidades num ensino formalista que concitou as críticas severas dos grandes pensadores da modernidade racionalista e científica, desde Descartes a Kant.

Esse espírito eminentemente político, dialógico e democrático da retórica renasceu, porém, com a constituição, ao longo do século XVIII, de uma "esfera pública" de opinião e de pensamento, que se distingue tanto da esfera do Estado como da esfera da vida privada, na qual participam cidadãos que, independentemente do seu estatuto social e económico e à margem de quaisquer privilégios, se congregam para analisarem e discutirem questões de literatura, arte, ciência, história, economia, moral, teorias e práticas políticas. Assim se institucionalizou e ganhou força a opinião pública, formada nas academias, nos clubes, nos salões, nos cafés, nas gazetas e nos livros, sem subserviência aos dogmas das Igrejas nem aos imperativos dos Estados. A existência e o funcionamento da esfera pública possibilitaram o exame crítico e o debate argumentativo dos grandes problemas políticos, sociais, morais e culturais e foi graças à interacção discursiva assim gerada que os cidadãos assumiram e exprimiram a sua liberdade e se co-responsabilizaram na construção da cidade. Foi este um dos contributos mais relevantes do Iluminismo para a modernidade política e social da Europa e esta é uma herança de que a Europa contemporânea se deve justamente orgulhar e que tem de preservar, defender e aprofundar, contra as múltiplas ameaças que sobre ela impendem. "A esfera pública", escreveu Alexander Kluge, um discípulo de Theodor Adorno que é co-autor de uma obra fundamental sobre a esfera pública burguesa e proletária[3], "é o espaço onde os conflitos são decididos por outros meios que não a guerra". Esta tinha sido a lição proclamada por Górgias há vinte e cinco séculos, este é o legado autêntico da retórica greco-latina, este é o fundamento antropológico e político-moral dos *studia humanitatis*.

Desde as primeiras décadas do século XIX, a retórica sofreu uma espécie de banimento imposto pela filosofia da linguagem do idealismo alemão e pela poética expressivista do Romantismo. Todavia, a retórica continuou a ser ensinada nas escolas públicas e nos colégios particulares de toda a Europa continental até cerca do último quartel do século XIX – a maior parte dos políticos europeus deste século teve ainda na retórica um dos pilares da sua educação – e manteve, não por acaso, uma posição de relevância nas escolas secundárias e nas Universidades do Reino Unido e dos Estados Unidos da América. Foi exactamente no espaço linguístico, filosófico e científico

---

[3] Cf. Oskar Negt e Alexander Kluge, *Public sphere and experience. Toward an analysis of the bourgeois and proletarian public sphere*, Minneapolis – London, University of Minnesota Press, 1993.

anglo-saxónico que a retórica refloresceu desde meados do século XX, em estreita relação com a filosofia analítica e com o pensamento pragmatista norte-americano. Perspectivar a linguagem verbal e o sistema linguístico nas relações com os seus usuários e os contextos da sua utilização, analisar os enunciados como formas de vida, como modalidades de acção, como instrumentos performativos e como actos sociais, constituiu uma revolução da filosofia da linguagem preparada pela semiótica de Charles S. Peirce e de Charles Morris e levada a cabo, desde meados do século XX, por filósofos como Wittgenstein, John Austin, John Searle e Herbert Paul Grice.

A descoberta por John Austin, nas suas *William James Lectures* realizadas em Harvard em 1955 e publicadas em 1962 num pequeno livro póstumo intitulado *How to do things with words*, de que, ao lado de enunciados *constatativos* que descrevem a realidade, existem enunciados *performativos* que realizam na sua proferição uma acção – prometer, ordenar, garantir, etc. –, de que há acções que só podem ser realizadas com enunciados performativos, desde que as circunstâncias de enunciação sejam convencional e institucionalmente apropriadas, de que os enunciados performativos, para além da sua dimensão *locutiva*, regulada pelo código linguístico, possuem uma dimensão *ilocutiva* e uma dimensão *perlocutiva* que transcendem a codificação do sistema linguístico, abriu novos horizontes para o conhecimento da linguagem verbal, para o conhecimento da língua como uso, para o conhecimento de fenómenos discursivos não codificados, mas fundamentais na interacção discursiva, como as pressuposições, os implícitos, as implicaturas, os actos de fala indirectos, a ironia, etc. A pragmática, termo adoptado por Charles Morris para designar a subdisciplina da semiótica que analisa as relações dos signos com os seus intérpretes e com os seus contextos, permite superar no estudo dos fenómenos discursivos as limitações da linguística estruturalista, centrada na língua como sistema e como código, e da linguística gerativa, centrada na língua como competência. Ao contrário do que alguns pensam e afirmam, a pragmática não veio revelar ou demonstrar quaisquer limitações da linguagem verbal, bem pelo contrário, veio revelar a existência de extraordinárias potencialidades e capacidades cognitivas, comunicativas e performativas da linguagem verbal. Veio revelar, isso sim, as limitações da linguística como ciência do sistema linguístico e como ciência da competência linguística.

Ora, como tem sido reconhecido, a retórica *recepta*, as neo-retóricas desenvolvidas por Perelman, pelo grupo µ da Universidade de Liège, etc., e a pragmática são disciplinas profundamente congeniais, mas com uma diferença, a meu ver, relevante: a retórica é uma arte eminentemente *poiética*, no sentido etimológico do termo, é uma arte orientada para a produção do discurso e é uma arte eminentemente política, uma arte da participação cívica, ao passo que a pragmática é uma disciplina eminentemente técnica, com o rigor conceptual e terminológico caraterístico da filosofia analítica (o que não significa que os conhecimentos por ela proporcionados não sejam de alto interesse para a actividade política em geral e em particular para o *marketing* político).

Na política das sociedades complexas contemporâneas, adensam-se preocupantes zonas de opacidade que tornam as relações dos cidadãos com o poder político marcadas pela suspeita, pela indiferença e pela desilusão. Nestes tempos de concentração brutal do poder económico – a globalização tem favorecido uma espécie de feudalização do capitalismo –, os grandes grupos económico-financeiros, na sua cumplicidade com o Estado, introduzem no funcionamento do sistema político as tais zonas de opacidade profundamente antiliberais e antidemocráticas. O mesmo se diga dos grandes grupos de comunicação social, que capturam e manipulam a opinião pública, também muitas vezes em cumplicidade com o Estado e com os gigantescos grupos económico-financeiros de que dependem directa ou indirectamente. As maiorias políticas adoptam frequentemente comportamentos autoritários e até autistas, porque reivindicam sistematicamente a posse da verdade e da razão, fechando o horizonte de um diálogo autêntico não apenas com as oposições, mas com a sociedade em geral. Os gestores, os técnicos e os *experts* arrogam-se, sem legitimidade democrática, o direito de gerir o Estado e até de gerir a história, confiscando em seu benefício o político. Ora, nestes tempos de "modernidade reflexiva", quando o progresso e as catástrofes são indissociáveis, quando a ciência e a técnica geram continuamente imprevisíveis mudanças económicas, sociais e culturais, quando nas sociedades do conhecimento se auto-organizam e se autonomizam cada vez mais sistemas complexos com dinâmicas centrífugas, configurando sociedades policêntricas e heterárquicas, quando os Estados perdem, cedem ou delegam considerável parte dos atributos clássicos da soberania, quando as fronteiras nacionais se tornam porosas ou são apagadas e elididas, desterritorializando os vários poderes, torna-se urgente que a política recupere o seu sentido autêntico e específico. Como escreve um filósofo espanhol contemporâneo, "o especificamente político é aquela dimensão dos problemas que não podem resolver adequadamente" os cientistas, os militares, os moralistas ou os economistas; fazer política "é situar as coisas num âmbito de pública discussão, arrebatando-as aos técnicos, aos profetas e aos fanáticos"[4]. Argumentar, confrontar ideias e propostas de solução dos problemas, explicar, persuadir e ser persuadido, buscar a cooperação, a convergência e o acordo, são os caminhos para construir e manter a racionalidade política. E como pedra de canto de todo o edifício da política encontram-se a língua e o discurso.

O poder político teve sempre consciência da importância do capital simbólico por excelência que é a língua. Colocar a língua ao seu serviço, domesticar a língua, impor a censura à língua são tentações e aspirações do poder político em todos os tempos.

Em termos de memória histórica, o conceito e a expressão de "política da língua" podem suscitar justificadas preocupações e acordar velhos demónios. Lembremos que o "bárbaro" é o que não fala a língua da *polis* ou do império que definem a legitimidade, a lei e a

---

[4] Cf. Daniel Innerarity, *op. cit.*, p. 27.

norma e que, por isso mesmo, pode ou deve ser excluído, como *alienus*, da p*olis* ou do império. O princípio de que a língua é companheira do império, tomando-se "império" como metáfora do poder político, se for entendido como princípio da razão de Estado, pode conduzir à exclusão político-social e mesmo ao aniquilamento das minorias linguísticas. Valha, por todos, como exemplo a política linguística jacobina concebida e executada na Revolução Francesa pelo célebre *Abbé* Grégoire. E recordemos o papel central da política da língua na formação e na radicalização dos nacionalismos românticos e pós-românticos e nos conflitos, muitos deles ainda acesos, desencadeados e alimentados por tais nacionalismos.

Por outro lado, numa perspectiva pós-colonial, à luz da qual tem de ser analisado o caso da língua portuguesa, o conceito e a expressão de "política da língua" têm de ser entendidos e manejados com a devida cautela – o que não significa com intenção reservada e menos ainda com hipocrisia –, a fim de não introduzir nas sempre complicadas relações pós-coloniais quaisquer ambições ou assomos neocolonialistas. A potência ex-colonizadora pode ter a tentação, mesmo se inconscientemente, de se considerar a legítima proprietária da língua e até uma espécie de sacrário da autenticidade da língua e de pretender impor essa língua "autêntica" aos países por ela colonizados. Se tal tentação, do ponto de vista político, seria uma estupidez e um desastre, do ponto de vista linguístico, seria um desastre e um absurdo, porque a língua, nas palavras do grande linguista italiano Benvenuto Terracini, é uma "liberdade livre", não podendo qualquer legislação ou qualquer acordo diplomático modificar as visões do mundo, as experiências de vida, as memórias comunitárias, os estilos de vida que modelam diversamente uma língua, desde o ritmo, verdadeira respiração corporal da língua, até ao léxico e à semântica.

Como sublinhou o escritor mexicano Carlos Fuentes, numa admirável crónica publicada no jornal madrileno *El País* de 17.04.04, o grande segredo da vitalidade, da criatividade e da irradiação da língua espanhola, nos dias de hoje, é a *mestiçagem*, que é o princípio simbiótico e fecundador oposto à "pureza de sangue" que regulou a semiose colonial, norteada por uma razão eurocêntrica que a si mesma se proclamou como razão universal. O princípio da mestiçagem pressupõe uma comunhão de afectos; uma partilha de memórias, de interesses e de projectos; um diálogo mutuamente enriquecedor; uma solidariedade que exclui qualquer discriminação; e uma igual dignidade reconhecida a todos os povos e países que têm como sua a língua espanhola.

Estes são decerto princípios que, no âmbito da CPLP, ninguém discutirá e ainda menos rejeitará. Torna-se indispensável, porém, corporizar os princípios, institucionalizar os princípios, operacionalizar os princípios, como tem sabido fazer a Espanha, nomeadamente através da Real Academia Española e do Instituto Cervantes. Cito o exemplo espanhol, porque ele tem sido de facto um êxito indiscutível na difusão, no ensino e no prestígio internacionais da língua e da cultura espanholas, podendo Portugal retirar dele preciosos ensinamentos. Há um ensinamento, porém, que quero aqui sublinhar vivamente: a Espanha tem efectivamente uma *política da língua espanhola*, uma política que, através de meios institucionais apropriados, reconhece e atribui à língua espanhola um papel primordial na construção e na consolidação das relações bilaterais e multilaterais da comunidade de países hispânicos, seja no plano do ensino, seja no plano da edição do livro, seja no plano da ciência e da tecnologia, seja no plano da economia, seja no plano das indústrias da cultura, etc. Quer dizer, a língua espanhola não é uma mera "bandeira de conveniência" sob a qual se acolham interesses legítimos e muitas vezes interesses espúrios. Ela é em si mesma, na sua unidade e na sua diversidade, na sua história, no seu presente e no seu porvir, um património comum que é necessário conhecer, de que é necessário cuidar, que é necessário enriquecer. Daí que grandes estudos lexicográficos, gramaticais, histórico-linguísticos e histórico-literários ocupem um lugar central na política da língua espanhola, porque esta é a galinha dos ovos de oiro que facilita e potencia o entendimento entre juristas, empresários, engenheiros, economistas, etc.

Em contraste chocante com o exemplo espanhol, no âmbito da CPLP, depois da morte anunciada do Instituto Internacional da Língua Portuguesa, pomposamente apadrinhado em São Luís do Maranhão, no dia 1 de Novembro de 1989, por sete Chefes de Estado, não existe nenhum organismo, nenhuma instituição, aos quais incumba a responsabilidade de defender e de ilustrar, segundo a conhecida fórmula renascentista, a língua portuguesa com que todos enchem a boca nas horas celebratórias e de que quase todos se esquecem na hora de a servir.

Uma política da língua, sobretudo se se tratar de uma língua plurinacional, pelo seu próprio objecto, pelas suas finalidades, pelos interesses envolvidos, pelos entendimentos que requer, exige uma participação activa do(s) Estado(s), mas também neste, como noutros domínios, muito pode e deve ser feito por instituições do sector público que disponham de adequada autonomia como por instituições do sector privado. A área do ensino, sobretudo do ensino superior, é uma área-chave em qualquer política da língua e por isso estou certo de que um dos grandes reptos que se colocam já no presente e se colocarão sobretudo no futuro aos países da CPLP será o de uma cooperação aprofundada em todos os sectores do ensino, mas principalmente no sector do ensino superior pós-graduado. O Instituto Piaget, com a sua presença activa em diversos países da CPLP, é um exemplo luminoso do que neste domínio pode ser feito, com sonho e com realismo. Aprender e ensinar em português é uma divisa áurea de qualquer política da língua portuguesa.

22.
A minha língua é Portugal

Desde a primavera esplendorosa da nossa lírica medieval até à pós-modernidade que porosamente perpassou por nós nos últimos anos, órfã absurda, em terras lusitanas, de uma modernidade cronicamente adiada, a língua e a cultura portuguesas enraizaram-se e floriram nesta orla periférica da Europa sempre em profunda relação com a Europa grega e romana, com a Europa românica, com a Europa germânica e, mais vaga e difusamente, com a Europa eslava.

Reduzido geograficamente a este rosto ocidental da Europa, longitudinalmente comprimido entre o enigma do oceano e a energia predadora de Castela, Portugal, desde os alvores da sua história, recebeu e importou ideias literárias, teológicas, filosóficas, jurídicas, médicas, etc., de regiões e centros culturalmente dinâmicos da Europa: a Provença, o norte da Itália, a Borgonha, a Flandres, Paris, Roma, Salamanca... Na literatura, nas artes plásticas, na teologia, na filosofia, no direito, na medicina, na astronomia, etc., as manifestações relevantes da cultura em Portugal, desde o século XII até ao século XX, só fazem sentido se integradas em contextos europeus, com as suas consonâncias e dissonâncias, as suas resistências, os seus retardamentos, os seus diversos ritmos de génese e desenvolvimento.

Com a expansão transmarina dos séculos XV e XVI, com o Império oriental, africano e brasileiro, a língua e a cultura portuguesas criulizaram-se topicamente, enriqueceram-se dialogicamente no comércio com outras gentes, outras línguas e outras culturas, reflectiram o conhecimento de outras terras e outras estrelas, mas o sistema e a dinâmica duma e doutra continuaram a ter o seu núcleo e o seu motor em matrizes europeias. Aliás, toda a semiose colonialista europeia – e o Império português, apesar da ideologia cruzadística que o inspirou, não contradita esta regra – denega, desqualifica e rasura impiedosamente os signos, as linguagens e os discursos dos colonizados, impondo-lhes a autoridade e a lógica dos seus próprios signos e códigos. E não houve mais radical semiose colonialista do que a do século XIX europeu, com fundamento e legitimação na razão eurocêntrica, mas proclamada universal, das Luzes setecentistas e dos seus avatares positivistas e cientificistas de Oitocentos.

Penso que um dos grandes dramas da *intelligentsia* portuguesa, pelo menos desde o Romantismo, é exactamente a consciência da nossa originária e radical pertença cultural à Europa e a consciência ressentida da nossa marginalidade e da nossa insignificância na polifonia da cultura europeia, com a consequência dolorosa para o nosso orgulho de a Europa "não reparar em nós" (as contemporâneas lamentações sobre o Nobel da literatura que ainda não temos[1], que por obscuras razões não nos atribuem, são uma metamorfose desta mágoa e deste ressentimento seculares)...

O Mar, o Império, a História do Futuro, o Espírito Santo, a Saudade, o Portugal-do-Minho-a-Timor, a Descolonização Exemplar, a Democracia de Sucesso – uma procissão de símbolos, de mitos, de fantasmas, de maiúsculas... – foram e têm sido confusamente lenitivos, falsos exutórios, compensações, justificações, projecções narcisistas e megalómanas, ópios e elixires de um Povo europeu sem voz na Europa e em branda convalescença, desde o século XVI, num hospício à beira-mar situado...

Um Povo, uma Nação, um País – a cada família doutrinária o seu altar... – não podem viver num ajuste de contas perpétuo com a

---

[1] À data da escrita deste estudo, ainda não tínhamos o Nobel José Saramago... (Nota do coord. Editorial).

História e consigo próprios, numa dialéctica interminável, ora cruel ora hipócrita, de culpabilizações e desculpabilizações políticas, ideológicas e geracionais, com depressões autoflagelatórias e delírios paranóicos... Quem nos livra do fascínio, dos fantasmas, das verdades e dos venenos de Oliveira Martins, essa voz desesperantemente incontomável das misérias, das insânias, dos sonhos e das esperanças da nossa Babilónia lusitana? Mas não para cairmos nas *arrancadas* africanas de Gonçalo Mendes Ramires, nem no estéril idealismo racionalista à Sérgio, nem na normalidade do viver salazarista, nem em ilusões anacronicamente revolucionárias, nem no pragmatismo míope dos que apenas contabilizam cifras e cifrões...

É necessário, é urgente fazer com que quatro séculos de história, quatro séculos de discursos que em grande parte construíram essa história, não se convertam em fatal herança que, numa espécie de determinismo inconsciente, nos condena colectivamente ao martírio inútil de Sísifos dessa história inexpiável...

A história não é um destino nem um caos. Os sentimentos, a inteligência, a liberdade e vontade dos homens contribuem para configurar e reconfigurar, muitas vezes de forma decisiva, a história em que somos e de que somos actores. Portugal perdeu, desde há séculos, o sentido da aventura e do risco, esqueceu o significado profundo da liberdade, enconcha-se gostosamente na rotina quotidiana, desconfia da inteligência e abdica facilmente da vontade. Como não relembrar os versos sem esperança de *Morte ao meio dia* de Ruy Belo? *No meu país não acontece nada... morre-se a ocidente como o sol à tarde... o meu pais é o que o mar não quer...* A liberdade, a inteligência e a vontade dos Portugueses é que têm de criar continuamente Portugal. A liberdade, a inteligência e a vontade autênticas não são passadistas, não são revolucionárias, não são niilistas; são criativas, isto é, são auto-regeneradoras, conservando e transformando os sistemas de valores que configuram a cultura e com os quais e pelos quais se constrói a história. Mas só olhando com lucidez – impiedosa, se assim for necessário – o passado, se pode olhar de frente o futuro.

Portugal sempre foi um país pequeno e pobre, que não soube enriquecer duradouramente com os Descobrimentos, que não teve capacidade para assimilar criativamente, para construir a modernidade iluminista e liberal, que não teve os meios, a energia e a audácia de explorar, com lógica capitalista e no tempo certo, as suas colónias africanas. A gente de um país pobre é gente sofrida, com receio da liberdade, vivendo a vida como uma fatalidade, subserviente e grata a esmolas, aproveitando com calculismo ladino as oportunidades, empenhada em sobreviver, mas incapaz de sonhar e edificar grandes projectos. Um país pobre não constrói escolas, não preza a ciência, considera a literatura, a música e outras artes como um luxo inútil e uma dissipação – embora admire embasbacado os perdulários Condes de Farrobo... –, e tem de acabar por acreditar na bem-aventurança da pobreza...

A adesão de Portugal à Comunidade Europeia obrigou – deveria ter obrigado... – os Portugueses a tomarem consciência da sua pobreza, do arcaísmo da sua economia, dos atrasos seculares da sua educação, da sua organização dos serviços de saúde, das suas instituições de cultura e ciência. Este confronto com a realidade deveria ter sido uma experiência histórica fundamental, civicamente entendida por todos como significando a necessidade urgente de transformar profundamente o País, de modo a ser possível alcançar, na era pós-industrial e pós-capitalista doutros países europeus, o estádio da modernidade que falhámos nos séculos XVIII e XIX. Não tínhamos, na década de oitenta, nem temos hoje qualquer outra alternativa com um mínimo de credibilidade. Só os milagres de santos que já não há permitiriam entrever novos caminhos...

Era necessário – é necessário – produzir riqueza, com uma agricultura, umas pescas, uma indústria e um comércio modernos. Produzir riqueza não é o mesmo que ter conjunturalmente riqueza proveniente de qualquer lotaria ou de mega-esmolas – tentação irresistível num povo de crónicos e astuciosos pedintes... Produzir riqueza é possível, de modo concertado e firme, com transformações profundas nas escolas, na educação, nas mentalidades, nos comportamentos. Só o aumento da nossa riqueza e o correlato desenvolvimento social, cultural, científico e tecnológico, possibilitarão que Portugal deixe de ser a "África" da Europa, que Portugal ganhe peso político e influência na União Europeia e fora da União, que Portugal, sem renunciar aos valores autênticos e vivos da sua identidade histórica, deixe de ser o enfermo prisioneiro das teias de uma história fatalisticamente herdada e assuma, como doutras vezes aconteceu ao longo dos séculos, um diálogo criador com as outras culturas europeias, com uma voz própria e com uma voz nova, porque a história é também construída com a liberdade e a vontade do homem, dos grupos sociais e das comunidades regionais e nacionais.

Em todos os tempos e em todos os lugares, a vida e a importância de uma língua estiveram ligadas à dinâmica do poder político, ao prestígio cultural, à riqueza económica da(s) comunidade(s) que a utiliza(m), ao potencial demográfico das populações que a falam e a escrevem. Os fenómenos da diglossia são bem reveladores da dependência das línguas em relação aos factores políticos, sociais e económicos. O francês foi, no século das Luzes, a língua da Europa culta, desde Lisboa a Moscovo, graças à hegemonia política, cultural e económica, na cena europeia, da França de Luís XIV e de Luís XV, tal como na segunda metade do século XX acontece com o inglês, mas agora à escala mundial, graças ao império norte-americano.

Sob este ponto de vista, a língua portuguesa nunca alcançou na Europa uma posição de relevo. Portugal, aliás, nunca esteve envolvido, ao contrário da Espanha, nas grandes questões e nos grandes interesses da política europeia (é curioso observar, no entanto, que esta presença capital da Espanha na política europeia, ao longo dos séculos XVI e XVII, dominando grandes áreas da península itálica e da Europa ocidental e central, não originou a difusão enraizada do castelhano nessas áreas transpirenaicas). A língua portuguesa só despertou algum interesse em centros universitários europeus, sobretudo alemães, com a constituição e o desenvolvimento, no início do século XIX, da Filologia Românica e só passou a ter alguma (pequena...) importância nos sistemas escolares de alguns países europeus com as ondas emigratórias dos anos sessenta e setenta deste século. São duas modalidades de presença da língua portuguesa na Europa que merecem algumas reflexões.

Em termos de prestígio cultural e de afirmação da nossa identidade nacional, é de importância inequívoca o ensino e o estudo da língua, da literatura e da cultura portuguesas nas Universidades europeias. Desde os anos trinta, com o Instituto de Alta Cultura, até à actualidade, com o Instituto Camões, criou-se uma rede razoável de Leitorados que pode e deve ser, em estreita cooperação com as Faculdades, os Departamentos e as Universidades em que se integram, um poderoso agente da nossa presença cultural na Europa e um importante vector da nossa política externa globalmente considerada. Temos tido muita dificuldade em compreender, ao contrário de países como a França e a Espanha, que a difusão da língua e da cultura de um povo, conferindo-lhe prestígio universitário, social e cultural, pode ter uma forte influência no comércio, no turismo e no mundo dos negócios. Quando, no âmbito da Comissão de Reforma do Sistema Educativo, subscrevi a proposta que conduziu à criação do Instituto Camões, defendendo a integração do Instituto no Ministério dos Negócios Estrangeiros, pensava exactamente nestas desejáveis sinergias do ensino da língua portuguesa em Universidades estrangeiras com a política externa e com os interesses económicos do País.

Torna-se indispensável que o Instituto Camões alcance rapidamente, após a sua recente transferência para o Ministério dos Negócios Estrangeiros, estabilidade institucional e capacidade operacional e que venha a dispor dos meios orçamentais necessários para criar institutos e centros em países como a França, a Espanha, a Alemanha, a Inglaterra e a Itália. A presença do Instituto Camões nestes países e o seu diálogo com as respectivas Universidades têm de obedecer a um programa rigorosamente pensado, com qualidade e dignidade. A improvisação, a desorganização e a indigência de recursos são os nossos piores embaixadores. Não se podem enviar Leitores para Universidades estrangeiras como caixeiros-viajantes desprovidos de "mercadorias" com que trabalhar.

Quantos Leitores, ao longo dos anos, não tenho ouvido queixarem-se da falta ou da precariedade dos apoios em materiais pedagógico-didácticos adequados? E que vergonha não é, em relação ao ensino da língua e da literatura portuguesas – em Portugal como no estrangeiro –, a inexistência de uma "Biblioteca de Clássicos Portugueses", organizada com rigor científico e com os devidos cuidados pedagógicos e didácticos? Em Espanha, existem diversas "bibliotecas" deste tipo, com edições quase sempre exemplares de autores clássicos, tanto antigos como modernos: os "Clásicos Alhambra", os "Clásicos Castalia", a "Biblioteca Clásica" da Editorial Crítica, os "Autores Hispánicos" da Editorial Planeta, as "Letras Hispánicas" das Edições Cátedra... Onde estão as edições análogas de *Os Lusíadas* e das *Rimas* de Camões, usando aqui Camões como a sinédoque de todos os autores clássicos da nossa língua? É necessário, é urgente que apareça uma nova colecção equiparável aos "Clássicos Sá da Costa" – monumento, apesar de todas as suas debilidades, dos anos quarenta e cinquenta do nosso século. Uma nova colecção organizada segundo critérios filologicamente seguros, incorporando os conhecimentos adquiridos nas últimas décadas, de modo a proporcionar uma nova leitura, isto é, uma nova vida, a tantos autores portugueses de que não se encontra hoje no mercado livreiro qualquer edição de qualidade ou, pura e simplesmente, qualquer edição.

A fixação de uma numerosa população de emigrantes portugueses em vários países da Europa ocidental, especialmente em França, a partir da década de sessenta, originou a necessidade de criar esquemas de ensino básico e secundário do Português nalguns desses países, logo desde o início dos anos setenta. Tratou-se de uma medida politicamente ajustada – um País com mais de três milhões de portugueses espalhados pelo mundo não pode alhear-se do ensino da língua e da cultura portuguesas junto das suas comunidades de emigrantes –, mas a história da sua concretização é uma história de crise quase permanente. E compreende-se sem dificuldade por que foi assim. Por um lado, a realização dessa política exigia estruturas de organização e de coordenação de serviços, professores qualificados, materiais pedagógicos e didácticos e meios financeiros de que o

Ministério da Educação e o Ministério dos Negócios Estrangeiros não dispunham; por outro lado, verificou-se, em muitos casos, uma lamentável instrumentalização político-partidária dos serviços e dos agentes de ensino. Apesar de todos os seus erros, de todas as suas insuficiências e debilidades, esta política contribuiu e tem contribuído para que muitos milhares de filhos de emigrantes portugueses fossem escolarizados na língua portuguesa, conhecendo alguma coisa da história e da geografia de Portugal, não cortando as raízes culturais com a sua pátria de origem. Em termos sociológicos, porém, este ensino, desenvolvendo-se em regime paralelo e em situação de desfavor relativamente ao ensino formal dos países de acolhimento, contribuiu negativamente, por exemplo em França, para o prestígio do ensino da língua portuguesa, pois que difundiu a imagem pública do português como uma língua "subalterna" e "desqualificada".

A herança que o Instituto Camões vai assumir neste domínio é uma herança complicada e melindrosa. A penúria de recursos financeiros – sempre o problema da nossa relativa pobreza... – e as dificuldades de organização e gestão não permitem que Portugal mantenha, em múltiplos países, subsistemas de ensino dispendiosos e pouco eficientes. Nos países da União Europeia com vultuosas comunidades de emigrantes portuguesas e luso-descendentes, a solução adequada, já posta em prática em muitos casos, consiste na integração – em conformidade, aliás, com directrizes comunitárias – do ensino da língua portuguesa no sistema educativo desses países, devendo o Instituto Camões, através dos seus institutos e centros, apoiar na medida do possível essas actividades de ensino.

Se a língua e a cultura portuguesas não são obviamente entendíveis à margem das suas matrizes e dos seus contextos europeus, também é verdade que elas, muito em particular a língua, não podem nunca ser consideradas, entendidas e avaliadas, à margem da sua existência multissecular em terras do Oriente, em terras de África e, sobretudo, em terras do Brasil. Do fulgor solar de Quinhentos, das grandezas e misérias do Império, da aventura lusíada pelos mares e por três continentes, o que ficou como mais valioso e perdurável contributo para a humanidade? Sem sombra de dúvida, a língua portuguesa do Brasil, a língua portuguesa das ex-colónias africanas, a língua portuguesa de Machado de Assis, de Baltasar Lopes, de José Craveirinha, de Pepetela. Com as suas variações, as suas diferenças, as suas metamorfoses, em íntima articulação com as experiências vitais, as tradições, as crenças e as mundividências de cada um dos povos a que pertence, mas também com uma espantosa unidade da sua gramática profunda. Uma língua que é um inestimável instrumento de comunicação nacional e internacional, de circulação da cultura e da ciência, de entendimento político, de cooperação no ensino e nas áreas económicas.

Sem esta dimensão brasileira, cabo-verdiana, angolana, moçambicana, guineense e são-tomense, a língua portuguesa seria muito mais pobre, enquanto instrumento de expressão e comunicação, enquanto universo textual que preserva raízes e memórias comuns e que se projecta para horizontes plurais. Por tudo isto, uma política consistente e inteligente da língua portuguesa tem de contemplar, com acurada atenção e generoso empenhamento, uma vertente brasileira e uma vertente africana. A importância da língua portuguesa no Brasil e na África projectar-se-á na importância da língua portuguesa na Europa comunitária. O prestígio e a difusão da língua portuguesa na Europa comunitária projectar-se-ão nas nossas relações linguísticas e culturais com o Brasil e os PALOP. Tudo passa, porém, de modo substantivo e insubstituível por nós próprios, por Portugal, ou seja, pela nossa capacidade, em termos de vontade política, de ensino, de investigação científica e de criação cultural, de valorizarmos o capital simbólico que é a nossa mais preciosa herança e o nosso mais importante investimento futuro – a língua portuguesa.

Uma língua, qualquer língua viva, é um sistema aberto, uma instituição ou um organismo – as metáforas epistemologicamente justificáveis são múltiplas – indissociáveis de uma comunidade humana, com o seu território, as suas instituições, a sua memória, a sua cultura, a sua economia. Por outras palavras, um língua é indissociável de um passado histórico comum e de uma vontade partilhada e quotidianamente reafirmada de construir o futuro. É por isso que a minha concepção da *língua portuguesa como Portugal* é radicalmente antagónica da fórmula emblemática do messianismo e do pessimismo niilista de Fernando Pessoa/Bernardo Soares – *minha pátria é a língua portuguesa* (fórmula antecedida por esta afirmação: "Não tenho sentimento nenhum político ou social"; e seguida por esta outra: "Nada me pesaria que invadissem ou tomassem Portugal, desde que não me incomodassem pessoalmente"). Uma fórmula que o analfabetismo cultural de muitos políticos trivializou euforicamente, não se entendendo que ela é o rosto mortuário do Portugal impossível de Pessoa. Para que a minha língua possa viver, na Europa e no resto do mundo, como *thesaurus* comum a diversos povos, como instrumento de comunicação nacional e internacional, como espaço de diálogo intercultural, é necessário que Portugal viva. Qual a razão por que não se entende que o autêntico diálogo pressupõe necessariamente a alteridade e, por conseguinte, a identidade própria e inalienável dos parceiros do diálogo? Contra a utopia linguística de Pessoa, contra o multilinguismo desenraizado e desumanizado, contra o imperialismo linguístico de quem quer que seja, contra o nacionalismo linguístico xenófobo de quem quer que seja, reafirmo, com sonho e realismo, fiel às minhas raízes históricas e aberto ao grande vento da Europa e do mundo, que a *minha língua, a língua portuguesa, é Portugal.*

Tábua de procedência dos ensaios

1. «Pequena Apologia das Humanidades: Contra os cépticos e contra os dogmáticos»: ensaio inédito.
2. «Reflexões tempestivas sobre a crise das Humanidades»: in Manuel Gama e Virgínia Soares Pereira (coord.), *As Letras/Humanidades. Presente e Futuro*, Braga, Instituto de Letras e Ciências Humanas - Centro de Estudos Humanísticos, 2006, pp. 11-28.
3. «As Humanidades e a cultura pós-moderna»: in *Actas do Colóquio A Antiguidade e nós: herança e identidade cultural*, Braga, Centro de Estudos Humanísticos, 2006, pp. 619-630.
4. «Sobre o regresso à Filologia»: in AA.VV., *Gramática e Humanismo. Actas do Colóquio de Homenagem a Amadeu Torres*, Braga, Universidade Católica Portuguesa, 2005, vol. I, pp. 83-92.
5. «Genealogias, lógicas e horizontes dos Estudos Culturais»: in Rosa Maria Goulart, Maria do Céu Fraga, Paulo Meneses (coord.), *O Trabalho da Teoria. Actas do Colóquio em Homenagem a Vítor Aguiar e Silva*, Ponta Delgada, Universidade dos Açores, 2008, pp.243-269.
6. «Horizontes de uma nova interdisciplinaridade entre os Estudos Literários e os Estudos Linguísticos»: ensaio inédito.
7. «Língua materna e sucesso educativo»: in *Diacrítica*, 3-4 (1988-89), pp. 17-24.
8. «O texto literário e o ensino da língua materna»: in *Congresso sobre a Investigação e o Ensino do Português. Lisboa, 18 a 22 de Maio de 1987. Actas*. Lisboa, Instituto de Cultura e Língua Portuguesa, 1989, pp. 37-43.
9. «Teorização Literária»: in *X Encontro de Professores Universitários Brasileiros de Literatura Portuguesa. I Colóquio Luso-Brasileiro de Professores Universitários de Literaturas de Expressão Portuguesa. Actas*. Lisboa, Universidade de Lisboa - Instituto de Cultura Brasileira, 1984, pp. 259-273.

10. «Teses sobre o ensino do texto literário na aula de Português»: in *Diacrítica*, 13-14 (1998-1999), pp. 23-31.

11. «As relações entre a Teoria da Literatura e a Didáctica da Literatura: Filtros, máscaras e torniquetes», in *Diacrítica*, 13-14 (1998-1999), pp.85-92 (publicado também in AA.VV., *Didáctica da Língua e da Literatura. Actas do V Congresso Internacional de Didáctica da Língua e da Literatura*, Coimbra, Almedina, 2000, vol. I, pp. 3-9).

12. «A 'leitura' de Deus e as leituras dos homens», in *Colóquio/Letras*, 100 (1987), pp. 19-23.

13. «Texto e contexto na história literária»: in Maria da Penha Campos Fernandes (coord.), *História(s) da Literatura. Actas do 1.º Congresso Internacional de Teoria da Literatura e Literaturas Lusófonas*, Coimbra, Almedina, 2005, pp. 21-28.

14. «Variações sobre o cânone literário»: in *Ave azul*, 2002-2005, pp. 9-12.

15. «O 'naufrágio' de *Os Lusíadas* no ensino secundário»: in *O Público*, de 1 de Setembro de 2001.

16. «A poesia no ensino»: in *Relâmpago*, 10 (2002), pp. 91-93.

17. «Os programas de Literatura Portuguesa no ensino secundário": in *Boletim do Gabinete Português de Leitura* (Porto Alegre, Brasil), 21 (1971), pp. 65-76.

18. «Portugal, país de poetas? Revisitação da poesia dos séculos XVII, XVIII e XIX»: in *Vida*, suplemento de *O Independente*, n.º 486 (5.IX.1997), pp. 30-38.

19. «Contributos para uma política da língua portuguesa»: in AA.VV., *A língua portuguesa: presente e futuro*, Lisboa, Fundação Calouste Gulbenkian, 2005, pp.25-35.

20. «Ilusões e desilusões sobre a política da língua portuguesa»: in Manuel Gama (org.), *A política da língua portuguesa*, Braga, Centro de Estudos Lusíadas, 2007, pp.13-26.

21. «Da língua na política à política da língua»: in Fernando Paulo Baptista (org.), *Vítor Aguiar e Silva: a poética cintilação da palavra*, Viseu, Governo Civil do Distrito de Viseu, 2007, pp.195-205 (publicado também in *O Escritor*, 23 (2008), pp.268-278).

22. «A minha língua é Portugal» : in Manuel Monteiro (org.), *Viva Portugal: uma nova ideia da Europa*, Mem Martins, Publicações Europa-América, 1994, pp.295-307.

Índice onomástico

Adam, Jean-Michel -167
Adorno, Theodor W. – 76,108,118, 120,136,239,241,333
Aguiar e Silva, Vítor -80,91,132
Albaladejo Mayordomo, Tomás – 33,318,330
Albuquerque, Afonso de - 312
Albuquerque García, Luis - 32
Alegre, Manuel – 211,250,252,312
Almeida, Fialho de -183,262,328
Alonso, Amado – 104,154
Alonso , Dámaso – 104
Alorna, Marquesa de – 284,288
Althusser, Louis – 56,118
Amora, António Soares – 192
Anderson, Perry – 77,82,91
Andrade, Eugénio de – 45
Angler, Rudolf – 155
Ariosto, Ludovico – 54
Aristóteles – 23,31,38,166,183,211, 223,284,329,331
Arnold, Matthew – 60,61,113,114, 119,137
Asensio, Eugenio – 295
Assunção, Carlos – 313

Assis, Machado de – 349
Auerbach, Erich – 87,99,105,269
Austin, John L. – 164,334
Avalle, D'Arco Silvio – 16
Azevedo Filho, Leodegário A. de – 15

Babbitt, Irving – 61,62
Baetens, Jan – 128
Bach, Johann S. – 138
Bähler, Ursula – 102
Baía, Jerónimo – 285
Bakhtine, Mikhaïl – 135,139,168,169
Baldick, Chris – 66
Balzac, Honoré de – 138
Barbeito, Manuel – 137
Barbi, Michele – 16,98
Barbosa, Jorge Morais – 312,313
Barthes,Roland – 33,38,141,157,158, 172,199,200
Baudelaire, Charles – 63,91,199,289
Baudrillard, Jean – 77
Bauman, Zygmunt – 77
Beaugrande, Robert de – 177
Beccaria, Cesare – 55
Beethoven, Ludwig van – 138

Belo, Ruy – 250,343
Beltrán Almería, Luis – 238
Bembo, Pietro – 54
Benda, Julien – 114
Benjamin, Walter – 108,110,136,237, 241
Bentham, Jeremy – 60
Bentley, Richard – 97
Benveniste, Émile – 165,169
Bergonzi, Bernard – 72
Beristáin, Helena – 32,33
Berlin, Isaiah – 31
Berman, Art – 134
Berman, Marshall – 78,91
Bernardes, Diogo –276
Bernardes, José A. Cardoso – 49,51
Bernheim, Ernst – 110
Bertens, Hans – 77,91
Berthoff, Ann E. – 32
Bérubé, Michael – 128,146
Betti, Emilio – 17
Binni, Walter – 269
Bishop, Paul – 146
Bismarck, Otto von – 108
Blair, Hugh – 58
Bloch-Laîné, François – 109
Bloom, Harold – 41,87,125,245
Bloomfield, Leonard – 103,156
Bobes Naves, M.ª del Carmen – 34
Bocage, Manuel Maria du – 187,284, 288,291
Boeckh, August – 100,101,105,153,154, 229,230,233
Boileau, Nicolas – 284

Boléo, Manuel de Paiva – 154
Bollack, Jean – 35,104,105
Bonnefoy, Yves – 241
Booth, Wayne C. – 40,43,198,266
Borges, Jorge Luis – 91,183,232
Bosque, Ignacio – 165
Bouquet, Simon – 10,155,157
Bourdieu, Pierre – 162,173,184,185, 240
Bousoño, Carlos – 269
Branco, Camilo Castelo – 183,187, 261,291,328
Brandão, Raul – 186,263
Braudel, Fernand – 108
Brantlinger, Patrick – 129
Brannigan, John – 117
Bricmont, Jean – 143
Brooks, Cleanth – 19,37,134,260
Budé, Guillaume – 97
Buescu, Helena – 131
Buescu, Maria Leonor Carvalhão – 295
Burckardt, Jacob – 108,110
Burgass, Catherine – 123
Burke, Peter – 59
Buuren, Maarten van – 167

Cabral, Amílcar – -298
Cabral, Paulino António – 286
Cadete, Teresa Rodrigues – 27
Cahon, Michael – 32
Caldera, Benito – 311
Calderón de la Barca, Pedro – 279, 281

ÍNDICE ONOMÁSTICO | 355

Calvino, Italo – 200
Camões, Luís de – 57,91,112,182,186, 187,215,253,254,258,261,273,274, 276,277,279,280,291,292,312,347
Camus, Albert – 138
Capt-Artaud, Marie-Claude – 157
Cardía, Mário Sottomayor – 94
Carlos V (Imperador) – 311
Carlyle, Thomas – 119
Carnap, Rudolf – 164
Carvalho, José A. de Freitas – 324
Carvalho, José Herculano de – 154
Cassirer, Ernst – 10,108
Castilho, António Feliciano de – 272, 273,274,275,276,281,289,290
Castro, António Serrão de – 285
Castro, Eugénio de – 269
Castro, Rui Vieira de – 49
Celan, Paul – 91
Cerquiglini, Bernard – 96,99
Cervantes, Miguel de – 91,197,279
Ceserani, Remo – 73,77,91
 Chagas, Manuel Pinheiro – 289,291
Chartier, Roger – 48
Chaucer, Geoffrey –127
Chen, Kuan-Hsing – 121,143
Chomsky,Noam – 164,165
Christmann, Hans Helmut – 159
Cícero – 107,329,331
Cidade, Hernâni – 111,112,113
Cintra, Luís F. Lindley – 154
Coelho, Eduardo Prado Coelho – 196, 304

Coelho, Jacinto do Prado – 29,30,154, 193,268
Coelho, José F. Trindade – 262
Coleridge, Samuel Taylor – 127,134
Comellas Aguirrezábal, Mercedes – 54
Cometa, Michele – 146
Comte, Auguste – 110
Condorcet – 63
Contini, Gianfranco – 15,268
Córax – 329
Cordeiro, António Xavier – 291
Corneille, Pierre – 239
Cortázar, Julio – 197
Corti, Maria – 104,204
Coseriu, Eugenio – 26,165,186,235,313
Costa, Francisco – 260
Court, Franklin E. – 59
Coutinho, Afrânio – 267
Craveirinha, José – 349
Crifò, Giuliano – 17
Croce, Benedetto – 24,98,103,240,266
Crosby, James O. – 48
Cruz Prados, Alfredo – 89,91
Cuesta Abad, José Manuel – 35
Cunha, Celso – 316
Cunha, José Anastácio da – 288
Curi, Fausto – 139
Curtius, Ernest Robert – 159

Dale, Thomas – 60
Dante – 20,26,37,57,91,138,183
Darlu, Alphonse – 64
Daunay, Bertrand – 19

Davidson, Donald – 163
Davis, Tood F. – 40
Day, Gary – 114,122
Della Volpe, Galvano – 136
Demonte, Violeta – 165
Derrida, Jacques – 11,163,164,231
De Sanctis, Francesco – 20
Descartes, René – 57,164,332
Dickens, Charles - 119
Diderot, Denis – 58,63
Dilthey, Wilhelm –35,105,108,110
Dionísio, Maria de Lourdes – 49
Docherty, Thomas – 77,79,91
Dole•el, Lubomír – 34
Dollimore, Jonathan – 117
Donne, John – 57,140,281
Dostoievski, F. M. – 91,138
Droysen, Johann G. – 233
Duarte, João Ferreira – 131
Dworkin, Dennis – 117

Eagleton, Terry – 77,131,136,137,139, 142,182,201
Easthope, Antony -131,132,133,134, 135,136,139,140,141,143,144
Eco, Umberto – 141,204
Eikhenbaum, Boris – 135
Eliot, George – 119
Eliot, T.S. – 39,114,116,119,127,140,238
Elísio, Filinto – 284,286,288
Empson, William – 144
Engels, Friedrich – 78,92,236
Enzensberger, H.M. – 20,21
Erasmo, D. – 97

Eratóstenes – 100

Fanon, Franz – 297
Faulkner, William – 139
Filipe II (rei de Espanha) – 311
Felski, Rita – 146
Ferguson, Marjorie – 129
Fernandes, Domingos – 251
Ferreira, António – 276,312
Ferreira, Vergílio – 45,182,202,211,215,
Ferry, Jules – 63,64
Feyerabend, Paul – 197
Fichte, Johann G. – 89,107
Figueiredo, Fidelino de – 192
Fish, Stanley – 84,85,92,152,153,182, 221,227
Fisher, Michael – 37
Flaubert, Gustave – 63,215
Foster, Hal – 79,92
Foster, John Bellamy – 129
Foucault, Michel – 128,164
Fränkel, Hermann - 16
Frye, Northrop – 26,29,30,162
Fuentes, Carlos – 337
Fukuyama, Francis – 82
Furetière, Antoine – 18

Gadamer, Hans-Georg – 35,163,231
Galindo Romeo, Pascual – 294
Gama, José Basílio da – 284
Gama, Manuel – 91,132
Garber, Marjorie – 88,92
Garção, Pedro A. Correia – 283,284, 286

García Berrio, Antonio – 33,220
García Marquez, Gabriel – 315
Garcilaso de la Vega – 279
Garrett, João B. de Almeida – 182,186187,215,276,289,291,292,327
Gaulle, Charles de – 109
Gedeão, António – 187
Geertz, Clifford – 141,149
Genette, Gérard – 199
Gennari, Mario – 27
Germano, Bill – 130
Geulen, Eva – 136
Gibaldi, Joseph – 152
Gilroy, Paul – 124
Gitlin, Todd – 129
Glissant, Édouard – 299
Godel, Robert – 155
Goethe, Johann Wolfgang – 55,91,134,138,199
Golding, Peter – 129
Goldmann, Lucien – 118,120,136,239
Gombrich, Ernst H. – 110
Gomes, Francisco Dias – 284
Gomes, Luís Simões – 190
Góngora, Luis de – 57,277,278,279,280
Gonzaga, Tomás António – 288
Good, J.M.M. – 32
Górgias – 330,333
Gouveia, Teresa Patrício – 301
Gracián, Baltasar – 279
Graff, Gerald – 62
Gramsci, Antonio – 118,120
Grassi, Ernesto – 54

Green, Michael – 115
Grégoire, *Abbé* – 311,337
Grice, Herbert P. – 164,167,334
Gromaire, Georges – 68,80
Grossberg, Lawrence – 121,124,127, 128,143
Guillory, John – 140
Guiraud, Pierre – 33
Gumbrecht, Hans U. – 98,102
Gunn, Giles – 152
Gusmão, Manuel – 131

Habermas, Jürgen – 198
Hall, Stuart – 116,120,121,123,124, 128,143,145
Hamann, Johann G. – 171
Hamilton, Paul – 234
Harpham, Geoffrey Galt – 81,92,141
Harvey, David – 77,78,92
Hebdige, Dick – 123,124,145
Hegel, Georg W.F. – 56,91,110,136, 233,234
Heidegger, Martin – 56,138,163,183
Heinsius, Nicolaus – 97
Helder, Herberto – 45,171,186
Henricksen, Bruce – 327
Herculano, Alexandre – 289,290,328
Herder, Johann Gottfried – 26,107, 108,164,233
Hermann, Gottfried – 100
Herrera, Fernando de – 280
Higgins, John – 117
Hirsch, Eric D. – 228
Hjelmslev, Louis – 26,165,172,198

Hoggart, Richard – 115,116,121,122, 123,124,145
Hölderlin, Friedrich – 91,138
Homero – 91,275
Horácio – 284,289,331
Horkheimer, Max – 76
Houaiss, António – 15,299
Houdart-Merot, Violaine – 62
Hulme, T.E. – 134
Humboldt, Wilhelm von – 81,126, 164,233
Hume, Robert D. – 234
Hummel, Pascal – 95
Husserl, Edmund – 135,158,162,163
Hyman, S.E. – 265

Ingarden, Roman – 162
Innenarity, Daniel – 327,336
Iser, Wolfgang – 141
Isócrates – 26
Jakobson, Roman – 158,197,203,240
Jameson, Fredric – 77,78,79,92
Jarrety, Michel – 51
Jauss, Hans-Robert – 266
Jencks, Charles – 77,92
Jey, Martine – 62,64,68
Johnson, Richard – 115,128
Johnson, Samuel – 127
Joyce, James – 127
Júdice, Nuno – 302
Junqueiro, Abílio Guerra – 256
Jusdanis, Gregory – 27

Kant, Immanuel – 332

Kantorowicz, Hermann – 96
Kayser, Wolfgang – 193
Kernan, Alvin – 72
Klein, Julie Thompson – 150
Klinkerberg, Jean-Marie – 33
Kloss, Heinz – 317
Kluge, Alexander – 333
Knapp, Steven – 220
Krieger, Murray – 227,228
Kripke, Saul – 164
Kristeller, P.O. – 53
Kristeva, Julia – 169
Kuhn, Thomas – 182,193,195,197,204

Lachmann, Karl – 16
Laclau, Ernesto – 121
Ladjali, Cécile – 46
Lakatos, I. – 197
Lambert, José – 128
Lanson, Gustave – 65,236,237,239
Lapa, Manuel Rodrigues – 154
Lash, Scott – 77
Lastra, Antonio – 146
Lausberg, Heinrich – 32,33
Lawrence, D.H. – 119, 127
Lázaro Carreter, Fernando – 165
Leal, António D. Gomes – 186,292
Leão, Duarte Nunes de – 295
Leavis, F.R. – 113,115,122,129,131,132, 137,140,144
Leite, Lígia Chiappini – 176
Leitch, Vincent B. – 79,92,127
Lemos, João de – 262,291
Lenine, Vladimir – 109,144

Levine, Peter – 72
Lima, Alceu Amoroso – 192
Lima, Fernando A. Pires de – 81
Lima, Luís da Costa - 39,200
Llobera, Josep R. – 90,92
Lobo, Francisco Rodrigues – 280
Longino – 20
Lope de Vega – 279
Lopes, Baltasar – 349
Lopes, Fernão – 112
López Eire, Antonio – 33
Lotman, Jurij – 26,111,162,198,299
Loureda Lamas, Óscar – 26
Lukács, G. – 136,162,239,266
Luperini, Romano – 16
Lutter, Christina – 146
Lyotard, Jean-François – 76,77,82

Maas, Paul – 16
Macherey, Pierre – 239
MacKillop, Ian – 114
Madonna – 127,142
Makkreel, Rudolf A. – 110
Mallarmé, Stéphane – 183
Malraux, André – 109
Man, Paul de – 104,105,228,229,231
Maniglier, Patrice – 155
Mann, Thomas – 114
Mannheim, Karl – 114
Manuel I, D. – 312
Marcos de Dios, Ángel – 318
Margarido, Alfredo – 307
Marino, Giambattista – 277,279
Martin, Laurent – 109

Martínez Pereiro, Carlos P. – 319
Martins, Joaquim P. Oliveira – 187, 262,327,328,343
Martinet, André – 10,165
Marx, Karl – 47,78,92,118,236,237,249
Matos, João Xavier de – 288
Matos, José M.M. Norton de – 313, 314
Maurer, Karl – 159
Mauro, Tullio de – 103,156,165
Mayer, Hans – 42
Meirieux, Philippe – 51
Melo, Francisco Manuel de (D.) – 319,324
Melo, João de – 304
Menéndez Pidal, Ramón – 154
Meyer, Augusto – 191,192
Meyer, Michel – 33
Michaels, Walter Benn – 220
Miguéis, José Rodrigues – 45
Miller, J. Hillis – 126,231
Miller, Thomas P. – 59,60
Milner, Andrew – 117
Milner, Jean-Claude – 31,157,322
Milton, John – 57,127,140
Miranda, Francisco de Sá de – 274
Mitterand, François – 295
Molina, Tirso de – 279
Montaigne, Michel de – 20
Mordenti, Raul – 24
Moreno Cabrera, Juan Carlos – 293
Morley, David – 121,143
Morris, Charles – 164,334
Morris, William – 119

Moulton, Richard Green – 192
Moura, Vasco Graça – 253,324
Mozart, Wolfgang A. – 138
Mulhern, Francis – 114,128,129
Múrias, Manuel – 278

Napier, Arthur – 62
Nebrija, Antonio de – 294,310
Negt,Oskar – 333
Nelson, Cary – 127
Nemésio, Vitorino – 187
Neruda, Pablo – 43
Neto, João Cabral de Melo – 45
Newton, Adam Zachary – 40
Nicolaci, Giuseppe – 161
Niethammer, Friedrich I. – 55
Nietzsche, Friedrich – 72,100,169, 200,237
Nobre, António – 182,292
Nordmann, Jean-Thomas – 236
Noronha, Tomás de (D.) – 285
Nussbaum, Martha C. – 40,43

Oakes, Guy – 10
Ockham, Guilherme de – 165
Oliveira, Carlos de – 202,215
Oliveira, Fernão de – 312,313
Oliveira, José Aparecido de – 306
O'Neill, Alexandre – 187,217
Orduna, Germán – 15
Ors, Eugenio d' – 240
Ortega y Gasset, José – 114
Ortigão, José D. Ramalho – 262,328
Ortiz Muñoz, Luis – 294

Orwell, George – 173,205
Ory, Pascal – 108,109
Osan, Joseph Maregelo de – 277
Ovídio – 91
Oyarzún Robles, Pablo – 110

Paglia, Camille – 142
Paparelli, Gioacchino – 54
Parameshwar, Dilip – 127
Pareto, Vilfredo – 59
Paris, Gaston – 102
Parrett, Herman – 231
Pascal, Blaise – 20,57,331
Pascoaes, J. Teixeira de – 112,263,312
Pasquali, Giorgio – 16
Passos, António Soares de – 262,291
Pato, R. Bulhão – 291
Paulson, William – 49
Paz, Octavio – 185,186
Péguy, Charles – 20,239
Peirce, Charles S. – 164,334
Pepetela – 349
Pepperell, Robert – 82
Pereira, Maria Helena da Rocha – 26
Pereira, Virgínia Soares – 91,132
Pessanha, Camilo – 186,263,292
Pessoa, Fernando – 44,112,186,215, 254,263,292,306,312,350
Petöfi, János – 204
Petrarca, Francesco – 57,91,215,268
Peyre, Henri – 65,236
Pfeiffer, Rudolf – 96
Picchio, Luciana Stegagno – 230
Pichois, Claude – 239

ÍNDICE ONOMÁSTICO | 361

Pimpão, Álvaro J. da Costa – 191
Pinto, Fernão Mendes – 112
Pinto, Francisco Leite – 191
Pires, Maria Lucília Gonçalves – 324
Pitt, William – 60
Platão – 38,223,330
Poliziano, Angelo – 97
Pombal, Marquês de – 283,313,314
Popper, Karl – 76,197
Portolés, José – 163
Posner, Richard A. – 41,42
Pound, Ezra – 43,183
Preminger, Alex – 227
Prendergast, Cristopher – 117,119
Priestley, Joseph – 60
Proust, Marcel – 64
Ptolomeu I – 96

Queirós, José Maria Eça de – 183, 186,187,215,261,328
Quental, Antero de – 112,187,261, 291,292,328
Quentin, Henri – 15
Quevedo, Francisco de – 47,48,57, 279,280,281
Quintela, Paulo – 193
Quintiliano – 31,32,329,331,332

Rabelais, François – 43
Racine, Jean – 57
Ramalho, Maria Irene – 131
Rancière, Jacques – 136
Rastier, François – 10,32,33
Ravera, Marco – 105,230

Readings, Bill – 83,84,85,89,92,126
Régio, José – 44,260
Reis, Carlos – 218
Reisenleitner, Markus – 146
Resende, Garcia de – 285
Reynoso, Carlos – 125
Reyes, Alfonso – 192
Reyes, Graciela – 161,164,165
Ribeiro, António Sousa – 131
Ribeiro, Aquilino – 44,186,187,260, 263,269
Ribeiro, Bernardim – 261
Ribeiro, Tomás – 291
Richards, I.A. – 32,134
Richter, Jean Paul – 154
Rickert, H. – 10
Rico, Francisco – 54,55,73
Ricoeur, Paul – 32,33,163
Rilke, Rainer M. – 138
Ritzer, G. – 127
Roberts, R.H. – 32
Rodi, Frithjof – 110
Rodriguez, José Luis – 318
Rodríguez Adrados, Francisco – 69
Rojek, Chris – 130
Romo Feito, F. – 48
Romero Tobar, Leonardo – 238
Rosa, João Guimarães – 45
Roth, Philip – 139
Rowe, John Carlos – 126
Rubio Tovar, Joaquín – 13
Ryan, Kiernan – 117

Sá-Carneiro, Mário de – 263,292

Said, Edward W. – 87,104,105
Salazar, António de Oliveira – 81
Salinas Portugal, Francisco – 319
Sallenave, Danièle – 48
Sampaio, Jorge – 309
Sapir, Edward – 173,297
Saramago, José – 138
Sartre, Jean-Paul – 56,190,297,298
Saussure, Ferdinand de – 102,103,155, 156,157,164,166,198
Scaglione, Aldo – 160
Schelling, Friedrich W. – 134
Schiller, Friedrich – 27,134
Schlegel, Friedrich – 101,102,105,134
Schleiermacher, Friedrich – 105,154, 230,233
Schwartz, Stephen Adam – 129, 145
Searle, John – 164,197,334
Segre, Cesare – 104,204
Sena, Jorge de – 186,187
Senghor, Léopold – 297
Sérgio, António – 278,343
Shakespeare, William – 39,41,91,127, 138
Shelley, Percy B. – 127
Shipley, Joseph T. – 192
Siebers, Tobin – 40
Silva, Aníbal Cavaco – 309
Silva, António da Cruz e – 286
Silva, Augusto Soares da – 167
Silva, Matias Pereira da – 277
Simão, José Veiga – 94
Simmel, Georg – 108
Simon, Eckehard – 103

Simone, Raffaele – 165
Simpson, David – 56
Sinfield, Alan – 117
Slack, Jennifer D. – 143
Sloterdijk, P. – 56
Smith, Adam – 58,59,60
Soares, Bernardo – 307,350
Sócrates – 330
Sófocles – 39,91,138
Sokal, Alain – 142,143
Sontag, Susan – 21
Spitzer, Leo – 87,103,159
Spurlin, William J. – 37
Staël, Mme de – 245
Staiger, Emil – 266
Starobinski, Jean – 157
Steggmüller, Wolfgang – 204
Steiner, George – 12,21,22,23,44,46, 87,138
Stendhal – 38
Stephenson, R.H. – 146
Sterne, Lawrence – 215
Stierle, Kark-Heinz – 160,161
Storey, John – 115,125
Szondi, Peter – 35,36,104,105

Taine, H. – 110,235,236,237
Tatarkiewicz, W. – 32
Terracini, Benvenuto – 337
Terracini, Lore – 22
Thom, René – 165
Thompson, E.P. – 115,116
Thompson, Ewa M. – 134
Thouard, Denis – 101

Timpanaro, Sebastiano – 16
Tísias – 329
Todorov, Tzvetan – 222,266,267
Togeby, Knud – 159,160
Tomachevskij, Boris – 192
Tolentino, Nicolau – 286,287
Torga, Miguel – 44,269,280
Torrente Ballester, Gonzalo – 171
Torres, Amadeu R. – 93,313
Torres Feijó, Elias – 318
Trácio, Dionísio – 160
Trebizonda, Jorge de – 32
Turner, Graeme – 124
Tylor, Edward B. – 108
Tynjanov, Jurij – 182,240

Valéry, Paul – 114,158
Valla, Lorenzo – 97
Vasconcelos, Francisco de – 281
Vega, María José – 295,298
Venayre, Sylvain – 109
Verde, Cesário – 187,292
Verdelho, Evelina – 319
Verney, Luís António – 278, 282,283
Vicente, Gil – 187
Vico, Giambattista – 11,26,105,107,183
Victor, Sulpicius – 32
Vieira, António (P.e) – 57, 112,202
Villanueva, Darío – 48
Villamediana, Conde de – 279
Villar Hernández, Paz – 146
Virgílio – 91,289

Voloshinov, V.N. – 168
Vossler, Karl – 103,159

Walzel, Oskar – 159
Warburg, A. – 108
Warren, Austin – 104,192
Wasiolek, Edward – 227
Weber, Max – 10
Weinrich, Harald – 159,160
Wellek, René – 104,192,201
West, Cornel – 119
Whitman, Walt – 139,215
Whorf, Benjamin L. – 173,297
Willamowitz-Moellendorf, U. – 100
Wilde, Oscar – 43
Wildgen, Wolfgang – 165
Williams, Raymond – 115,116,117,118, 119,120,122,124,144,145
Wimsatt, W.K. – 134
Wittgenstein, Ludwig – 136,164,172, 198,203,209,334
Wolf, Friedrich A. – 97,100
Woolf, Virginia – 127
Womach, Kenneth – 40
Wood, Ellen M. – 129
Wordsworth, William – 127

Ynduráin, Domingo – 163

Zink, Michel – 102
Ziolkowski, Jan – 103
Zumthor, Paul – 182

Índice

1. Pequena Apologia das Humanidades: Contra os cépticos e contra os dogmáticos 9
2. Reflexões tempestivas sobre a crise das Humanidades 53
3. *As* Humanidades e a cultura pós-moderna 75
4. Sobre o regresso à Filologia 93
5. Genealogias, lógicas e horizontes dos Estudos Culturais 107
6. Horizontes de uma nova interdisciplinaridade entre os Estudos Literários e os Estudos Linguísticos 147
7. Língua materna e sucesso educativo 171
8. O texto literário e o ensino da língua materna 181
9. Teorização literária 191
10. Teses sobre o ensino do texto literário na aula de Português 207
11. *As* relações entre a Teoria da Literatura e a Didáctica da Literatura: Filtros, máscaras e torniquetes 217
12. A 'leitura' de Deus e as leituras dos homens 227
13. Texto e contexto na história literária 233
14. Variações sobre o cânone literário 243
15. O «naufrágio» de *Os Lusíadas* no ensino secundário 249
16. A poesia no ensino 255
17. *Os* programas de Literatura Portuguesa no ensino secundário 259
18. Portugal, país de poetas? Revisitação da poesia dos séculos XVII, XVIII e XIX 271
19. Contributos para uma política da língua portuguesa 293
20. Ilusões e desilusões sobre a política da língua portuguesa 309
21. Da língua *na* política à política *da* língua 327
22. A minha língua é Portugal 341

Tábua de procedência dos ensaios 351
Índice onomástico 353